英検2級 総合対策教本

EIKEN GRADE 2 STUDY BOOK

旺文社

はじめに

　国際語としての英語の重要性が高まる中で，実用英語技能検定試験（英検）の教育的・社会的意義は高く評価されています。
　このたび，ご好評をいただいておりました『英検教本』シリーズを改訂することとなりました。問題別に必要な力を学び，基本的な解説を読み，トレーニングを行い，じっくりと実力をつけるという「参考書」型である点は維持しながら，巻末に模擬試験をつけることで，より多くの英検形式の問題を解いていただけるようになりました。
　本書には以下のような特長があります。

> ■ **過去問を分析して傾向を把握**
> 　各章の冒頭では，問題の形式に加えて，過去問のデータ分析に基づく傾向を掲載しています。最新の傾向を把握することで，効率よく学ぶことができます。
> ■ **トレーニングと実戦問題**
> 　学習項目ごとに設けられたトレーニングと，章ごとの実戦問題を解くことによって，学んだ理論を身につけ，定着を確認することができます。
> ■ **二次試験にも対応**
> 　豊富な例と詳しい解説で，二次試験の流れと解答のポイントを学ぶことができます。
> ■ **模擬試験を収録**
> 　実際の一次試験とそっくりの模擬試験を解くことで，最終的な実力チェックができます。

　本書と付属CDをご活用いただき，英検2級に合格されることを心よりお祈りしております。
　終わりに，本書を刊行するにあたり，多大なご尽力をいただきました桐朋中学・高等学校　秋山安弘先生（第1章，第2章），ENGLISHBOX代表　福島範昌先生（第3章，第4章），ロイ英語事務所　茅野夕樹先生（第5章～第8章）に深く感謝の意を表します。

旺文社

もくじ

本書の利用法 …………………………………… 4
英検2級の受験情報 ……………………………… 6
英検2級の試験内容 ……………………………… 8
付属CDについて ………………………………… 10

一次試験

第1章　文法 …………………………………… **11**
　1　文型・時制・態 …………………………… 12
　2　助動詞 ……………………………………… 19
　3　仮定法 ……………………………………… 24
　4　不定詞・動名詞・分詞 …………………… 33
　5　関係詞 ……………………………………… 41
　6　比較 ………………………………………… 47
　7　名詞・代名詞・冠詞 ……………………… 53
　8　形容詞・副詞 ……………………………… 59
　9　前置詞・接続詞 …………………………… 64
　10　特殊な構文 ………………………………… 69

第2章　単語・熟語（大問1） ………………… **79**
　出題形式・出題傾向 ………………………… 80
　単語・熟語（大問1） ………………………… 82
　実戦問題 ……………………………………… 106

第3章　作文（大問2） ………………………… **109**
　出題形式・出題傾向 ………………………… 110
　作文（大問2） ………………………………… 112
　実戦問題 ……………………………………… 128

第4章　長文読解（大問3・4） ……………… **131**
　大問3　出題形式・出題傾向 ……………… 132
　大問4　出題形式・出題傾向 ……………… 134
　長文読解（大問3・4） ……………………… 136
　実戦問題 ……………………………………… 169

第5章　リスニングの基礎知識（音声変化の特徴） …… **175**
　リスニングの基礎知識（音声変化の特徴） ……… 176

第6章	会話文のリスニング（第1部）	**181**
	リスニング第1部　出題形式・出題傾向	182
	会話文のリスニング（第1部）	184
	実戦問題	199

第7章	一般文のリスニング（第2部）	**203**
	リスニング第2部　出題形式・出題傾向	204
	一般文のリスニング（第2部）	206
	実戦問題	221

二次試験

第8章	面接（二次試験）	**225**
	面接（二次試験）の流れ	226
	面接（二次試験）　出題形式・出題傾向	228
	面接（二次試験）	230
	実戦問題	248

模擬試験

問題	**254**
解答一覧	**274**
解答・解説	**275**

編集：高杉健太郎　　編集協力：(株)オリーブカンパニー，高橋義博
問題作成協力：Elizabeth Nishitateno　　英文校閲：Angelo Foscoli
装丁：縣沙紀(及川真咲デザイン事務所)　　イラスト：有限会社 アート・ワーク
本文デザイン：クゥール・エ　　録音：有限会社 スタジオ ユニバーサル

本書の利用法

本書には，英検の問題に対応した8つの章と模擬試験が収録されています。各章の構成は以下のようになっています。

出題形式・出題傾向を把握 → 学習のページ・トレーニングで知識定着 → 実戦問題で復習 → 模擬試験※で総仕上げ

※一次試験のみ

▌出題形式・出題傾向

英検に出題される問題の出題数，形式，ねらいなどをまとめました。学習を始める前に把握しましょう。

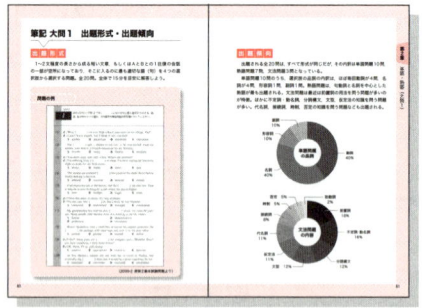

▌学習のページ・トレーニング

解答に必要な英語力を身に付けるための知識を，例文などを用いながら詳しく説明します。解説の後にあるトレーニングを行うことによって，学習のページで学んだ内容を定着させましょう。

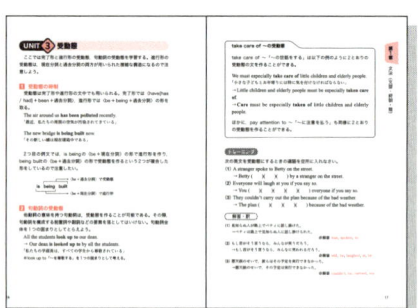

実戦問題

実際の試験と同じ形式の問題が収録されています。学習ページで学んだ内容を確認・復習することができます。

●巻末の模擬試験について

第8章の後には，一次試験の模擬試験を収録しました。問題形式・問題数ともに，実際の一次試験と同じです。実力をチェックしましょう。

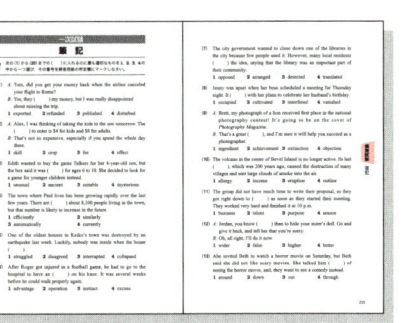

英検2級の受験情報

■ 実施機関

公益財団法人 日本英語検定協会
〒162-8055 東京都新宿区横寺町55
TEL：03-3266-8311
ウェブサイト　www.eiken.or.jp

■ 試験日程

試験は年3回行われます。(二次試験は3級以上)

(第1回検定)　一次試験―6月　／二次試験―7月
(第2回検定)　一次試験―10月／二次試験―11月
(第3回検定)　一次試験―1月　／二次試験―2月

■ 検定料

1級	準1級	2級	準2級	3級	4級	5級
8,400円	6,900円	5,000円	4,500円	3,200円	2,100円	2,000円

■ 受験資格

特に制限はありません。
※目や耳・肢体等が不自由な方には特別措置が講じられます。詳しくは実施機関にお問い合わせください。

申し込み方法

個人受験 ……………………………………………………………

下記いずれかの方法で申し込みができます。

英検特約書店 （要願書）	検定料を払い込み，「書店払込証書」と「願書」を協会へ郵送。
コンビニ （願書不要）	店頭の情報端末に入力し，「申込券」が出力されたら検定料をレジで支払う。
インターネット （願書不要）	英検ウェブサイト www.eiken.or.jp から直接申し込める。検定料は，クレジットカード，コンビニ，郵便局ATMで支払う。

団体受験 ……………………………………………………………

学校や塾などで申し込みをする団体受験もあります。詳しくは申込責任者にお尋ねください。

※2014年1月現在の情報です。
　内容は変更されることがありますので，詳しくは実施機関にお問い合わせください。

英検2級の試験内容

英検2級は，高校卒業程度の英語力が求められる級です。

一次試験は，75分の筆記試験と約25分のリスニングで構成されています。解答は，マークシートにマークする方式です。

一次試験の合格後に受験する二次試験は，面接形式のスピーキングテストとなっています。

一 次 試 験

[筆記試験]

筆記試験は4つの大問で構成されています。（配点は各1点）

大問	形式	問題数	本書で対応する章
1	**短文の空所補充問題** 短文の空所に，文脈に合う適切な語句を補う。	20問	第1章，第2章
2	**短文中の語句整序問題** 短文または会話文を読み、前後関係に合うように与えられた語句を並べ替える。	5問	第1章，第3章
3	**長文の語句空所補充問題** パッセージ（長文）の空所に文脈に合う適切な語句を補う。	8問	第1章，第4章
4	**長文の内容一致選択問題** パッセージ（長文）の内容に関する質問に答える。	12問	第1章，第4章

[リスニング]
リスニングテストは第1部〜第2部で構成されています。（配点は各1点）

問題	形式	問題数	本書で対応する章
第1部	**会話の内容一致選択問題** 会話の内容に関する質問に答える。 (放送回数1回)	15問	第5章，第6章
第2部	**一般文の内容一致選択問題** 短い一般文の内容に関する質問に答える。 (放送回数1回)	15問	第5章，第7章

二 次 試 験

[面接]　面接は以下の要素で構成されています。

構成	形式	本書で対応する章
音読	60語程度のパッセージを読む。	第8章
No.1	音読したパッセージの内容についての質問に答える。	
No.2	3コマのイラストの展開を説明する。	
No.3	ある事象・意見について自分の意見などを述べる。(カードのトピックに関連した内容)	
No.4	日常生活の一般的な事柄に関する自分の意見などを述べる。(カードのトピックに直接関連しない内容も含む)	

付属CDについて

本書には，第5章～第8章，模擬試験に対応した付属CDがついています。収録個所は本文では **CD 1** のように，トラック番号を示してあります。
収録内容とトラック番号は以下のとおりです。

（CD収録時間：約47分）

トラック番号	収録内容
1～8	第5章　リスニングの基礎知識
9～11	第6章　会話文のリスニング（第1部）
12～16	第6章　会話文のリスニング（第1部）　実戦問題
17～19	第7章　一般文のリスニング（第2部）
20～24	第7章　一般文のリスニング（第2部）　実戦問題
25～29	第8章　面接
30～32	第8章　面接　実戦問題
33～48	模擬試験　リスニング第1部
49～64	模擬試験　リスニング第2部

※付属CDは，音楽CDプレーヤーで再生してください。
　パソコンなどでの再生時には不具合が生じることがありますのでご承知おきください。

第1章

文法

1	文型・時制・態	12
2	助動詞	19
3	仮定法	24
4	不定詞・動名詞・分詞	33
5	関係詞	41
6	比較	47
7	名詞・代名詞・冠詞	53
8	形容詞・副詞	59
9	前置詞・接続詞	64
10	特殊な構文	69

1 文型・時制・態

英文の基本的な枠組みである「文型」と，その応用技術である「時制」「態」を学ぶ。文型では補語，時制では完了形，態では完了形や進行形などに焦点を当てる。

準2級のまとめ

以下は準2級の学習事項である。理解を確認し，□に✓を入れていこう。

❶ 文型

☐ 実際は他動詞なのに，自動詞と勘違いしやすいものがある。
discuss ~「~について話し合う」, enter ~「~に入る」,
approach ~「~に近づく」, marry ~「~と結婚する」など
The dog was **approaching us** happily.
「犬がうれしそうに私たちの方へ近づいてきた」
〔誤〕approaching to us

☐ SVCの文型を取る動詞はbeのほかにlook, become, tasteなどがある。

☐ SVOCの文型を取る動詞にはcall, make, keepなどがある。
The news of Grandma's visit **made** me happy.
「おばあちゃんが来るという知らせを聞いて私はうれしくなった」

❷ 時制

☐ 時や条件を表す副詞節の中では，未来のことでも現在形で表す。

☐ 主節の動詞が過去形のとき，その目的語となる従属節内の動詞は，過去形または過去完了形になる（「時制の一致」）。

☐ 一般的な真理，現在の事実・習慣，歴史上の事実を述べる文，そして仮定法の文では，時制の一致を適用しない。

☐ 完了形には，現在完了のほか，過去完了がある。

☐ 現在完了進行形は，過去のある時点で始まった動作が現在なお継続し，進行中であることを表す。

❸ 受動態

☐ 受動態の慣用表現には, be surprised at ~「~に驚く」, be disappointed with ~「~にがっかりする」のようにby以外の前置詞を取る表現，be injured「けがをする」, be born「生まれる」のような表現がある。

UNIT 1 SVC (第2文型), SVOC (第5文型)

　SVCではbe動詞やlook「Cのように見える」, SVOCではcall「OをCと呼ぶ」やmake「OをCにする」が典型的に用いられる動詞だが, この2つの文型ではほかにもさまざまな動詞が用いられる。

1 文型SVCで用いられる動詞

　この文型は S＝C の関係を表すと言われる。CはSについて説明しているという意味である。この文型で用いられる動詞は以下のように意味ごとに分類することができる。

❶「状態」(「～のままである」): hold, remain, keep, continue, stand, stay など

This ticket **holds** *good* for six months.
「この切符は 6 カ月間有効だ」

❷「変化」(「～になる／変わる」): fall, get, grow, go, turn など

Debbie **fell** *asleep* on the train.
「デビーは電車の中で寝込んでしまった」

❸「感覚」(「～の味がする」など): taste, feel, smell, sound など

This medicine **tastes** *bitter*.
「この薬は味が苦い」

This leather **feels** *soft*.
「この革は手触りが柔らかい」

❹「外見」(「～のように見える／思われる」): look, seem, appear など

Seen from an airplane, Tokyo **looks** *very spread out*.
「飛行機からだと, 東京はとても広がっているように見える」

2 いろいろなSVOC

　SVOCのCの位置には, 名詞や形容詞だけでなく, 不定詞や現在分詞, 過去分詞が来ることがある。いずれの場合も, OとCの間には「主語と述語の関係」が成立する。

❶ 補語 (C) が名詞

All of us **call** Adam *a walking dictionary*.
「私たちは皆, アダムを生き字引と呼んでいる」
※Adam is a walking dictionary. という関係。

❷ 補語（C）が形容詞

Keep your schedule *open* for Karl's visit.
「カールの訪問のために，予定を空けておいてね」
※ your schedule is open という関係。

❸ 補語（C）が原形不定詞

原形不定詞を取る動詞は知覚動詞と使役動詞である。（p. 34参照）

George **felt** something *move* toward him in the dark.
「ジョージは暗闇の中で，何かが自分の方へ動く気配を感じた」

The mother **made** her daughter *go* to the piano lessons against her will.
「その母親は娘を無理矢理ピアノのレッスンに通わせた」

❹ 補語（C）が現在分詞

「OをCのままにしておく」という意味のleaveやkeep，知覚動詞などはCとして現在分詞を取る。

Helen **leaves** her child *sleeping* alone when she is busy.
「ヘレンは忙しいときには，子どもを独りで寝かせたままにしておく」
※ her child is sleeping「子どもが寝ている」という関係。

❺ 補語（C）が過去分詞

OとCの間に「Oが〜される」という受動態の関係が成り立つ。知覚動詞やhave[get]などがこの形を取ることができる。

Susan **felt** her hand *seized* in the crowd.
「スーザンは人込みの中で，手がつかまれるのを感じた」
※ her hand was seized「手がつかまれた」という関係。

John is going to **have** his TV *repaired* tomorrow.
「ジョンは明日テレビを修理してもらうつもりだ」

トレーニング 次の英文を日本語に訳しなさい。

（1）This river appears very deep to me.
（2）The president heard many objections raised at the meeting.
（3）Mike left his son sitting alone in his car.

解答

（1）この川は私にはとても深そうに見える。
（2）社長は会議で多くの反対意見が上がるのを聞いた。
（3）マイクは自分の息子を車に独り置き去りにしていた。

UNIT 2 完了形

時制が複雑になっても，完了形の本質である「基準点までの完了・経験・継続を表す」という原則に変わりはない。完了形には現在完了形のほかに過去完了形，さらに未来に基準点を置く未来完了形がある。また，この3つの完了形はそれぞれ進行形と併用することができる。ここでは未来完了形と過去完了進行形を学習する。

1 未来完了形

未来のある時点を基準とし，その時までの動作や状態の完了・経験・継続を表すには未来完了形を用いる。未来完了形は〈will[shall] ＋ have ＋ 過去分詞〉で表す。

I **will have** completed the work by next Monday.
「私はその仕事を次の月曜日には終えているだろう」〈完了〉

If I visit Hawaii next time, I **will have been** there three times.
「次にハワイに行ったら3回行ったことになるだろう」〈経験〉

Ms. Ito **will have taught** here for 30 years by the end of this month.
「伊藤先生は今月末でここで30年間教えたことになる」〈継続〉

2 過去完了進行形

過去完了進行形は，〈had ＋ been ＋ 現在分詞〉の形で，ある動作が過去のある時点までずっと継続していたことを表す。

By the time John reached the top of the mountain, he was exhausted. He **had been climbing** for nearly seven hours.

「ジョンはその山の頂上に到着するまでには，くたくたになっていた。7時間近くもずっと登り続けていたのだ」

過去の一時点である「頂上に着いた時」を基準点として，それ以前からその時点まで「登る」という動作がずっと続いていたという意味である。

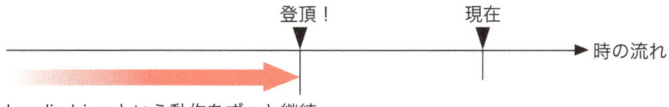

UNIT 3 受動態

ここでは完了形と進行形の受動態，句動詞の受動態を学習する。進行形の受動態は，現在分詞と過去分詞の両方が用いられた複雑な構造になるので注意しよう。

1 受動態の時制

受動態は完了形や進行形の文中でも用いられる。完了形では〈have[has / had] + been + 過去分詞〉，進行形では〈be + being + 過去分詞〉の形を取る。

The air around us **has been polluted** recently.
「最近，私たちの周囲の空気が汚染されてきている」

The new bridge **is being built** now.
「その新しい橋は現在建造中である」

2つ目の例文では，is beingの〈be + 現在分詞〉の形で進行形を作り，being builtの〈be + 過去分詞〉の形で受動態を作るという2つが複合した形をしているので注意したい。

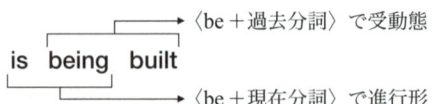

2 句動詞の受動態

他動詞の意味を持つ句動詞は，受動態を作ることが可能である。その際，句動詞を構成する前置詞や副詞などの要素を落としてはいけない。句動詞全体を1つの固まりとしてとらえよう。

All the students **look up to** our dean.
→ Our dean **is looked up to** by all the students.
「私たちの学部長は，すべての学生から尊敬されている」
※ look up to「〜を尊敬する」を1つの固まりとして考える。

take care of ～の受動態

take care of ～「～の世話をする」は以下の例のように2とおりの受動態の文を作ることができる。

We must especially **take care of** little children and elderly people.
「小さな子どもとお年寄りには特に気を付けなければならない」
→Little children and elderly people must be especially **taken care of**.
→**Care** must be especially **taken of** little children and elderly people.

ほかに，pay attention to ～「～に注意を払う」も同様に2とおりの受動態を作ることができる。

トレーニング

次の英文を受動態にするときの適語を空所に入れなさい。

(**1**) A stranger spoke to Betty on the street.
　　→Betty (　)(　)(　) by a stranger on the street.
(**2**) Everyone will laugh at you if you say so.
　　→You (　)(　)(　)(　)(　) everyone if you say so.
(**3**) They couldn't carry out the plan because of the bad weather.
　　→The plan (　)(　)(　)(　) because of the bad weather.

解答・訳

(**1**) 見知らぬ人が路上でベティに話し掛けた。
　→ベティは路上で見知らぬ人に話し掛けられた。
　　　　　　　　　　　　　　　●解答 was, spoken, to
(**2**) もし君がそう言うなら，みんなが笑うだろう。
　→もし君がそう言うなら，みんなに笑われるだろう。
　　　　　　　　　　　●解答 will, be, laughed, at, by
(**3**) 悪天候のせいで，彼らはその予定を実行できなかった。
　→悪天候のせいで，その予定は実行できなかった。
　　　　　　　　　　　●解答 couldn't, be, carried, out

実戦問題

次の(1)から(5)までの(　)に入れるのに最も適切なものを **1**, **2**, **3**, **4** の中から一つ選び，その番号を答えなさい。

(1) John is a nice person, but he is always (　) by people around him.
 1 made fun **2** making fun **3** made fun of **4** making fun of

(2) Bill was surprised to hear something (　) noises in the rubbish bin. After checking he found it was just a cockroach.
 1 made **2** to make **3** making **4** had made

(3) *A:* How many times have you been to Italy?
 B: I (　) there three times if I go there again.
 1 will go **2** will be **3** went **4** will have been

(4) Even in case of an earthquake, you need to (　) calm and take appropriate measures.
 1 lay **2** make **3** stay **4** put

(5) *A:* Where is your computer now, Jim?
 B: It's (　). I hear it'll be ready next Monday.
 1 fixed **2** being fixed **3** fixing **4** to fix

訳

(1) ジョンはいい人だが，いつも周りの人にからかわれている。
(2) ビルはゴミ箱の中で何かが音を立てているのを聞いて驚いた。調べた後，それがただのゴキブリだとわかった。
(3) A「イタリアへは何回行ったことがありますか」
 B「今度行けば3回行ったことになります」
(4) 地震の場合でも落ち着いて適切な策を取る必要がある。
(5) A「ジム，あなたのコンピューターは今どこにあるの？」
 B「修理中です。今度の月曜日に直るそうです」

●解答　(1) **3**　(2) **3**　(3) **4**　(4) **3**　(5) **2**

2 助動詞

助動詞は，「～してもよい」「～してはいけない」「～だろう」などという話し手の気持ちを表したり，表現を和らげたり，丁寧にしたりするときに用いる。ここでは，助動詞を含むさまざまな表現を学ぼう。

準2級のまとめ

以下は準2級の学習事項である。理解を確認し，□ に✓を入れていこう。

❶ would と should
- □ would は will の過去形である。
- □ would には，「どうしても～しようとした」（過去の強い意志），「よく～したものだ」（過去の習慣）を表す用法がある。
- □ would には表現を和らげたり，丁寧にする働きがある。
  Would you do me a favor?「お願いしてもよろしいでしょうか」
  ※ Will you ～? よりも丁寧な依頼
- □ should には，「～すべきである」（義務・必要），「当然～のはずである」（推量・当然）の意味がある。

❷ 助動詞＋have＋過去分詞
- □ 〈may / must / cannot ＋ have ＋過去分詞〉は，過去の出来事に対する現在の推量を表し，それぞれ次のような意味を持つ。
  - may have ＋過去分詞　　「～したかもしれない」
  - must have ＋過去分詞　　「～したに違いない」
  - cannot have ＋過去分詞　「～したはずがない」
- □ 〈should have ＋過去分詞〉は，「～すべきだったのに（しなかった）」という意味を持ち，実現しなかった行為に対する非難・後悔を表す。
  I **should have told** you the truth earlier.
  「君にもっと早く真実を話しておくべきだったよ」

❸ 助動詞の慣用表現
- □ had better (not) *do*　　　「～した方がいい（しない方がいい）」
  ought (not) to *do*　　　　「～すべきだ（すべきでない）」（= should）
  can't *do* too ...　　　　　「どんなに…しても～し過ぎることはない」
  can't help *doing*　　　　　「～せざるをえない」

UNIT 1　would と should

　wouldは過去の習慣を表す助動詞だが，used to も同じように過去の習慣を表す。また，that節中でのshould 2つの用法についても学ぶ。

1　would と used to の使い分け

　wouldには（しばしばoftenを伴って）不規則的な過去の習慣「よく〜したものだ」という意味がある。同じような意味を持つ表現にused toがあるが，こちらは，wouldよりも規則的な過去の習慣を表す。

Father **would often** take me to fish in the river nearby when I was little.
「父は私が小さいころよく近くの川に釣りに連れて行ってくれたものだ」
※wouldは規則性は表さないため，oftenやsometimesと一緒に用いられることが多い。

I **used to** go to this swimming school **twice a week**.
「私は以前，このスイミングスクールへ週に2回通ったものだった」
※twice a weekからわかるように，used toは過去の規則的な習慣を表す。

used to は過去と現在との対比

used toの中心的な意味は過去と現在との対比で，「以前は〜だった（が，今は違う）」というニュアンスである。
There **used to** be an old church on the hill.
「丘の上には以前古い教会があったものだ（だが，今はない）」

　また，上の例文のようにused toは過去の状態について使うこともできるが，wouldは状態を表す動詞とともに使うことはできない。
〔誤〕There ~~would~~ be an old church on the hill.

be used to *doing*

be used to *doing*は「〜に慣れている」という意味で，toの後ろには動名詞が続く。
I **am used to** *being* scolded by my mother.
「母にしかられるのには慣れています」

2 should を含む that 節

次のような that 節の中では should が用いられる。この should は省略可能である。

❶ 〈It is ＋形容詞＋ that ～〉の中の that 節

形容詞が necessary「必要な」, natural「当然の」, essential「不可欠な」など必然・妥当の意味を表すものであるとき，後続の that 節の中では should が用いられる。

It is **natural** that you **(should) be** nervous about taking entrance exams.
「入学試験を受けることであなたが緊張するのは当たり前だ」

❷ 主張・要求・提案を表す動詞に続く that 節

〈S＋V＋that ～〉で，V が主張（insist, claim など），要求（request, demand など），提案（suggest, propose など）を表す動詞であるとき，後続の that 節の中では should が用いられる。

He **insisted** that we **(should) take** action at once.
「彼は私たちが直ちに行動すべきだと主張した」

It is **requested** that everyone **(should) stay** in the classroom until the end of the examination.
「全員，試験終了時まで教室内にとどまるように言われている」

トレーニング

次の英文の（　　）の中にある 2 つの候補のうち適切な方を選びなさい。
(1) He suggested that he (go / goes) to help her immediately.
(2) It is essential that she (ask / asks) the teacher for help.
(3) I (would / used to) like dogs, but I don't now.

解答・訳

(1) 彼はすぐに彼女を助けるべきだと提案した。　　●解答 go
(2) 彼女が先生に手伝いを求めるのは必要なことだ。　●解答 ask
(3) 私は以前犬が好きだったが，今は好きではない。　●解答 used to

第 1 章 文法（助動詞）

UNIT 2 助動詞の慣用表現

助動詞を使った慣用表現は，知っておかなければ意味を推測するのは難しい。以下の表現とその意味を確認しておこう。

■ would rather *do* (than ...)「(…よりも) むしろ～したい」
would rather *do* の中に「～したい」という願望の意味が含まれていることに注意する。
　I **would rather cook** and **eat** at home **than** go somewhere to eat.
　「どこかへ食べに行くより，家で料理して食べた方がいい」

■ may well *do*「～するのももっともだ」
　He **may well get** angry. (= He has good reason to get angry.)
　「彼が怒るのはもっともだ」

■ may as well *do*「(どうせなら)～した方がよい」
　You **may as well read** the novel in the original language.
　「どうせならその小説を原語で読んだ方がいいよ」
　※「どちらでも構わないけれど，どうせ読むなら」というニュアンス。

■ may[might] as well *do* as ...「…するくらいなら～する方がましだ，…するのは～するのと同じだ」
…の部分を強く否定するために，*do* の部分では実際にはありえないような事柄が述べられる。
　You **may as well throw** your money away **as** lend it to him.
　「彼にお金を貸すくらいなら，捨てる方がましだ」

トレーニング

次の英文を日本語に訳しなさい。
(1) I would rather watch videos at home than go to the movies.
(2) The question is complicated, so you may well get confused.
(3) This party is boring, so we may as well go home.

解答

(1) 私は映画に行くよりも家でビデオを見たい。
(2) その問題は複雑だから，君が混乱するのはもっともだ。
(3) このパーティーはつまらないから帰った方がいいかもね。

実戦問題

次の(1)から(5)までの(　)に入れるのに最も適切なものを **1**, **2**, **3**, **4** の中から一つ選び，その番号を答えなさい。

(1) When I was little, there (　) be a dental clinic near my house.
　1 must　　**2** should　　**3** would　　**4** used to

(2) A: We're going to take a taxi to the party. Would you like to join us?
　　B: No, thanks. I (　) drive by myself than go by taxi.
　1 will　　**2** would　　**3** should　　**4** would rather

(3) Just before the meeting, one of the participants asked that the time (　) due to an emergency.
　1 be changed　　**2** to change　　**3** changed　　**4** changes

(4) That man was accused of stealing money before, so you may (　) be very suspicious of him.
　1 well　　**2** much　　**3** but　　**4** better

(5) Since I was born and brought up in Washington, D.C., I (　) often visit the museums around the area in my childhood.
　1 might　　**2** would　　**3** should　　**4** could

訳 --

(1) 私が幼いころ，自宅の近くに歯医者があった。
(2) A「私たちはパーティーにタクシーで行く予定だけど，あなたもそうしない？」
　　B「いいや。僕はタクシーで行くよりも自分で車で行きたいんだ」
(3) 会議の直前に，参加者の1人が緊急事態のため，時間を変更するよう求めた。
(4) その男は以前お金を盗んで訴えられたことがあるから，あなたが彼をとても不審に思うのはもっともなことだ。
(5) 私はワシントンD.C.で生まれ育ったので，子どものころ周辺の博物館によく行ったものだ。

●解答　(1) **4**　(2) **4**　(3) **1**　(4) **1**　(5) **2**

3 仮定法

　現実の世界での出来事を述べる直説法に対して、仮想の「夢の世界」を描くのが仮定法である。現実ではないので、現在の事実に反する仮定は過去形で、過去の事実に反する仮定は過去完了形で表現される。ここでは、準2級の知識を発展させ、仮定法を使ったさまざまな表現や重要構文、ifやif節の代わりに用いられる表現などを学習する。

準2級のまとめ

以下は準2級の学習事項である。理解を確認し、☐に✓を入れていこう。

❶ 仮定法過去
- ☐ 現在の事実に反する仮定や願望を表すときには仮定法過去を用いる。
- ☐ 仮定法過去は動詞に過去形を用いる。
- ☐ ifを使った仮定法過去の文は次の形を取る。
  If S ＋過去形〜, S' ＋ would[could / might] ＋原形 ...
  「もし〜なら…だろう」
- ☐ I wishの後で用いられる仮定法過去の文は次の形を取る。
  I wish ＋ S ＋過去形〜
  「(今)〜であればよいのに（であればなあ）」

❷ 仮定法過去完了
- ☐ 過去の事実に反する仮定や願望を表すときには仮定法過去完了を用いる。
- ☐ ifを使った仮定法過去完了の文は次の形を取る。
  If S ＋ had ＋過去分詞〜, S' ＋ would[could / might] have ＋過去分詞 ...
  「もし〜だったら…だったろうに」
- ☐ I wishの後で用いられる仮定法過去完了の文は次の形を取る。
  I wish ＋ S ＋ had ＋過去分詞〜
  「(そのとき)〜であったらよかったのに（であったらなあ）」

❸ 仮定法の重要表現
- ☐ If it were not for 〜「〜がないなら」/ If it had not been for 〜「〜がなかったら」
- ☐ If only ＋仮定法 (= I wish 〜)「〜ならなあ」
- ☐ as if ＋仮定法「まるで〜のように」
- ☐ as it were「いわば」

UNIT 1 仮定法とは

ここでは仮定法の復習をする。仮定法には仮定法過去と仮定法過去完了があるが、ここではさらに両者が合わさったような形の文についても学習する。

1 仮定法過去

仮定法過去は、述語動詞に過去形を用い、現在の仮定や想像を表す。

If I **were** you, I **wouldn't trust** those campaign promises.
「もし私があなただったら、あんな選挙公約なんか信じないだろう」

If we **could remember** everything, of course, life **would be** unbearable.
「もし何でも記憶することができたら、もちろん、人生は耐え難いものになるだろう」

2 仮定法過去完了

仮定法過去完了は述語動詞に過去完了形を用い、過去の仮定や想像を表す。

The football match **would have begun** at three if it **hadn't started** raining.
「もし雨が降り出さなかったら、そのサッカーの試合は3時に始まっていただろう」

If my son **had done** as I told him, he **wouldn't have failed** the exam.
「もし私の言ったようにやっていたら、息子はその試験に失敗しなかっただろう」

3 「あの時〜していたら、今…なのに」

上記の 1 2 に加えて、仮定法過去と仮定法過去完了が混ざったような文もある。「もし（過去に）〜したら、（現在は）…だろう」という内容を表すときはif節内には仮定法過去完了を用い、主節には仮定法過去を用いる。

If she **had broken** her leg then, Diane **couldn't walk** now.
「もし脚をその時骨折していたら、今ごろダイアンは歩けないだろう」

この例文では、脚を骨折したのは過去の事実に反する仮定、歩けないのは現在の事実に反することなので、if節の中では仮定法過去完了が、主節では仮定法過去が用いられている。

If John Lennon **had not been** assassinated, he **would be** one of the leading singers in the world.
「ジョン・レノンが暗殺されていなかったら，今ごろ彼は世界のトップ・シンガーの一人であろう」

UNIT 2 仮定法の重要構文

準2級で学んだ構文も含め，ここでは仮定法を用いた重要構文を6つに整理する。

❶ I wish ＋仮定法

I wish ～ やIf only ～ の後に仮定法が使われて，現在または過去における「実現困難な願望」を表す。If onlyは，次の文のように，「仮定の結果」を表す帰結節が省略されて，条件節だけが残った形である。

If only (= **I wish**) I had not made such a mistake then.
「あの時，せめてあんな間違いをしなかったらなあ」

❷「～がなければ／なかったら」

If it were not for ～「もし ～ がなければ」（仮定法過去），あるいはIf it had not been for ～「もし ～ がなかったならば」（仮定法過去完了）の後には，仮定法の主節が続く。常に not を伴う決まった構文であり，ともにWithout[But for] ～ と書き換えが可能である。

If it had not been for your support, Tom would have become bankrupt.
「もしあなたの援助がなかったなら，トムは破産していただろう」
※ Without[But for] your support, ... と表現することも可能。

❸ as if ＋ 仮定法

as if (= as though) ～「まるで～であるかのように」の後には，原則として仮定法が用いられる。

George looked **as if** he had seen a ghost.
「ジョージは，まるで幽霊でも見たかのような顔つきだった」

❹ ifの省略

if節を含む仮定法の文では，wereやhad，助動詞を主語の前に出して，

〈Were[Had / 助動詞]＋主語〉の形でifを省略することができる。

Had the fire come nearer, we would have left our house.
「火事がもっと近づいて来たら，私たちは家を離れていただろう」
※ If the fire had come nearerのifが省略された形。

Were I you, I would phone him right away.
「私があなたなら，すぐに彼に電話をするのに」
※ If I were youのifが省略された形。

❺ should / were toを用いた仮定法

未来における実現の可能性が比較的乏しい仮定，「万が一〜ならば」という気持ちを述べる場合は，if節にshouldが用いられる。一般に主節の動詞は「過去形の助動詞＋原形」となるが，「現在形の助動詞＋原形」や命令文となることもある。

If you should break your word, Anna would be sad.
「あなたが万が一，約束を破ることがあれば，アンナは悲しむだろう」
※「約束を破ることなどないと思うけれど」というニュアンス。

なお，仮定の意味合いがさらに強い場合，つまり実現の可能性がいっそう低い場合は，should の代わりに were to が用いられる。

If you were to touch that wire, you would be killed instantly.
「もし万が一そのワイヤーに触ったら，即死しますよ」
※「そのワイヤーに触ることなど絶対にないと思うが」というニュアンス。

❻ It is (about[high]) time ＋仮定法過去

〈It is (about[high]) time ＋仮定法過去〜〉は「そろそろ［ちょうど］〜する時間だ，〜していてもいい時間だ」という意味である。仮定法過去で表現されている事柄が現実にはまだ起こっていないが，「そろそろ起こってもよいころだ」という想像・願望を含む表現である。

Children, now **it's time** you **went** to bed.
「さあみんな，もう寝る時間だよ」
※実際には寝ていないけれど「〈寝てもいいのになあ（⇒仮定法過去）〉」という願望を含む。

Eight o'clock already. **It's about time** Father **arrived** at the airport.
「もう8時だよ。そろそろお父さんが空港に着いていい時間だね」

トレーニング

次の各組の2つの英文が同じ意味になるように空所に適語を入れなさい。

(1) It's time for you to get up.
　　It's time you (　　) up.
(2) Without his support, I would have failed the test.
　　If it (　　) not (　　) for his support, I would have failed the test.
(3) If anything should happen, I would come back to help you.
　　(　　) anything (　　), I would come back to help you.
(4) I wish I could speak English like you.
　　(　　) only I could speak English like you.

解答・訳

(1) そろそろお前は起きる時間だ。　　●解答 got
(2) 彼の協力がなければ, 私はテストに失敗していただろう。　　●解答 had, been
(3) 万が一何かあれば, 私はあなたを助けに戻るだろう。　　●解答 Should, happen
(4) あなたのように英語が話せたらなあ。　　●解答 If

I wish I could.

仮定法は会話表現でもよく用いられる。例えば, 人から誘われて断らざるを得ないとき, つまり「そうできればいいんだけれど, ごめん」という気持ちを表すときにはI wish I could.と言えばよい。

　"Wendy, would you like to go to the movies?"
　"**I wish I could**. I have to finish my assignment."
「ウェンディー, 映画に行かない？」
「そうできればいいのだけれど。課題を終わらせなければならないのよ」

このように仮定法を用いて遠回しな言い方をすることで, 表現に微妙なニュアンスを加えることができる。

UNIT 3　if および if 節の代用

ここではif節に着目し，接続詞if自体がほかの語で代用される場合とif節全体が別の表現で代用される場合について見てみよう。

1　ifの代用

接続詞ifの代わりに次のような表現が用いられることがある。ただし，仮定法で用いられることはまれ。

- suppose[supposing] (that) …　　「もし…ならば」
- in case …　　「もし…の場合には」「…だといけないので」
- granted[granting] (that) …　　「たとえ…でも」
- providing[provided] …　　「もし…とすれば」
- as[so] long as …　　「…する限りは」
- unless …　　「もし…でなければ」「…でない限り」

Supposing (that) your mother met you, what would she say to you?
「もし君のお母さんが君に会ったら，君に何と言うだろうか」

In case it rains, please come and pick me up.
「もし雨が降ったら，どうか車で迎えに来てください」

Granted (that) the rumor may be true, I won't desert my boss.
「たとえそのうわさが本当としても，私は上司を見捨てません」

2　if節の代用

if節全体の代用表現を，大きく3つに分けてまとめた。

❶ 副詞または副詞句

副詞または副詞節に，if節の意味が含まれることがある。

Margaret would look better **with short hair**.
「髪を短くするとマーガレットはもっときれいに見えるだろう」

この文は仮定法過去の文であるが，with short hairという副詞句の中に，if she had short hairという仮定の意味が含まれている。

Without Dr. Smith's advice, my father would have been seriously ill.
「スミス先生の忠告がなかったら，私の父は重病になっていただろう」
※ If it had not been for Dr. Smith's adviceということ。

Anna would look so out of place **in Wendy's group**.
「ウェンディーのグループに入ったら，アンナはとても浮いて見えるだろう」

また，次の文では副詞otherwise「そうでなければ」にif節の内容が含まれている。

Be sure to keep the receipt. **Otherwise** you may not be able to get your money back.
「領収書を必ず取っておいてください。さもないと，返金してもらえなくなるかもしれません」
※otherwiseは，if you don't keep the receiptということ。

❷ 主語

if節の内容が主語に含まれる場合もある。次の文ではwouldが用いられていることから仮定法の文であると判断できるが，「もしも」の意味が主語の部分に込められている。

A true gentleman would not treat ladies in such a way.
「本当の紳士なら，女性をそんなふうに扱ったりしない」
※ If he were a true gentleman, he would not treat ladies in such a way. ということ。

Even a child could solve such a crossword puzzle.
「子どもですら，その程度のクロスワードパズルは答えられるよ」

The decrease in the use of air conditioning would lead to large savings in energy.
「エアコンの使用を抑えると，エネルギーの大きな節約につながるだろう」

❸ to不定詞

次の文では，to不定詞の中に「もしも」の内容が含まれている。

To hear Susan talk, you would take her for a native speaker of English.
「スーザンが話すのを聞けば，彼女のことを英語の母語話者だと思うだろう」
※太字部分はIf you heard Susan talkと書き換えることが可能。

I should be very happy **to go abroad with you**!
「あなたと一緒に外国へ行けたら，私はどんなに楽しいことだろう」

> **トレーニング**

下線部分に気を付けて次の英文を日本語に訳しなさい。

(1) <u>To see her dance</u>, you would take her for a professional dancer.
(2) <u>A true friend</u> would not betray you in that case.
(3) <u>With a little more care</u>, you could have avoided the accident.
(4) <u>Suppose you were in my shoes</u>, would you accept his offer?

> **解答**

(1) 彼女が踊るのを見れば、彼女のことをプロのダンサーだと思うだろう。
(2) 本当の友達なら、そのような場合にあなたを裏切りはしない。
(3) もう少し注意深ければ、事故を避けられたのに。
(4) 仮にあなたが私の立場なら、彼の申し出を受けますか。

実戦問題

次の(1)から(5)までの(　)に入れるのに最も適切なものを**1**, **2**, **3**, **4**の中から一つ選び，その番号を答えなさい。

(1) *A:* Did you get a taxi home last night?
　　B: Yes, I did. Without the money you lent me, I (　) made it home.
　　1 wouldn't have　　**2** hadn't
　　3 wouldn't have been　　**4** wasn't having

(2) *A:* Isn't it about time you (　) to bed, Keith?
　　B: I know, but can I stay up until Dad comes back?
　　1 going　　**2** went　　**3** are going　　**4** will go

(3) (　) I known about the accident earlier, I would not have let you go there.
　　1 If　　**2** Were　　**3** Had　　**4** Should

(4) If she had taken a taxi, Mrs. Smith (　) here now.
　　1 would be　　**2** will be　　**3** shall be　　**4** can be

(5) Bob (　) his science project on Friday night if his favorite TV show hadn't been on.
　　1 began　　**2** had begun
　　3 would have begun　　**4** will begin

訳

(1) A「昨夜はタクシーで家に帰れたの？」
　　B「うん。君が貸してくれたお金がなかったら，家に帰れなかったよ。」
(2) A「キース，もうそろそろ寝ていい時間じゃない？」
　　B「わかっているけど，父さんが帰って来るまで起きていてはいけない？」
(3) その事故のことをもう少し早くわかっていたら，おまえをそこに行かせなかったのに。
(4) もしタクシーに乗っていたら，スミスさんは今ここにいるのになあ。
(5) ボブは好きなテレビ番組がやっていなかったら，金曜日の夜に科学の宿題を始められたのに。

●解答　(1) **1**　(2) **2**　(3) **3**　(4) **1**　(5) **3**

4 不定詞・動名詞・分詞

動詞は述語動詞としての働きだけではなく，文中で，不定詞・動名詞・分詞になって，主語や目的語の働きをしたり，形容詞句になって名詞を修飾したり，副詞句の働きをしたりする。ここでは，完了形の不定詞・動名詞・分詞構文を中心に学習していく。

準2級のまとめ

以下は準2級の学習事項である。理解を確認し，□に✓を入れていこう。

❶ 不定詞
- □ 不定詞には副詞用法の1つとして，「〜して（その結果）…になる」と結果を表す意味がある。この用法は live to be 〜 (years old), grow up to be 〜, never to do, only to do などの表現に限られる。
- □ 不定詞の意味上の主語は for 〜で表すが，〈It is +形容詞+ to do〉の文で，形容詞が人の性質を表すときには〈形容詞+ of 〜〉で表す。
  It was stupid of me to do that.「そんなことをするなんて僕は愚かだった」
- □ 原形不定詞は主に知覚動詞と使役動詞とともに用いられる。
- □ be to do には，予定・運命・義務・意図・可能の意味がある。

❷ 動名詞
- □ 動名詞の意味上の主語は，動名詞の前に所有格（動名詞が他動詞や前置詞の目的語のときには目的格でも可）を置けばよい。
- □ 動詞の目的語として不定詞，動名詞のいずれの形でもよいとは限らない。どちらか一方しか取らないものもある。
  ①不定詞を目的語に取る動詞：hope, decide, expect など
  ②動名詞を目的語に取る動詞：enjoy, finish, avoid, give up など
- □ forget, remember, try, regret などは目的語に不定詞を取るか動名詞を取るかで意味が異なる。

❸ 分詞
- □ SVOCの文型の中では C として現在分詞も過去分詞も使用できる。
- □ 分詞構文は接続詞を用いずに2つの文を結び付け，副詞句として「〜するとき，〜しながら，〜なので」などの意味を表す。

UNIT 1 不定詞

不定詞の発展事項として，ここでは原形不定詞，完了不定詞，代不定詞，不定詞を含む慣用表現を見ていこう。

1 原形不定詞

原形不定詞は，助動詞，知覚動詞（see, hear, feel, listen to, look at など）や使役動詞（make, let, have など）やそのほかの動詞（表現）(help, had better, do nothing but, cannot but など）の後に用いられる。

My cat's favorite pastime is lying there and **watching** people **go** by.
「私の猫の楽しみは，そこに横たわって人々が通り過ぎるのを眺めることだ」
※〈watch + O +原形不定詞〉で「Oが〜するのを見る」。

The way we talk and act can **make** other people **feel** uncomfortable.
「私たちの話し方や振る舞い方はほかの人々を不愉快にさせることがある」
※makeは使役動詞で「（目的語）を〜させる」。

2 完了不定詞

不定詞で述べる事柄が文の述語動詞の時制より前の出来事であることを表したいときには，〈to have +過去分詞〉の形の完了不定詞を用いる。

Mary seems **to be** ill.「メアリーは病気のようだ」················· A
※「〜のようだ」（現在）＝「病気である」（現在）←つまり両方とも現在
Mary seems **to have been ill**.「メアリーは病気だったようだ」······· B
※「〜のようだ」（現在）＞「病気であった」（過去）←「病気であった」のはseemよりも前のこと

上の2つの例文はそれぞれ以下のように書き換えることが可能である。

It seems that Mary is ill. ················· A'
It seems that Mary was[has been] ill. ················· B'

つまり，例文 Bのように述語動詞の時制と不定詞が表す時制に「ずれ」がある場合，完了不定詞を用いてそのずれを表現することができるのである。
appear to *do*「〜であるように見える」，be said to *do*「〜と言われている」，be believed to *do*「〜と信じられている」なども同様に，完了不定詞で時のずれを表すことができる。

Mr. Sato **was believed to have accepted** a bribe at that time.
「佐藤氏はその時，わいろを受け取ったと信じられていた」
= It was believed that Mr. Sato had accepted a bribe at that time.

3 代不定詞

代不定詞とは，動詞（句）の重複を避けるためにtoだけを残したものである。

You can use my computer if you want **to**.
「お望みなら私のコンピュータをお使いください」
※ toは to use my computerのことであると考える。

Things never go as smoothly as we expect them **to**.
「物事はそうなってほしいと望むようには，決して順調にはいかない」

4 不定詞を含む慣用表現（独立不定詞）

下に挙げた慣用表現はそれぞれ，文全体を修飾する。

- To begin with[To start with], …　　「まず第一に，…」
- To put it short, …　　　　　　　　「手短に言うと，…」
- To be frank with you, …　　　　　　「率直に言うと，…」
- To make matters worse, …　　　　「さらに悪いことには，…」
- Needless to say, …　　　　　　　　「言うまでもないことだが，…」

トレーニング

（　　）に入れるのに適切なものを3つの候補の中から選びなさい。
(1) We saw her (to approach / approach / approached) the man.
(2) He seems to (be / have been / having been) sick yesterday.
(3) He didn't stop smoking though I told him (not / to / not to).
(4) What made you (apply / to apply / applying) for this job?

解答・訳

(1) 私たちは彼女がその男に近づいたのを見た。　　●解答 approach
(2) 彼は昨日調子が悪かったように思える。　　　　●解答 have been
(3) 私は彼にたばこを吸うのをやめるように言ったがやめなかった。　　●解答 not to
(4) あなたがこの仕事に応募したのはなぜですか。　●解答 apply

UNIT 2 動名詞

ここでは完了形の動名詞，受動態の動名詞，動名詞を含む慣用表現について学習する。

1 完了形の動名詞

完了不定詞の場合と同様に，述語動詞の表す時よりも動名詞の表す時の方が前の出来事であることを示すには，動名詞を〈having＋過去分詞〉にする。

Richard is proud of **having won** the scholarship.
「リチャードは奨学金を手に入れたことを誇りに思っている」
※「誇りに思う(be proud)」のは現在のことで，「奨学金を手に入れる(win the scholarship)」がそれよりも以前であることを表している。

参考までに，この文をthat節を使って表すと次のようになる。

Richard **is** proud that he **won**[**has won**] the scholarship.

2 受動態の動名詞

受動態は〈be＋過去分詞〉で表されるが，これを動名詞にすることもできる。

I still remember **being laughed at** by others at that time.
「私はその時，他人に笑われたことを今でも覚えている」
※太字部分はI was laughed at by others.「他人に笑われた」がベース。この受動態の節が動名詞になっている。

ちなみにremember *doing* は「〜したことを覚えている」という意味なので，rememberの場合，動名詞を完了形にしなくても時制のずれを表すことができる。remember to *do*「忘れずに〜する」との区別に注意。

---

need[want] の後の動名詞

need, wantなどに続く動名詞は能動態で受動態の意味を表す。
This shirt needs ironing.「このシャツはアイロンをかける必要がある」
= This shirt needs to be ironed.

3 動名詞を含む慣用表現

動名詞を含む慣用表現には，以下のようなものがある。

- be worth *doing*　　　　　　「〜する価値がある」
- What do you say to *doing*　「〜してはいかがですか」
- feel like *doing*　　　　　　「〜したいような気がする」
- It goes without saying that 〜　「〜は言うまでもない」
- There is no *doing*　　　　　「〜できない」
- never ... without *doing*　　「〜すれば必ず…する」

トレーニング

次の（　　）内の語句を正しく並べ替えなさい。

(1) I don't (being / like / scolded) by my mother.
(2) I'm sorry for (having / helped / not / my) you at that time.
(3) He was (having / of / proud / won) a gold medal.

解答・訳

(1) 私は母にしかられるのが好きではない。　　●解答 like being scolded
(2) その時あなたを助けてあげられなくてすみません。　●解答 my not having helped
(3) 彼は金メダルを勝ち取ったのを誇りに思った。　●解答 proud of having won

UNIT 3 分詞

ここでは分詞構文を中心に学習する。完了形や受動態の分詞構文，withを用いた分詞構文（with構文）を取り上げる。

1 分詞構文

分詞構文は，副詞節の中の接続詞と主語とを省略した形で，「時，理由，条件，譲歩，付帯状況（〜しながら）」などの意味を表す。

Romeo, **believing that Juliet is dead**, decides to kill himself.
「ロミオはジュリエットが死んだと信じ，自殺を決意する」　　〈理由〉

Admitting what you say, I don't think you are kind.
「あなたの言うことは認めても，あなたは親切でないと私は思う」　　〈譲歩〉

❶ 完了形の分詞構文

完了形の分詞構文〈having ＋過去分詞〉は，文の述語動詞よりも前の時制を表す場合に用いられる。

Having received their medical check, they **boarded** the spacecraft.
「健康診断を受けてから彼らは宇宙船に搭乗した」
= After they **had received** their medical check, they **boarded** the spacecraft.
※「健康診断を受けた (received)」のは「搭乗した (boarded)」よりも前のこと。

❷ 受動態の分詞構文

受動態の分詞構文は〈being ＋過去分詞〉で表すが，beingは普通，省略される。さらに，完了形の受動態を表すhaving beenも省略されるのが一般的である。

After their homework had been finished, the children all went out to play in the park.

この文を分詞構文で書き換えると，以下のようになる。

Their homework **finished**, the children all went out to play in the park.
「宿題が終わった後で，子どもたちは皆，公園へ遊びに行った」
※ Their homework **having been** finished ... のhaving beenが省略されている。

このように，分詞構文の主語(their homework)が主節の主語(the children)と異なる場合，その主語は原則として分詞の前に置かれる。このような分詞構文は，「独立分詞構文」と呼ばれる。

2 with構文〈with＋名詞句＋分詞〉

　〈with＋名詞句＋分詞〉はwith構文と呼ばれ，「(名詞句)が～しながら」という付帯状況を表す。名詞句と分詞は「主語と述語の関係」になることに注意しよう。

■ with＋名詞句＋現在分詞

The girl called out to her mother **with tears running down her cheeks**.
「その少女は，ほほに涙を流しながら，母親に向かって叫んだ」
※tears (were) runningという関係。

■ with＋名詞句＋過去分詞

He appeared to be lost in thought **with his eyes closed**.
「彼は目を閉じて考え込んでいるように見えた」
※his eyes (were) closedという関係。

　さらに，with構文では，分詞のほかに形容詞（句）や前置詞句も用いることができる。

■ with＋名詞句＋形容詞（句）

It is bad manners to talk **with your mouth full**.
「口をいっぱいにしたままで話すのは悪いマナーです」

■ with＋名詞句＋前置詞句

Lisa replied to his questions **with her hands in her pockets**.
「リサはポケットに手を入れながら彼の質問に答えた」

実戦問題

次の (1) から (5) までの ( ) に入れるのに最も適切なものを **1**, **2**, **3**, **4** の中から一つずつ選び，その番号を答えなさい。

(1) Only when James came home from the DVD rental store, did he remember ( ) the movie he rented.
 1 see   **2** saw   **3** to see   **4** having seen

(2) At last, the door ( ), the Robinsons were pleased with their new cottage.
 1 painted   **2** painting   **3** had painted   **4** having painted

(3) *A:* I hear your brother has been sick in bed. How is he?
 B: Well, he's getting better. He seems to ( ) bad food.
 1 eat   **2** have eaten   **3** ate   **4** be eating

(4) John always studies ( ) heavy metal music playing in the background. He says it helps him concentrate.
 1 at   **2** about   **3** with   **4** inside

(5) Takeshi refused to go to karaoke after ( ) at by his friends for his off key singing.
 1 has laughed   **2** to laugh
 3 being laughed   **4** laughing

訳 --

(1) ジェームズは，DVDレンタル店から家に帰って初めて，借りた映画をすでに見ていたことを思い出した。
(2) ついにドアにペンキが塗られ，ロビンソン家の人たちは彼らの新しい山小屋に満足した。
(3) A「あなたのお兄[弟]さんが病気で寝ていらっしゃると伺いましたが，お加減いかがですか」
 B「ええよくなってきています。悪い食べ物を食べたみたいです」
(4) ジョンは，いつもヘビーメタルを後ろでかけながら勉強をする。それは集中するのに役立つと彼は言う。
(5) タケシは音痴なのを友達に笑われて以降，カラオケに行くのを断った。

●解答 (1) 4 (2) 1 (3) 2 (4) 3 (5) 3

5 関係詞

関係詞には，代名詞と接続詞の働きをする関係代名詞と，副詞と接続詞の働きをする関係副詞がある。ともに，名詞句を後ろから修飾する後置修飾の構造を持つ。ここでは，関係代名詞，関係副詞，-everの形を持つ複合関係詞について発展的な学習をする。

準2級のまとめ

以下は準2級の学習事項である。理解を確認し，□に✓を入れていこう。

❶ 関係代名詞

☐ 関係代名詞には，主格・所有格・目的格があり，先行詞の種類によって次のような使い分けがある。　　　　表中＊印は省略されることが多い

先行詞	主格	所有格	目的格
人	who / that	whose	(whom / that)＊
もの・動物	which / that	whose / of which	(which / that)＊

☐ 関係代名詞whatは先行詞を含み，「～するもの（= the thing(s) which）」の意味を表す。

☐ 関係代名詞whatを含む慣用表現には what we call「いわゆる」, what is worse「さらに悪いことには」などがある。

☐ 〈前置詞＋関係代名詞〉は，関係副詞に言い換えられる場合がある。

❷ 関係副詞

☐ 関係副詞は接続詞と副詞の働きをし，when, where, why, howがある。

☐ 関係副詞はその先行詞の意味により，次のような使い分けがある。

先行詞の種類	関係副詞
時を表す名詞句　（the time, the dayなど）	when
場所を表す名詞句（the place, the townなど）	where
理由を表す名詞句　the reason	why
方法を表す名詞句　the way	how

☐ 関係副詞の先行詞は内容が明らかなとき，省略されることがある。

❸ 複合関係詞

☐ 複合関係詞には複合関係代名詞と複合関係副詞がある。

☐ 複合関係代名詞にはwhoever「～するものは誰でも」などがある。

☐ 複合関係副詞にはwhenever「～するときはいつでも」などがある。

UNIT 1 関係代名詞

制限用法と非制限用法，関係代名詞what，whichの先行詞についての注意点，疑似関係代名詞（as, but, than）について学習する。

1 制限用法と非制限用法

関係代名詞には後ろから名詞の意味を限定する制限用法のほかに非制限用法がある。非制限用法の特徴は以下の2つである。

1. 先行詞と関係詞の間にカンマがある。
2. 関係節は先行詞の補足説明である。

I have an uncle, who lives in Boston. ←関係代名詞の前にカンマがある！
「私には叔父が一人いますが，彼はボストンに住んでいます」
※カンマの後の関係節は先行詞の補足説明として訳す（= and he lives ...）。

訳すときには日本語訳にあるように，必要な接続詞や代名詞を補って訳す。また，非制限用法の関係代名詞は目的格でも省略できず，thatを用いることもできない。

2 先行詞を含む関係代名詞 what

関係代名詞 what は先行詞を含んでおり，the thing(s) which に相当する。

What Jane needs now is a good sleep.
「ジェーンが今必要なのは十分な睡眠なのです」
※下線部は The thing which Jane needs now と書き換え可能。

3 文を先行詞とする which

関係代名詞whichには，非制限用法として前の節の一部または全体を先行詞とする用法がある。

Susan said she hated snakes, which was a lie.
「スーザンはヘビが大嫌いだと言ったが，それはうそだった」
※ whichの先行詞はグレー下線部分。

whichの前にカンマがあるので非制限用法であること，そしてwhichが名詞句ではなく節（の内容）を先行詞としていることを理解しよう。

4 疑似関係代名詞

as, than, but が接続詞としてではなく，関係代名詞のように用いられることがある。そのときのasは前に such, as, the same がある場合が多い。than は比較級の語と相関的に用いられる。

Barbara is as honest a woman as has ever lived.
「バーバラほど誠実な女性はいまだかつて例がない」

You had better not have more fat than is necessary, Fred.
「フレッド，必要以上の脂肪は取らない方がいいよ」

先行詞が〈no＋名詞〉のように否定の意味を持つ語の場合，関係代名詞butが用いられることがある。文語体で用いられ，主節は there is / are[was / were] で始まることが多い。

There were few citizens but knew the rumor.
「そのうわさを知らない市民はほとんどいなかった」
※ that didn't know the rumor という意味。

注意！ as を含む慣用表現

As is the case with him, Paul burst into tears in public.
「彼にはよくあることだが，ポールが人前でわっと泣き出した」

Lucy's souvenirs were **as follows**.
「ルーシーのお土産は次のとおりだった」

トレーニング

次の英文を日本語に訳しなさい。
(1) She went to a party, which she found was very formal.
(2) Sherry didn't come home last night, which made her parents worry.
(3) There are no rules but have some exceptions.

解答

(1) 彼女はパーティーに行ったが，行ってみるとそれはとてもフォーマルなものであった。
(2) シェリーは昨夜帰宅しなかったので，両親はとても心配した。
(3) 例外のない規則はない。

UNIT 2 関係副詞

関係副詞の先行詞は省略が可能である。また，関係副詞 when と where には非制限用法がある。

1 先行詞の省略

関係副詞は先行詞の意味によって使い分けをするので，意味が明らかなときには省略が可能である。なお，how の場合 the way は常に省略される（または，how を省略し，the way だけを用いる）。

Will you tell me (the way) how you cook this fish?
「この魚の料理の仕方を教えていただけますか」

That's (the reason) why we often have birthday parties together.
「そういうわけで，私たちはよく一緒に誕生パーティーをやります」

2 非制限用法

関係代名詞と同様に関係副詞にも非制限用法がある。関係副詞の中で非制限用法があるのは when と where だけで，why と how にはない。when は「～，するとその時 (and then)」，where は「～，するとそこで (and there)」などと訳すとよい。

I was about to go out, when the phone rang.
「私がちょうど外出しようとしていると，その時電話が鳴った」

A torch is lit in Greece, where the Olympics first began.
「聖火はギリシャで点火されるが，そこはオリンピックの発祥地である」

UNIT 3 複合関係詞

関係代名詞や関係副詞に〈 -ever 〉の付いたものを，それぞれ複合関係代名詞，複合関係副詞という。前者には whoever, whatever, whichever があり，後者には whenever, wherever, however がある。

1 複合関係代名詞

複合関係代名詞 whoever / whatever / whichever は名詞節を導き，主語や目的語になり，「どんな～でも」という意味を表す。

Whoever speaks English fluently is always welcome here.
「英語を流ちょうに話す人は誰でも，こちらではいつでも歓迎です」
※下線部はAnyone who speaks English fluentlyと同じ意味。

I'm happy now because I can do whatever I want.
「やりたいことは何でもできるので，私は今幸せです」
※下線部はanything which I wantと同じ意味。

2 複合関係副詞

複合関係副詞にはwhenever「～するときにはいつでも」，wherever「～するところはどこでも」などがある。

I remember your late grandfather whenever I see you.
「あなたを見るたびに亡くなったおじいさんのことを思い出します」
※下線部はat any time when I see youと同じ意味。

3 譲歩を表す複合関係詞

これは複合関係代名詞と複合関係副詞の両方にある用法で，副詞節として「誰が／何が／いつ／どこで～しても」というような譲歩の意味を表す。これらはいずれも〈no matter ＋疑問詞〉で書き換えることが可能である。

Whoever is chosen as our captain, our future will be glorious.
「たとえ誰が主将に選ばれても，私たちの将来は輝かしいものになるだろう」
※下線部はNo matter who is chosen as our captainと書き換え可能。

However fast I ran, I couldn't catch up with Henry.
「どんなに速く走っても，ヘンリーに追いつくことはできなかった」
※下線部はNo matter how fast I ranと書き換え可能。

トレーニング

次の英文の下線部を日本語に直しなさい。
(1) I went to Hokkaido, where I was born and brought up.
(2) The party was boring. That's why I left early.
(3) Whatever happens, I'll always be with you.

解答

(1) 私は北海道へ行きましたが，そこが私の生まれ育った所です。
(2) そのパーティーは退屈でした。そういうわけで私は早めに帰ったのです。
(3) 何が起ころうとも，私はいつもあなたと一緒にいます。

第1章 文法（関係詞）

実戦問題

次の(1)から(5)までの( )に入れるのに最も適切なものを 1, 2, 3, 4 の中から一つずつ選び,その番号を答えなさい。

(1) A: Will you buy the same refrigerator ( ) we have?
   B: Yes, I will. Yours seems really good.
   1 as   **2** than   **3** what   **4** where

(2) I will teach English to ( ) wants to learn it.
   1 whomever   **2** whoever   **3** whatever   **4** whom

(3) ( ) times you try, you will not be able to convince your parents.
   1 No matter how many   **2** However
   3 How many   **4** No matter however

(4) A: How's your new car, Bob?
   B: Great. One of the nice things about it is that I can go anywhere ( ) I want.
   1 whoever   **2** whenever   **3** whatever   **4** wherever

(5) John ate nothing for the whole day, ( ) seemed to worry his wife.
   1 it   **2** that   **3** what   **4** which

訳

(1) A「あなたは私たちのと同じ冷蔵庫を買うつもりですか」
   B「はい,そのつもりです。君たちのものがすごくよく思えるんです」
(2) 私は学びたい人には誰にでも英語を教えます。
(3) 何回やっても,あなたはご両親を説得できないでしょう。
(4) A「ボブ,新しい車はどう?」
   B「いいよ。車のいいところの1つは好きな時にどこへでも行けることだよ」
(5) ジョンはまる一日何も食べておらず,そのことを彼の妻は心配しているようだった。

●解答 (1) **1** (2) **2** (3) **1** (4) **2** (5) **4**

6 比較

比較には原級，比較級，最上級があるが，その表現は実に多彩である。比較級の内容を原級で表したり，最上級の内容を原級や比較級で表したりすることもできる。また，less を用いた劣勢比較，あるいは語尾が -or の，比較の意味を持つ形容詞もある。ここでは，これらのやや発展的な事項と慣用表現を中心に学習する。

準2級のまとめ

以下は準2級の学習事項である。理解を確認し，□ に ✓ を入れていこう。

❶ 原級

- □ 〈A is(*do*) ＋倍数詞＋ as 〜 as ＋ B〉は「A は B よりも…倍〜である（する）」という意味を表す。

  Mr. Smith **has** about ten times **as** many books **as** I do.
  「スミス先生は僕の約10倍の冊数の本を持っている」

- □ 比較変化には -er，-est の規則変化のほかに good[well] – better – best, many[much] – more – most のように不規則変化のものもある。

- □ 原級を含む慣用表現としては，as 〜 as possible[*one* can]「できるだけ〜」などがある。

❷ 比較級

- □ 〈The ＋比較級〜, the ＋比較級 ...〉は，一方が変化すると他方も変化することを表す構文で「〜すればするほどますます…」という意味である。

  The higher we climb, **the thinner** the air becomes.
  「高く登れば登るほど，空気は薄くなる」

- □ no more than (= only), not more than (= at most), no less than (= as many[much] as), not less than (= at least) の区別に注意する。

- □ 比較を含む慣用表現として no longer「もはや〜ない」などがある。

❸ 最上級

- □ 最上級の内容は原級や比較級で表すこともできる。

  Mt. Fuji is **the highest** mountain in Japan.
  = **No other** mountain in Japan is **as high as** Mt. Fuji.
  = Mt. Fuji is **higher** than **any other** mountain in Japan.
  「富士山は日本で一番高い山である」

- □ 最上級を含む慣用表現として at most「多くとも」などがある。

UNIT 1 原級の用法

ここでは「〜の…倍である」という倍数の表現方法といろいろな例文，そして慣用表現について学習する。

1 倍数表現

倍数を示すには，as 〜 as … の前に，twice「2倍」，half「2分の1」，one third「3分の1」，30%「30パーセント」などの倍数詞を付けて表す。

Linda's salary is now **three times as high as** Mary's.
「リンダの給料は今やメアリーの3倍だ」

Mr. Brown has **twice as many books as** Mr. Smith (does).
「ブラウンさんはスミスさんの2倍の本を持っている」

This bottle holds **only a quarter[one fourth] as much water as** that one.
「この瓶にはあの瓶のわずか4分の1の水しか入らない」

If it puts a foreign story on the cover, a U.S. newsmagazine will sell **80% as many copies as** usual.
「もし外国での出来事を特集として表紙に予告すると，アメリカのニュース雑誌は通常の80パーセントの部数しか売れないだろう」

原級を用いない倍数表現

倍数詞を比較級の前に置いたり，size, length, number, age, weightなどの名詞の前に置いて倍数を表すこともできる。

How many times larger is the U.S. than Japan?
「アメリカは日本の何倍の大きさですか」

It is **about twice[double] the size of** a tennis ball.
「それはテニスボールの約2倍の大きさです」

2 最上級の意味を表す慣用表現

最上級の意味を表す，原級を含む慣用表現には次のようなものがある。

■ **as 〜 as any …**「どんな…にも劣らず〜」

Mike assumed that it was **as good a place as any** for just browsing.
「マイクはそこは買わずにただ見て歩くには最適な場所だと思った」

■ **as ~ as (have) ever lived**「今までになかったほどの~」
Henry is **as mischievous a boy as has ever lived**, but I believe he is **as promising as any** in this school.
「ヘンリーはこれまでにない，いたずら好きの少年だが，私は彼がこの学校の中で誰よりも将来性があると信じている」

■ **as ~ as (...) can be**「この上なく~」
Our Grace is **as cute and smart as (she) can be**.
「わが家のグレイスはこの上なくかわいくて賢い」

3 原級を含む慣用表現

原級を含む慣用表現には以下のようなものもある。例文で見てみよう。

Barbara is **not so much** a singer **as** a film star.
「バーバラは歌手というよりは映画スターだ」

You **may as well** start cooking at once.
「すぐに料理を始めた方がよい」

You **might as well** go home early because there's no more work for you to do today.
「あなたが今日する仕事はもうないから，早めに家に帰る方がいいでしょう」

This book has five charts in **as many** (= the same number of) pages.
「この本には，5ページに5枚の図表が載っている」

Paul lost **as much as** (= **no less than**) 500 dollars in gambling.
「ポールはギャンブルで500ドルもすってしまった」

Yesterday Tom and I went **as far as** Land's End.
「昨日トムと私は，はるばるランズエンドまで行った」

トレーニング

次の英文中の下線部の意味を書きなさい。
(1) She is as great a scientist as has ever lived.
(2) This soup tastes as good as can be.
(3) Kate took twice as many pictures as I did.
(4) We expect 30% more sales next year.

解答

(1) 今までにないほどの偉大な科学者　(2) この上なくおいしい
(3) 私の2倍の数の写真　(4) 30パーセント増しの売り上げ

UNIT 2 比較級の用法

lessを用いた劣勢比較，語尾が-orの比較の意味を持つ形容詞，慣用表現について学習する。

1 劣勢比較

英語では〈less＋形容詞・副詞＋than ～〉の形で「～ほど…でない」という意味を表すことができる。これは，2つのものを比較し，一方が他方よりも程度が低いことを表し，「劣勢比較」と呼ばれる。劣勢比較は日本語の発想にはないので，not as ～ as の形に直して考えると意味を理解しやすい。

Your remark is **less significant than** you think.
「君の見解は君が思っているほど重要ではない」

Fewer traffic jams mean **less** stress.
「交通渋滞が少なくなれば，ストレスも減る」

2 語尾が-orで終わる比較の意味を持つ形容詞

superior「優れた」，inferior「劣った」，senior「年上の」，junior「年下の」，prior「前の」，posterior「後の」などの語尾が-orで終わる形容詞は，「～よりも」を表すとき，than ではなく to が用いられる。

Mr. Brown's jacket is **superior** in quality **to** Tom's.
「ブラウンさんの上着はトムのよりも質がいい」

My father is **senior to** my mother by five years.
「私の父は母よりも5歳年上です」

My success in the business world was **prior to** yours.
「実業界における私の成功は，あなたのよりも先だった」

3 比較級を含む慣用表現

以下に比較級を用いた慣用表現をまとめた。例文を参考に確認しよう。

■ (all) the ＋比較級＋ because[for] ～「～のためにそれだけいっそう」
比較級の後に理由を表す表現が来て，比較級の前のtheは「その理由の分だけ」という意味を表す。

I love Meg **all the more for** her generosity.
「私はメグが心の広い人なので，それだけいっそう彼女を愛している」

■ **none the less for ～**「～であってもやはり…」
I respect him **none the less for** his rude behavior.
「彼は無礼だが，それでも私は尊敬している」

■ **no more ～ than ...**「…でないのと同様に～でない」
A whale is **no more** a fish **than** a horse is.
「馬が魚でないのと同様に，クジラは魚ではない」

■ **no less ～ than ...**「…であるのと同様に～である」
A whale is **no less** a mammal **than** a horse is.
「馬がほにゅう動物であるのと同様に，クジラはほにゅう動物である」

トレーニング

[　]内の日本語を参考にして，空所に適語を入れなさい。
(1) Your report is (　　) to mine.［私のより優れている］
(2) Tom is (　　) smart than Mary.［メアリーほど賢くない］
(3) We love him all the better (　　) his kindness.［親切だからいっそう］
(4) Your kitten is no (　　) cute than mine.［私のと同じくらいかわいい］

解答

(1) superior　(2) less　(3) for　(4) less

実戦問題

次の (1) から (5) までの (　) に入れるのに最も適切なものを **1**, **2**, **3**, **4** の中から一つずつ選び，その番号を答えなさい。

---

(1) Betty is as gentle a girl (　) has ever studied in my class.
 1 as   **2** so   **3** than   **4** that

(2) *A:* I think school is (　) hard on my son than I imagined.
 B: Yes, I agree.　My son rarely has homework.
 1 more   **2** less   **3** very   **4** little

(3) Tom's camera is superior in quality (　) Henry's one.
 1 so   **2** than   **3** that   **4** to

(4) The baseball player is respected all the more (　) he has made the biggest contribution to the team.
 1 because   **2** though   **3** when   **4** since

(5) *A:* I can't believe you were replaced by Andrew as the guitarist in the school concert.
 B: Me neither, he's (　) professional than I am.
 1 no many   **2** no much   **3** no most   **4** no more

訳

(1) ベティはこれまで私のクラスで勉強した生徒の中で一番優しい女の子だ。
(2) A「学校は私が想像したほど息子にはきつくないみたいなのよ」
 B「ええ，私もそう思うわ。私の息子にはほとんど宿題がないもの」
(3) トムのカメラはヘンリーのよりも品質の点で優れている。
(4) その野球選手は，チームに最も大きな貢献をしたのでますます尊敬されている。
(5) A「学校のコンサートで君の代わりにアンドリューがギター担当をしたなんて信じられないよ」
 B「僕も信じられない。彼は僕と同じようにプロではないよ」

●解答　(1) **1**　(2) **2**　(3) **4**　(4) **1**　(5) **4**

7 名詞・代名詞・冠詞

　名詞は物や人の名前・呼び方であり，英語ではその意味により5つに分類できる。また，代名詞には人称代名詞のほかに，指示代名詞，不定代名詞がある。ここでは名詞や代名詞の発展的な項目と冠詞の注意すべき用法をまとめた。

準2級のまとめ

以下は準2級の学習事項である。理解を確認し，□ に✓を入れていこう。

❶ 名詞

- □ 名詞はその表す意味により，普通名詞・集合名詞・物質名詞・抽象名詞・固有名詞の5つに分類できる。

可算名詞	普通名詞	人・物などの共通の名称（例：teacher, book）
	集合名詞	人・物の集合体の名称（例：family, audience）
不可算名詞	物質名詞	定まった形のない物質の名称（例：water, light）
	抽象名詞	実体のない抽象的な概念の名称（例：love, advice）
	固有名詞	特定の人・物・場所などの名前（例：Smith, Japan）

- □ 物質名詞を数えるときには，a glass of water「グラス1杯の水」，a pound of meat「1ポンドの肉」のような表現を使う。
- □ tooth（歯）→ teethなど不規則変化する複数形や，sheep（羊）のような単複同形の語もある。

❷ 代名詞

- □ 代名詞には人称代名詞のほか，thisやthatなどの指示代名詞，oneやallのような不定代名詞がある。
- □ one / another / (the) other(s)にはさまざまな意味と用法がある。
  I have two aunts. **One** lives in Tokyo and **the other** lives in Okinawa.
  「私には二人叔母がいますが，一人は東京，もう一人は沖縄に住んでいます」
- □ allは，「すべての人」と人を表す場合には複数扱い，「すべての事」と事柄を表す場合には単数扱いである。
- □ each / everyの後には単数名詞が来て，名詞句全体も単数扱いである。

❸ 冠詞

- □ 不定冠詞には「～につき (= per)」などの意味もある。
- □ 〈the ＋形容詞〉は「～な人々」という意味を表す。
  The young like adventures.「若者は冒険が好きだ」

UNIT 1 名詞

ここでは，集合名詞の数の問題，固有名詞の普通名詞化，さまざまな所有格について学習する。

1 集合名詞の数

集合名詞には，集団として1つのまとまりと考える場合と，集団を構成する個々の人や物を考える場合がある。後者の場合，単数形でも複数扱いをする場合がある。

There will be **a separate committee** for this issue.
「この問題には別の委員会が設けられるだろう」

The committee were all willing to agree to the proposal.
「委員たちは皆その提案に喜んで賛成した」
※「委員の人たち」を指しているので複数扱い。

そのほか，audience, class, crew, team なども同様の使い分けをすることがある。また，常に複数扱いをする集合名詞には，cattle, people, police などがある。

2 固有名詞の普通名詞化

固有名詞に a, the が付いて，普通名詞化することがある。

〈～という人〉　　There is **a Mr. Green** to see you.
　　　　　　　　「グリーンさんという人があなたに会いに来ています」
〈～のような人〉　Not everybody can be **a Mozart**.
　　　　　　　　「誰もがモーツァルトのような人になれるわけではない」
〈～の作品・製品〉Bob bought **a new Ford** instead of buying an import.
　　　　　　　　「ボブは輸入車を買う代わりに新型フォードを買った」

3 注意すべき所有格

所有格の ～'s（アポストロフィ s）は，1つの語の後ろだけでなく，1つのまとまった単位と考えられる語群の後ろに付けることがある。また，後に続くべき場所・建物などを表す名詞が省略されて，単独で用いられることがある（独立所有格）。

〈時間〉	Hyde Park is **about ten minutes'** walk from here.
	「ハイドパークはここから歩いて約10分の所にある」
〈価格〉	Patrick bought **twenty dollars'** worth of coffee here yesterday.
	「パトリックは昨日ここで20ドル分のコーヒーを買った」
〈独立所有格〉	Linda used to buy some roses at **this florist's**.
	「リンダはこの生花店でバラをよく買っていた」
	※this florist's shop ということ。

注意！ 前置詞＋抽象名詞

〈with ＋抽象名詞〉で「副詞」の意味になる。

- with ease = easily 「簡単に」
- with reserve = reservedly 「遠慮がちに」

〈of ＋抽象名詞〉で「形容詞」の意味になる。

- of no value = valueless 「価値がない」

Mr. Laurel's suggestions will be of great use (= very useful) to us.
「ローレルさんの提案は私たちにとって大変役に立つだろう」

UNIT 2 代名詞

同一文中での名詞の繰り返しを避ける that / those の用法，副詞の代名詞的な用法である so の用法，not all などの部分否定，不定代名詞 one の用法について見ていく。

1 that / those

「the ＋（前出の）名詞」の代わりに that, those が用いられることがある。この場合，that[those] of 〜 の形になることが多い。

The climate here is just like **that** of Spain.
「こちらの気候はちょうどスペイン（の気候）に似ている」
※that は the climate を指す。

The seashells on the desk are not as pretty as **those** in the box.
「机の上の貝殻は箱の中のものほどはきれいでない」
※those は the seashells を指す。

また，those が「人々」の意味で用いられることもある。

Those absent are all sick in the hotel.
「欠席者は全員気分が優れず，ホテルに残っている」

2 so

副詞の代名詞的用法であるso は「そのように」の意味で think, hope, do などの目的語となる（例：I think[hope / do] so.）が，次のような倒置の用法もある。

> **So ＋助動詞＋主語．**　「(主語) もそうだ」
> **So ＋主語＋助動詞．**　「そのとおりだ」

"I finished my homework" "**So did I.**"
「僕は宿題を終えたよ」「僕もだよ」

"He is a famous musician, isn't he?" "**So he is.**"
「彼は有名な音楽家だよね？」「そのとおり」

また，否定文を受けて「～もしない」というときには So ... の代わりに Neither[Nor] ... を用いる。

"I can't trust him." "**Neither can I.**"
「彼は信頼できない」「僕も信用できない」
※最初の文が否定文であることに注意。

3 not ～ all [both / every]（部分否定）

all, both, every が否定語とともに使われると部分否定の意味になる。

I wo**n't** take **both** courses.「2つとも取るわけではない」　〈部分否定〉
I will take **neither** of the courses.「どちらも取らない」　〈全体否定〉

4 one の用法

one には「1つには」の意味で用いられるほかに，(a) 前に出てきた名詞を受ける用法と，(b) 人一般を表す用法がある。

(a) I prefer a red hat to a yellow **one**.「黄色より赤の帽子がいい」
※one は hat を受ける。

(b) **One** must keep **one's** promise.「人は約束を守るべきだ」
※one の所有格は one's。

> **トレーニング**

日本語訳を参考にして空所に適切な語を入れなさい。

(1) The population of Japan is larger than (　　) of Korea.
「日本の人口は韓国の人口よりも多い」
(2) You must be kind to (　　) who need your help.
「助けを必要としている人には親切にしなければならない」
(3) "I agree with his plan." "(　　) do I."
「彼のプランに賛成だ」「僕もだよ」
(4) Not (　　) students like comics.
「生徒全員が漫画が好きとは限らない」

> **解答**

(1) that　(2) those　(3) So　(4) all

UNIT 3 冠詞

　ここでは「hit 〜 on the〈体の部位〉」における冠詞theの用法に絞って学習する。

　例えば、「彼の頭をたたく」と言うとき、hit his headよりも、hit him on the headと言う方が自然である。この表現の考え方は、まず最初に誰をたたいたのかを言い、次にどの部分なのかを述べるという発想である。

「彼の頭をたたく」の発想	hit	him	on the head
		全体	部分

　また、「部分」を述べる際には、動詞の意味により適切な前置詞が選ばれ、体の部位を表す名詞の前には必ず定冠詞が用いられる。このような表現には以下のようなものがある。

・hit[tap / strike] 〜＋on the〈体の部位〉　「〜をたたく」
・catch[hold / take] 〜＋by the〈体の部位〉「〜をつかむ」
・look 〜 in the eye　　　　　　　　　　「〜の目を見る」

I was walking down the street when suddenly someone **tapped me on the shoulder**.
「私が通りを歩いていると、突然、誰かが私の肩を軽くたたいた」

実戦問題

次の (1) から (5) までの ( ) に入れるのに最も適切なものを **1**, **2**, **3**, **4** の中から一つずつ選び，その番号を答えなさい。

---

(1) *A:* I don't feel like eating out tonight, honey.
  B: (　　). I have a slight headache, sweetheart.
  1 I don't, too **2** Me, too **3** Neither do I **4** I do

(2) This flat screen TV's picture quality is much better than (　　) of the older analog ones.
  1 this **2** that **3** these **4** which

(3) The police (　　) searching for the lost child who has been missing for a week.
  1 will **2** was **3** are **4** may

(4) I didn't know why, but Kate suddenly caught me (　　) and wouldn't let me go.
  1 my arm **2** through the arm
  3 on the arm **4** by the arm

(5) Tom is smart enough to become (　　) in the future.
  1 Edison **2** an Edison **3** Edisons **4** the Edisons

訳 -

(1) A「あなた，私，今夜は外食する気分じゃないわ」
  B「僕もだよ。少し頭痛がするんだ」
(2) このフラットテレビの画質は，旧式のアナログのものよりもずっといい。
(3) 警察は1週間行方がわからない行方不明の子どもを捜している。
(4) なぜだかわからなかったが，ケイトは突然僕の腕をつかみ放そうとしなかった。
(5) トムは将来エジソンのような人物になれるほど賢い。

●解答　(1) **3**　(2) **2**　(3) **3**　(4) **4**　(5) **2**

8 形容詞・副詞

形容詞の中には人を主語にできないものがある。また、2つ以上の形容詞あるいは副詞が並ぶとき、その配列の順序はおおよそ決まっている。ここでは形容詞、副詞の誤りやすいポイントを押さえよう。

準2級のまとめ

以下は準2級の学習事項である。理解を確認し、□ に✓を入れていこう。

❶ 形容詞

□ 形容詞には、直接名詞を修飾する限定用法とbe動詞の後ろなどに置いて名詞を説明する叙述用法がある。

This is a **popular** song. 〈限定用法〉
This song is **popular**. 〈叙述用法〉

□ only, mere, main などは限定用法しかない形容詞である。

□ asleep, awake, ashamed などは叙述用法しかない形容詞である。

□ many や much などの数量を表す形容詞を「数量形容詞」という。many, few は可算名詞とともに用いられ、much や little は不可算名詞とともに用いられる。

□ a few と few の違い。前者は肯定的な意味、後者は否定的な意味を表す。a little と little にも同様の違いがある。

There was **a little** soup left in the pot.「鍋にスープが少し残っていた」
There was **little** soup left in the pot.「鍋にスープがほとんど残っていなかった」

❷ 副詞

□ 〜 ago は「(今から) 〜前」。過去時制で用いられる。〜 before は「(過去のある時点から) 〜前」。過去完了時制で用いられる。

□ already は普通、肯定の平叙文「すでに (〜した)」で用いられ、yet は否定文「まだ (〜ない)」や疑問文「もう (〜したか)」で用いられる。

I have **already** finished lunch.「すでに昼食は済ませました」
Have you finished lunch **yet**?「もう昼食は済ませましたか」

□ enough が形容詞や副詞を修飾するときには、〈形容詞[副詞] + enough〉の語順になる。

This shirt is not **big enough** for my son.
「このシャツは息子には十分に大きいとは言えない」

UNIT 1 形容詞

ここでは人を主語にできない形容詞と2つ以上の形容詞が1つの名詞を修飾する場合の並べ方について学習する。

1 事柄を主語にする形容詞

形容詞の中には，事柄を主語とし，人を主語とすることのできないものがあるので注意が必要である。

It is **necessary** for you to start right away.
「あなたは直ちに出発する必要がある」

例えば，上の文を日本語訳に引きずられて，You are necessary to start ... とすることはできない。necessaryは人を主語にできない形容詞だからである。下の例のように，probable, impossibleも同様である。

It is **probable** that Mr. Nelson will retire next year.
「おそらくネルソンさんは来年退職するだろう」

It will be **impossible** for you to complete the work by tomorrow.
「君がその仕事を明日までに完成させるのは不可能だろう」
〔誤〕~~You are~~ impossible to complete ...

このような形容詞には以下のようなものがある。

> **事柄を主語に取る形容詞**
>
> (un)necessary「(不) 必要な」, (im)possible「(不) 可能な」, useful「有益な」, useless「無駄な」, (in)convenient「便利な (不便な)」, natural「当然な」, (im)probable「起こりそうな (起こりそうにない)」 など

2 2つ以上の形容詞の並べ方

2つ以上の形容詞が同一の名詞を修飾する場合，原則として次の順序になる。

| 「数量」＋「形態（大小・長短）」＋「性状（新旧・色）」＋「材料・所属」 |

例えばhousesを many「多くの（数量）」, big「大きな（大小）」, tidy「こぎれいな（性状）」, wooden「木造の（材料）」の4つの形容詞で修飾する場合，次のようになる。

<u>many</u>　<u>big</u>　<u>tidy</u>　<u>wooden</u>　houses
数量　大小　性状　材料

「数多くの大きいこぎれいな木造の家」

ただし，この語順は絶対的なものではない。実際は，あまりたくさんの形容詞を並べずに，複数の文にしたり，関係代名詞を用いたりする。

トレーニング

日本語訳を参考にして [　] 内の語を正しく並べ替えなさい。

(1) It [natural / is / you / for] to get angry.「君が怒るのは当然だ」
(2) When [for / it / convenient / is] you?「君はいつ都合がいいの？」
(3) I haven't eaten [Chinese / delicious / such] food.
　　「そんなおいしい中国料理は食べたことがない」
(4) Look at [table / big / that / round].「あの大きな円卓を見て」

解答

(1) is natural for you　(2) is it convenient for
(3) such delicious Chinese　(4) that big round table

限定用法か叙述用法のみの形容詞

〈限定用法のみの形容詞〉

chief「主な」, main「主な」, former「前者の」, latter「後者の」, inner「内の」, outer「外部の」, mere「単なる」, only「単なる」, sole「唯一の」, utter「全くの」など

〈叙述用法のみの形容詞〉　主に a- で始まる形容詞である

afraid「恐れて」, alike「似て」, alive「生きて」, alone「独りで」, ashamed「恥じて」, asleep「眠って」, awake「起きて」など

UNIT 2　副詞

似た形で意味が違う副詞，文全体を修飾する副詞，2つ以上の副詞の並べ方について押さえよう。

1　意味を間違えやすい副詞

形が似ていたり，置かれる位置によって意味の異なる副詞に注意しよう。

I want to fire Bob. He **hardly** ever works **hard**.
「ボブを解雇したい。彼は一生懸命働くことがほとんどないんだ」
※hardly「ほとんど〜ない」，hard「一生懸命に」。

Kent has been often **late** for school **lately**.
「ケントは最近，よく学校に遅刻する」
※late「遅れて，遅刻して」，lately「最近」。

Clearly a radio announcer must pronounce the words **clearly**.

| 文全体を修飾する副詞「明らかに」 | pronounceに掛かる副詞「はっきりと」 |

「明らかに，ラジオのアナウンサーは言葉を明瞭に発音しなければならない」

2　文修飾の副詞

　前例のclearlyや，certainly「確かに」，evidently「明らかに」，fortunately「幸運にも」などのように，文全体を修飾する副詞がある。これらの副詞は，通常，文頭に置かれる。また，それらは形容詞を用いて書き換えられる場合が多い。

Probably, Gutenberg was the first person in modern printing.
「おそらくグーテンベルクは近代印刷技術を興した最初の人だ」
= It is **probable** that Gutenberg was the first person in modern printing.

3　2つ以上の副詞（句）の並べ方

　「時」「場所」「様態」の副詞（句）を同一の文の中に示す場合，原則的な順序は，〈「場所」＋「様態」＋「時」〉である。また，「場所」と「時」については，それぞれの単位の小さなものが先に来る。ただし，この語順は絶対的なものではない。

My grandparents lived　there　peacefully　then.
　　　　　　　　　　　「場所」＋「様態」＋「時」
「私の祖父母はその時そこで平和に暮らしていた」

Come and see me at my aunt's in London at six this evening.
「本日夕刻6時にロンドンの叔母の家へ私に会いにいらしてください」

I was born at two in the morning on the third of May, 1982.
「私は1982年5月3日午前2時に生まれた」

実戦問題

次の (1) から (5) までの (　) に入れるのに最も適切なものを **1**, **2**, **3**, **4** の中から一つずつ選び，その番号を答えなさい。

---

(1) It is (　) that Mr. Cox will be elected mayor of this city.
　1 able　　**2** capable　　**3** enable　　**4** possible

(2) *A:* Did you get caught in that storm yesterday?
　B: Yes, but (　), I had an umbrella with me.
　1 frankly　　**2** hopefully　　**3** thankfully　　**4** relatively

(3) *A:* Have you seen Eric (　)? I haven't seen him for a long time.
　B: I heard that he's really busy now with his new job.
　1 finally　　**2** surely　　**3** probably　　**4** lately

(4) It is only (　) that she would be upset.
　1 pure　　**2** natural　　**3** hopeless　　**4** poor

(5) We camped at a (　) spot in the mountains.
　1 afraid　　**2** alive　　**3** alone　　**4** lonely

訳
- -

(1) コックスさんがこの市の市長に選ばれることはありうる。
(2) A「昨日，あの嵐につかまった？」
　　B「うん，でもありがたいことに，傘を持っていたんだ」
(3) A「最近エリックに会った？ 彼にずっと会ってないんだけれど」
　　B「彼は新しい仕事で今本当に忙しいって聞いたよ」
(4) 彼女が怒るのもごく自然なことだ。
(5) 私たちは山中の寂しい場所でキャンプをした。

●解答　(1) **4**　(2) **3**　(3) **4**　(4) **2**　(5) **4**

9 前置詞・接続詞

前置詞は名詞・代名詞の前に置いて，形容詞句・副詞句を作る。接続詞は，主として文と文をさまざまな関係で結び付ける。そのような点で前置詞と接続詞の確かな知識は，文章の論理を理解する上で欠かせない。ここでは，群前置詞・二重前置詞，慣用的な接続詞的表現などを学習する。

準2級のまとめ

以下は準2級の学習事項である。理解を確認し，□に✓を入れていこう。

❶ 前置詞

☐ 前置詞は，名詞・代名詞の前に置いて，形容詞句，副詞句を作る。

☐ 前置詞は，時間・場所・手段・理由などの意味を表す。

☐ until[till]「～まで（継続）」と by「～までに（完了）」，since「～以来」と from「～から（起点）」，for「～の間（物理的な時間の長さ）」と during「～の間（特定の時間）」，on「（接触しているもの）の上に」と above「～の上方に」などの紛らわしい前置詞に注意する。

Mike was staying in this hotel **for a week**.
「マイクはこのホテルに1週間滞在していた」

Mike was supposed to meet me **during his stay** in Japan.
「マイクは日本に滞在中に私に会うことになっていた」

❷ 接続詞

☐ 接続詞には，対等な関係にある語と語，句と句，節と節を結ぶ等位接続詞と，2つの節を主と従の関係で結ぶ従位接続詞（または従属接続詞）がある。

☐ 2つの要素が組になって使われる接続詞を相関接続詞という。both A and B「AとBの両方とも」，either A or B「AかBのいずれか」，not only A but also B「Aのみならず Bも (= B as well as A)」などがある。

☐ 「とても～なので…」は so ～ that ... 構文，such ～ that ... 構文の両方で表すことができるが，〈so ＋形容詞・副詞＋ that 節〉と〈such ＋ (a/an ＋) 形容詞＋名詞＋ that 節〉の構成の違いに注意する。

I'm **so busy** with my new project **that** I can't talk with you now.
「私は新しいプロジェクトでとても忙しいので，今はあなたとお話できません」

Jack is **such a naughty boy that** he always plays tricks on us.
「ジャックはとてもいたずらっ子なので，いつも私たちにいたずらをする」

UNIT 1 前置詞

ここでは，群前置詞・二重前置詞と前置詞の後置・省略について学習する。

1 群前置詞・二重前置詞

2つ以上の語が結び付き，全体で1つの前置詞として用いられるものがある。これを「群前置詞」と呼ぶ。その例は，as for ～「～に関しては」，on account of ～「～のために」，instead of ～「～の代わりに」，in addition to ～「～に加えて」，in case of ～「～の場合には」，because of ～「～のために」，by means of ～「～によって」，for the purpose of ～「～の目的で」など多くある。

In spite of having a high fever, Mary participated in the contest.
「高熱にもかかわらず，メアリーはそのコンテストに参加した」

また，前置詞が2つ重ねて用いられる「二重前置詞」も少数ながら存在する。from among ～「～の中から」，from under ～「～の下から」，from behind ～「～の後ろから」などがある。

The hospital is **across from** the library.
「病院は図書館の（通りを挟んだ）向かいにあります」

2 前置詞の後置・省略

前置詞は，普通，その直後に名詞や代名詞といった目的語を取るが，不定詞，関係詞を用いた文や疑問詞を用いた疑問文などでは，前置詞が目的語から分離されて後ろに置かれることがある。特に口語によく見られる現象である。

I want a power saw to cut this tree **with**.
「この木を切るのに電動ノコギリが欲しい」
※ with の意味上の目的語は a power saw。

Who are you going to the concert **with**?
「誰とコンサートに行くつもり？」

What (did you buy it) **for**?
「何のために（それを買ったの）？」
※ What for?「どうして，何のために？」は，よく用いられる口語表現。

第1章 文法（前置詞・接続詞）

〈時間〉や〈距離〉などを表す副詞句，特にthis / that, last / nextの付いた，時を表す表現の前では前置詞は省略されるのが普通である。また，動名詞の前の前置詞は省略されることがある。

My wife and I went on a picnic (on) **that fine day**.
「妻と私は，その晴れた日にピクニックへ出掛けた」

We've been waiting (for) **these three hours**.
「私たちはこの3時間待ち続けている」

You'll have difficulty (in) **doing** it alone.
「それを独りでやるのは苦労するだろう」

Tea Time

前置詞の含まれる掲示・看板

前置詞の付いた句は掲示や看板でもよく用いられる。

- For Sale「売り物」　　　　　On Sale「特売」
- Under Construction「工事中」　Out of Order「故障中」
- For Use Only in Case of Emergency「非常用」

UNIT 2 接続詞の慣用表現

as soon as ～「～するとすぐに」のように，2語以上で接続詞として働く表現を確認していこう。例えば，このas soon as ～の表現は，the moment[instant] ～ で表すこともできる。

As soon as I got off the train, I found my purse had been stolen.
「電車を降りるとすぐ，財布が盗まれていることがわかった」

= **The moment[instant]** I got off the train, I found my purse had been stolen.

さらに，no sooner ～ than ... と hardly[scarcely] ～ when[before] ... でも同じ意味を表せる。ただし，これらの表現では，～の部分に過去完了形が用いられ，倒置（※詳細はp.76参照）が起こることに注意する。

= **No sooner** had I gotten off the train **than** I found my purse had been stolen.

= **Hardly[Scarcely]** had I gotten off the train **when[before]** I found my purse had been stolen.

このような従位接続詞として用いられる慣用表現を以下にまとめる。

■ **by the time ~**　「～までには」

Be sure to come back **by the time** it gets dark.
「暗くなるまでには戻って来るようにしなさい」

■ **every[each] time ~**　「～するたびに (= whenever)」

She complains about her boss **every time** I meet her.
「彼女は会うたびに，いつも上司に対する不平ばかり言っている」

■ **in case ~**　①「～するといけないから／～に備えて」②「～の場合には」

We should make sure where to take refuge **in case** a big earthquake occurs.
「大地震に備えて避難場所を確認しておくべきだ」

■ **as far as ~**　「～する限りは／～する範囲において」

As far as I know, Ken isn't equal to the task.
「私が知る限り，ケンはその仕事をやれるだけの器ではない」

■ **as long as ~**　「～する限りは／～する間」

I don't think you'll succeed **as long as** you think that way.
「そんなふうに考える限り，君は成功しないと思うよ」

■ **now that ~**　「今や～なので」

Now that you have grown up, you can understand how your parents felt at that time.
「今や君も大人になったんだから，あの時ご両親がどう感じたか理解できるだろう」

■ **so that** *S* **can[will] ~**　「*S*が～するように」

I sat up all night studying last night **so that** I **could** pass the test.
「私はテストに合格するように，昨夜は徹夜して勉強した」

■ **~, so that ...**　「～，その結果…」

A typhoon was coming, **so that** school was called off for tomorrow.
「台風が近づいていた。その結果，学校は明日休校になった」

■ **whether** *A* **or** *B*　「AであろうとBであろうと」

Whether this is Tom's opinion **or** yours, I'm against it.
「これがトムの意見だろうが君のだろうが，僕はそれに反対だ」

実戦問題

次の (1) から (5) までの ( ) に入れるのに最も適切なものを **1**, **2**, **3**, **4** の中から一つずつ選び，その番号を答えなさい。

(1) A: Do you know what has become of him?
B: Well, ( ) I know, he is now working for developing countries.
1 as much as　　**2** as long as　　**3** as soon as　　**4** as far as

(2) All of my friends listen to classical music, but ( ) me, I prefer pop songs.
1 up to　　**2** on to　　**3** as for　　**4** in for

(3) ( ) had she gotten to the office than she started working.
1 Rarely　　**2** The moment　　**3** Soon　　**4** No sooner

(4) The buses are always so delayed that Mr. Sato is usually late by the time he ( ) his office.
1 reaches
3 will be reaching
2 was reached
4 reached

(5) Being new to the city, Jack had trouble ( ) his way around.
1 find　　**2** to find　　**3** found　　**4** finding

訳 ---

(1) A「彼がどうしたか知っていますか」
B「ええ，私が知る限りでは，今，発展途上国のために働いています」
(2) 私の友だち全員がクラッシック音楽を聞きますが，私に関して言えば，ポップスの方が好きです。
(3) 彼女は会社に着くとすぐに仕事を始めた。
(4) バスがいつもひどく遅れるので，サトウさんはいつも会社に着くまでに遅れてしまう。
(5) その都市は不案内なので，ジャックは動き回るのに苦労した。

●解答　(1) **4**　(2) **3**　(3) **4**　(4) **1**　(5) **4**

10 特殊な構文

文法の仕上げとして，抽象的な文では避けることができない「無生物主語」の発想に慣れておこう。さらに，さまざまな「否定」「省略」「挿入」の表現や，話し手や書き手の力点を伝えるための「強調」や「倒置」の表現を再確認する。

準2級のまとめ

以下は準2級の学習事項である。理解を確認し，□に✓を入れていこう。

❶ 無生物主語の構文

□ 英語には人や動物以外の原因，方法，条件などを主語にして，それが人（動物）を「〜させる，〜する」といった形の表現がある。これを「無生物主語の構文」という。

□ 無生物主語の構文は直訳すると日本語がぎこちなくなるので，①主語を副詞句的に訳す，②目的語を主語として訳すなどの工夫が必要である。
Five minutes' drive will bring **you** to my house.
「5分ほど車を運転すれば，あなたは私の家に着くだろう」

□ 無生物主語の構文で用いられる動詞には，以下のようなものがある。
〈enable ＋人＋ to *do*〉「（人）が〜するのを可能にする」
〈prevent ＋人＋ from *doing*〉「（人）が〜するのを妨げる」

❷ 強調

□ 強調の方法には，①強調する語を強く発音する，②再帰代名詞を使う，③veryやmuchなどの程度を表す修飾語句を用いる，④強調する語を繰り返すなどがある。

□ 強調構文を用いて主語や目的語，副詞句を強調することもできる。強調構文は〈It is[was] ＋ 強調する語句 ＋ that 残りの文〉である。
It was John **that**[who] broke this vase.「この花瓶を割ったのはジョンだ」

□ 肯定文の動詞の直前にdo / does / didを置くことにより，その動詞の肯定的内容を強調することができる。このdo / does / didは強く発音される。
You **do** need to study harder now.
「君は今，本当にもっと勉強する必要がある」

UNIT 1 無生物主語の構文

無生物主語の構文の1つである「情報源の説明に関するもの」と,「無生物主語の構文で用いられる動詞」について見ていこう。

1 情報源の説明

〈天気予報〉をはじめ,〈新聞・雑誌,グラフ・表・統計〉など,各種情報源の説明が,それらを主語とし,動詞 say, show, tell, suggest などを用いて表されることがある。この形式は,According to ~「~ によれば」という表現を用いて書き換えられる。

The Times **says** that the English economy is doing well.
「タイムズ紙によると,イギリスの経済は順調である」

※According to *The Times*, the English economy is doing well. と書き換え可能。

Research **has shown** that on warm days, the air in some cities can be 3℃ to 4℃ hotter than in the surrounding areas.
「調査によれば,暖かい日には,都市によってはセ氏3度から4度,周辺地域より暑くなる場合がある」

2 無生物主語の構文で用いられる動詞

1 で紹介した動詞以外の無生物主語を取る動詞を,3つのグループに分けて紹介する。

❶「(人) に~させる」(使役を表す動詞)

この意味で用いられる動詞は,make (cause)「~させる」, force (compel, oblige)「(強制的に)~させる」, allow (permit)「~を許す」, enable「~を可能にさせる」など,多くある。

The rule **obliges** us to get up at four in the morning.
「規則によって,私たちは朝4時に起きなければならない」

Nothing would **compel** me to say such a thing.
「どんなことがあっても,私は絶対そんなことは言わない」

❷「(人) に~させない」

この意味で用いられる動詞には,prevent, stop, keep などがある。

This fear **prevents** many people **from flying** altogether.
「この恐怖感のために,全く飛行機に乗れない人が多い」

※〈prevent +人+ from *doing*〉の形。

No words of comfort will **stop** Anna **from going** home.
「言葉でどんなに慰めても，アンナは帰宅してしまうだろう」

❸「(人) を～へ導く」

この意味で用いられる動詞には，bring, take, carry, lead などがある。

A short walk **brought** us **to** Hyde Park.
「ちょっと歩いたら，ハイドパークに出た」

This bus will **take** you **to** the art museum in the city center.
「このバスに乗れば，市中央部の美術館へ行けますよ」

※〈bring / take / carry / lead ＋人＋ to 場所〉の形。

注意！ 無生物主語構文は英語的感覚の１つ！

無生物主語の文をさらに見てみよう。日本語の訳し方にも注意したい。

・**What** sometimes **causes** problems for volunteers abroad?
「何が原因で，時々海外でのボランティアの人たちに問題が起こるのですか」
・**This book** will **give** you a good idea of Mexican life.
「この本を読めば，メキシコ人の生活がよくわかるだろう」
・**Children's instinct tells** them whether they are loved or not.
「子どもたちは，自分が愛されているかいないかを，本能的に悟る」

トレーニング

次の英文を自然な日本語に訳しなさい。

(1) The weather forecast says that it will be sunny tomorrow.
(2) A delay of the train prevented me from going to the meeting on time.
(3) The Internet allows us to gather information from all over the world.
(4) The rain kept the children indoors all day.
(5) Recent photographs suggest that there may be water on Mars.

解答例

(1) 天気予報によると，明日は晴れだ。
(2) 電車が遅れたために，私は定刻に会議に行けなかった。
(3) インターネットのお陰で私たちは世界中から情報を集めることができる。
(4) 雨のため，子どもたちは一日中外に出られなかった。
(5) 最近の写真によると，火星に水が存在するかもしれない。

第１章　文法（特殊な構文）

UNIT 2 否定

全体否定と部分否定，I hope not. などの節の代わりをする not，そして，no や not 以外の否定を表す表現について見ていこう。

1 全体否定と部分否定

「すべて〜ない」「全く〜ない」のように文の内容を100パーセント否定するものを全体否定という。それに対して「すべてが〜とは限らない」のように全体の一部のみを否定することを部分否定という。

❶ 全体否定

全体否定は，〈no ＋ 名詞〉，〈not 〜 any（＋ 名詞）〉，および none, nobody, nothing, neither などで表す。

> We could **not** drive **any** of the cars exhibited there.
> 「そこに展示されている車は，私たちはどれも運転できなかった」
>
> **Neither** of the ladies we met yesterday was warm-hearted.
> 「昨日会った夫人たちは，どちらも温かい心の持ち主ではなかった」

❷ 部分否定

部分否定は，〈not ＋ every / all / both 〜〉「すべて[両方]が〜とは限らない」，または，not always「いつも〜とは限らない」，not necessarily「必ずしも〜とは限らない」，not completely「完全に〜とは限らない」などで表す。

> George says that **not every** smoker gets lung cancer.
> 「タバコを吸う人が皆，肺がんになるというわけではないとジョージは言う」
>
> It is often said that the rich are **not always** happy.
> 「金持ちが必ずしも幸せではないとよく言われる」

2 節の代わりをする not

主節の動詞が hope, be afraid, wish などの場合，否定の名詞節が not で代表されることがある。

> "Will Mary come?" "I'm afraid **not**."
> 「メアリーは来るだろうか」「残念だけど来ないと思うわ」
> ※I'm afraid that she will not come. ということ。
>
> "The weather forecast says it'll be rainy this afternoon." "I hope **not**."
> 「天気予報では今日の午後は雨よ」「そうでないといいけどなあ」

3 準否定語

次の語は否定の意味を表す形容詞，副詞である。

〈形容詞〉	few ～, little ～	「ほとんど～ない」
〈副詞〉	hardly, scarcely	「ほとんど～ない」
	rarely, seldom	「めったに～ない」

Nowadays **few** people live without mobile phones.
「今日では携帯電話なしで生活している人はほとんどいない」

Our cat is so tame that it **rarely** scratches us with its claws.
「うちの猫はおとなしいので，爪で私たちをひっかくことはめったにない」

トレーニング

日本語訳を参考にして，空所に適語を入れなさい。
(1) I don't like ( ) sports.「スポーツは全然好きではない」
(2) I could ( ) understand what he said.「ほとんど理解できなかった」
(3) The stew was very good, so there was ( ) left.「ほとんど残らなかった」
(4) "Will they win?" "I'm afraid ( )."「おそらく勝たないと思う」

解答

(1) any (2) hardly (3) little (4) not

注意!

否定語のない否定慣用表現

否定語を用いずに，否定的な意味を表す慣用表現には次のようなものがある。

Susan **failed to** see the film 'Avatar' last week.
「スーザンは，先週，映画『アバター』を見損ねた」

Bob is **the last** person to burst into tears in public.
「ボブは，人前でわっと泣きだすような人間では決してない」

This story is **anything but** complicated, and **far from** interesting.
「この物語は決して複雑ではないし，また少しも面白くない」

Professor Long's lecture is **above** me.
「ロング教授の講義は私には理解できない（理解能力を超えている）」

UNIT 3 省略

意味上，語句を省いても支障がない場合，省略が起こる。省略が起こる場合を4つに分けて見ていこう。

1 共通語句の省略

語句の反復を避けるため，共通の語句が省略されることがある。

Last month Henry traveled in Europe, and **I in Asia**.
「先月，ヘンリーはヨーロッパを旅行し，私はアジアを旅行した」
※太字部分はI (traveled) in Asiaということ。

Mary ran one way, while **both of us the other**.
「メアリーは一方の方向へ走り，私たち2人は別の方向へ走った」

2 副詞節内の「代名詞＋be動詞」の省略

when, while, if, thoughなどが導く副詞節の中で「代名詞＋be動詞」が省略されることがある。

We used to talk about our futures a lot **when in high school**.
「僕たちは高校の時，将来について大いに語り合ったものだ」
※太字部分はwhen (we were) in high schoolということ。

3 比較構文での省略

比較構文では，asやthanの後で，反復を避けるために省略がよく起こる。

This picture is not as cheap as **you think**.
「この絵は君が思うほど安くはない」
※太字部分はyou think (it is cheap)ということ。

It is much cooler today than **yesterday**.
「今日は昨日よりもずっと涼しい」
※太字部分は(it was cool) yesterdayということ。

4 ことわざ・掲示での省略

ことわざや掲示では，簡潔で効果的にするため，大胆な省略が起こる。

(The) **First** (to) **come** (will be the) **first** (to be) **served**.
「先着順（最初に来た者が最初に接待される）」

(Beware of the) **Wet[Fresh] Paint!**
「ペンキ塗りたて（塗りたてのペンキに注意）」

UNIT 4 強調

ここでは，強調構文，doを使った動詞の強調，修辞疑問による強調について，例文を中心に見ていこう。

1 強調構文

強調構文は，〈It is[was] + 強調される語（句） + that + 残りの文〉の形を取り，名詞（句），副詞（句，節）を強調することができる。

It is Peggy **that [who]** comes to see me in the hospital every day.
「入院している私を毎日見舞いに来てくれるのは，ペギーです」
※強調される語が人の場合，thatの代わりにwhoも可能。

It was only about 500 years ago **that** the modern method of printing was invented.
「現代の印刷方法が発明されたのは，およそ500年前にすぎなかった」
※時を表す副詞句を強調。

It was before Cecil called me **that** Tom dropped in at our house.
「トムがふらりとわが家を訪ねて来たのは，セシルからの電話の前だった」
※副詞節を強調することも可能。

2 doの使用

動詞の肯定の意味を強調したいとき，助動詞do[does / did]を使う。

Well, I **do** have something in mind, but I'm afraid it's a secret.
「あのう，あることを考えているけど，まあ，それは秘密だよ」

Do be good, Harry! This party is not for you.
「おとなしくしろ，ハリー。このパーティーは君のためのものじゃない」

Ken **did** see the key, but he couldn't remember where he saw it.
「ケンは確かに鍵を見たが，どこで見たのか思い出せなかった」

3 修辞疑問

修辞疑問は，内容の肯定・否定を逆にして，反語として強調をする。

Didn't I ask you to take an umbrella today?
「今日は傘を持っていくようにお願いしなかったっけ？」 →「したでしょ！」

Who knows what will happen tomorrow?
「明日何が起こるか誰が知ろうか」 →「誰も知らない」
※No one knows〜ということ。

UNIT 5 倒置

文法上の理由や強調のために，〈S＋V〉の語順が〈V＋S〉になることがある。これを「倒置」という。ここでは，強調のために否定語が文頭に出される場合と，soやneitherで始まる文で生じる倒置を中心に見ていこう。

1 否定語などが文頭に置かれる場合

否定語やonlyが強調のために文頭に置かれると倒置が起こる。現在・過去の一般動詞を含む文では，〈do[does / did]＋S＋原形〉の形になる。

Not another cigar did Mr. Hill smoke tonight.
「今夜，ヒル氏は，もうそれ以上葉巻を吸わなかった」
※否定語が文頭にある。一般動詞の過去形なので〈did＋S＋原形〉の形。

Never before have I seen such a beautiful rainbow.
「今まで一度も，あんな美しい虹を私は見たことがない」
※否定語が文頭にあるのでI haveが倒置。

Only then will you find happiness which can't be expressed.
「その時に初めて，あなたは表現できないほどの幸せを見付けるだろう」

2 so, neitherなどが文頭に置かれる場合

so, neither, norが前文の内容を受けて文頭に置かれる場合，倒置が起こる。

John hates working on Saturdays, and **so do his colleagues**.
「ジョンは土曜日に働くのは大嫌いだし，彼の同僚もそうだ」

Michael lent me a video camera, but I didn't know how to use it, and **neither did my father**.
「マイケルがビデオカメラを私に貸してくれたが，私はその使い方がわからなかったし，父もわからなかった」

3 そのほかの倒置

仮定法のifや接続詞を省略したり，語句を強調したりする場合にも倒置が起こる。

Should he come, Edward would be criticized by us all.
「万が一来たら，エドワードは私たち皆に非難されるだろう」
※仮定法のifが省略されている。

Such was Mrs. Smith's fame that she was known all over the world.
「スミス夫人の知名度はすごかったので，彼女は世界中に知られていた」
※本来はMrs. Smith's fame was such that ... 。

Young though[as] she is, Anne is the best flutist in the city.
「本当に若いけれども，アンはこの都市でフルートが一番うまい」
※本来はThough she is young, ... 。

UNIT 6 挿入

文の成立には関係ないものの，説明的な語句が文中に挿入されることがある。挿入される部分は，通常，カンマ，ダッシュ，カッコなどで区切られる。

1 句の挿入

Chimpanzees, **for example**, have been shown to be very clever.
「例えば，チンパンジーはとても賢いことが示されている」
※挿入句for exampleの前後にカンマがあることに注意。

This book of mine, **by the way**, was published only yesterday.
「ところで，この私の本は，つい昨日出版されました」

2 節の挿入

Loneliness, **research shows**, is also related to health risks.
「調査によると，孤独もまた健康の危険度に関連している」

My wife is, **as it were**, a 'Doctor of Gardening.'
「私の妻は，いわば『園芸博士』だ」

Correct the errors, **if any**, and read the corrected sentences aloud.
「もしあれば，誤りを直し，正しい文を読み上げなさい」

This medicine, **as the case may be**, will do you no good nor harm.
「この薬は，場合によっては毒にも薬にもならない」

All the books here, **as few as there may be**, are at your disposal.
「ここのすべての本は，と言ってもわずかですが，自由にご利用ください」

第1章 文法（特殊な構文）

実戦問題

次の (1) から (5) までの (　) に入れるのに最も適切なものを **1**, **2**, **3**, **4** の中から一つずつ選び，その番号を答えなさい。

---

(1) *A:* What happened? Worrying will (　) you nowhere, Betty.
　　B: You're right, George.
　　1 sit　　　　**2** want　　　　**3** live　　　　**4** get

(2) The movie was (　) but romantic. It showed a lot of zombies being killed.
　　1 what　　　**2** which　　　**3** anything　　**4** something

(3) It was the way Sam giggled (　) irritated Mr. Hardy so much.
　　1 how　　　**2** that　　　　**3** why　　　　**4** who

(4) My father is the coach of my soccer team, but never (　) that I receive any special treatment because of that.
　　1 I expect　　**2** I do expect　　**3** do I expect　　**4** I don't expect

(5) Young (　) she is, Jane prefers classical music to rock music.
　　1 if　　　　**2** as　　　　**3** even　　　　**4** with

訳 --

(1) A「どうしたの？悩んでいてもどうにもならないよ，ベティ」
　　B「そのとおりね，ジョージ」
(2) その映画はロマンティックどころではなかった。たくさんのゾンビが殺されるシーンがあった。
(3) ハーディーさんをそれほどいらいらさせたのはサムのくすくすという笑い方だった。
(4) 私の父は私のサッカーチームのコーチだが，それが理由で私が特別な扱いを受けることを私は全く期待していない。
(5) ジェーンは若いが，ロックよりクラッシック音楽の方が好きである。

●解答　(1) **4**　(2) **3**　(3) **2**　(4) **3**　(5) **2**

第2章

単語・熟語（大問1）

筆記 大問1　出題形式・出題傾向

出題形式

　1〜2文程度の長さから成る短い文章，もしくはAとBとの1往復の会話の一部が空所になっており，そこに入るのに最も適切な語（句）を4つの選択肢から選択する問題。全20問。全体で15分を目安に解答しよう。

問題の例

Grade 2

1 次の *(1)* から *(20)* までの（　　）に入れるのに最も適切なものを **1, 2, 3, 4** の中から一つ選び，その番号を解答用紙の所定欄にマークしなさい。

(1) *A :* What (　　) of your high school class went on to college, Ted?
B : I don't know exactly, but I think it was over half.
　1 quality　**2** percentage　**3** minimum　**4** regulation

(2) Jim (　　) gets a chance to eat out, so he was excited when his parents took him to a French restaurant for his birthday.
　1 bravely　**2** rarely　**3** frankly　**4** precisely

(3) *A :* You don't look very well, Chris. What's the problem?
B : I'm suffering from a (　　) of sleep. I've been staying up late every night to study for my final exams.
　1 breeze　**2** shield　**3** theory　**4** lack

(4) The student government (　　) the question for many hours before finally making a decision.
　1 debated　**2** required　**3** lectured　**4** trusted

(5) Carl enjoys his job at the factory, but the (　　) are very low. That is why he is now looking for a job where the pay is higher.
　1 fines　**2** receipts　**3** wages　**4** taxes

(6) *A :* I love this piece of music. It's very dramatic.
B : I'm not sure who (　　) it, but I think he was German.
　1 composed　**2** determined　**3** managed　**4** constructed

(7) My grandmother has told me that (　　) struck our town 80 years ago. Many people died because there was nothing to eat for weeks.
　1 famine　**2** demonstration　**3** prediction　**4** investment

(8) Robert decided to send a small box of toys to his nephew yesterday. He (　　) the package with some tape and took it to the post office.
　1 praised　**2** greeted　**3** roasted　**4** sealed

(9) *A :* I don't think jeans are (　　) for tonight's party, Michelle. Don't you have something a little more formal?
B : OK, Mom. I'll go and change.
　1 superior　**2** appropriate　**3** extensive　**4** ignorant

(10) At first, Debbie's parents did not want her to travel to Turkey, but eventually she (　　) them that it would be a good experience for her.
　1 examined　**2** convinced　**3** restricted　**4** substituted

（2009-2 英検2級本試験問題より）

出題傾向

　出題される全20問は，すべて形式が同じだが，その内訳は単語問題10問，熟語問題7問，文法問題3問となっている。

　単語問題10問のうち，選択肢の品詞の内訳は，ほぼ毎回動詞が4問，名詞が4問，形容詞1問，副詞1問。熟語問題は，句動詞と名詞を中心とした熟語が最も出題される。文法問題は最近は前置詞の用法を問う問題が多いのが特徴。ほかに不定詞・動名詞，分詞構文，文型，仮定法の知識を問う問題が多い。代名詞，接続詞，時制，否定の知識を問う問題なども出題される。

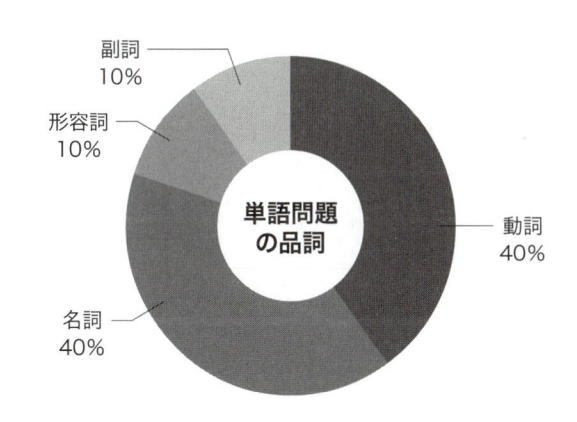

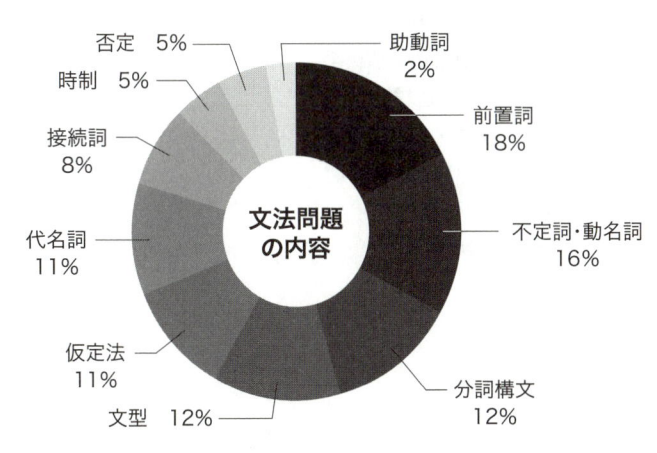

単語問題の品詞
- 動詞 40%
- 名詞 40%
- 形容詞 10%
- 副詞 10%

文法問題の内容
- 前置詞 18%
- 不定詞・動名詞 16%
- 分詞構文 12%
- 文型 12%
- 仮定法 11%
- 代名詞 11%
- 接続詞 8%
- 時制 5%
- 否定 5%
- 助動詞 2%

第2章　単語・熟語（大問1）

単語・熟語（大問1）

　大問1は語彙力，熟語力，文法の知識を問う問題である。文法問題については，第1章「文法」で詳しくまとめたので，ここでは，単語と熟語にのみ焦点を当てる。単語にしても熟語にしても，2級レベルとなるとそのすべてを包括的に提示することは難しいが，ここで押さえた語彙力を基盤にして，文脈から語義や用法を適切に推察する能力を付けることを目標にしてほしい。その力が身に付けば，読解問題を解く上でも大きな力となるに違いない。

UNIT 1　単語力を付ける

1 同意語・反意語
　❶同意語
　❷反意語

2 派生語
　❶語の成り立ち（語形成）
　❷接頭辞
　❸接尾辞

3 注意が必要な語
　❶多義語
　❷発音やスペリングを混同しやすい語

UNIT 2　熟語力を付ける

1 よく出る熟語
　❶動詞中心の熟語
　❷名詞中心の熟語
　❸形容詞・副詞中心の熟語

2 注意が必要な熟語
　❶同意熟語
　❷反意熟語
　❸紛らわしい熟語

UNIT 1 単語力を付ける

　語彙を増やす方法として，1つの単語からそれに関連する単語を覚えるというやり方がある。ある単語を覚えるときに，その単語の同意語や反意語，名詞形や動詞形なども併せて覚え，その単語に関する1つのネットワークとして覚えていくのである。ここでは，このような観点から，まず同意語と反意語，派生語について取り上げる。また，その後で注意が必要な語についてまとめていく。

1 同意語・反意語

　2級レベルの単語を中心に，同意語と反意語について例文と表でまとめていく。以下の表では，赤セルを大いに活用し，頭文字をヒントにして，その同意語・反意語がわかるかどうかを確認しながら学習を進めていこう。

❶ 同意語

　同意語とは，語の意味，およびその意味の一部に同一か類似の意味がある語を言う。ただし，同意語でも用法が異なるものもあるので，辞書で確認しておきたい。例えば，ableとcapableはともに「～できる」という意味であるが，ableはbe able to *do*と，capableはbe capable of *doing*と用法に違いがある。

■ 動詞

▶ The principal **banned** the use of cell-phones during school hours.
　（「禁止する」= **p**rohibit）
▶ It took more than a week for William to **convince** his wife to let him accept the job offer.（「説得する」= **p**ersuade）
▶ The magician **entertained** the children with various tricks.
　（「楽しませる」= **a**muse）

語例	意味	同意語
attempt	試みる	try
confuse	困惑させる	bewilder
conquer	征服する	overcome
convert	変える	change
decline	断る	reject
detest	嫌う	hate

語例	意味	同意語
dissolve	溶ける	melt
esteem	敬服する	admire
explore	調査する	investigate
hurt	傷つける	injure
indicate	示す	show
possess	所有する	own
predict	予言する	forecast
prohibit	禁止する	forbid, ban
resist	抵抗する	oppose
stare	見つめる	gaze

■ 名詞

▶ Joe's mother was waiting with **anticipation** at the airport to meet Joe and her new grandson. (「期待」= **expectation**)

▶ What was the **outcome** of the discussion on the new software?
(「結果」= **result**)

▶ John built up a good **reputation** as an artist. (「名声」= **fame**)

語例	意味	同意語
approval	承認	permission
capacity	能力	ability
concern	関心	interest
delight	喜び	pleasure
development	発展	growth
fascination	魅力	charm
fury	怒り	anger
hardship	困難	difficulty
proof	証拠	evidence
proverb	ことわざ	saying

■ 形容詞・副詞

▶ Billy was so **absorbed** in reading the book that he didn't realize how late it was. (「夢中になって」= **captivated**)

▶ Mr. Collins talks **incredibly** fast. Sometimes it's hard to understand what he is saying. (「信じられないくらい」= **unbelievably**)

▶ Since I failed the test, I thought my parents would be **furious**, but actually they are pretty calm about it. (「怒った」= **angry**)

語例	意味	同意語
absurd	愚かな	silly
acute	鋭い	sharp
amazed	驚いた	surprised
attractive	魅力ある	fascinating
awful	ひどい	terrible
basic	基本の	fundamental
confident	確信した	sure
contrary	反対の	opposite
diverse	さまざまな	various
essential	不可欠な	vital
eternal	永久の	permanent
genuine	本物の	real
industrious	勤勉な	diligent
mature	成熟した	ripe
precious	貴重な	valuable
vacant	空の，空いた	empty
rapidly	速く	fast
rarely	めったに〜ない	seldom

❷ 反意語

　反意語とは，ある語について，その反対の意味を持つ語，あるいは対照的な語（例えば，nephew「おい」⇔ niece「めい」などの対語）を指す。反意語では，exclude「排除する」⇔ include「含む」や direct「直接の」⇔ indirect「間接の」などに見られるように，接頭辞がかかわってくることも多い（接頭辞については **2**「派生語」を参照）。

■ 動詞

▶ Jeff's car was stolen, but it was found. The police said that the thieves had **abandoned** it in a field.（「放棄する」⇔ **retain**「保持する」）

▶ Charles and Sue **disagree** on everything. If he likes something, she usually hates it.（「対立する」⇔ **agree**「同意する」）

▶ After hours and hours of negotiation, the bank robbers finally **surrendered** to the police.（「屈服する」⇔ **resist**「抵抗する」）

語例	意味	反意語	意味
abolish	廃止する	⇔ establish	確立する
ascend	上がる	⇔ descend	下がる
conceal	隠す	⇔ reveal	明らかにする
encourage	励ます	⇔ discourage	落胆させる
include	含む	⇔ exclude	除く
loosen	緩める	⇔ tighten	締める
object	反対する	⇔ agree	同意する
prohibit	禁止する	⇔ permit	許可する
protect	守る	⇔ attack	攻撃する

■ 名詞

▶ Dr. Erickson was finally able to prove the scientific **theory** that he had been working on for years. (「理論」⇔ **practice**「実践」)

▶ The residents' main **objection** to the plan for a new highway is that it will cause a lot of noise. (「反対」⇔ **agreement**「同意」)

▶ What was the reason for your **absence** from class yesterday?
(「欠席」⇔ **presence**「出席」)

語例	意味	反意語	意味
ancestor	祖先	⇔ descendant	子孫
bride	花嫁	⇔ bridegroom	花婿
fortune	幸運	⇔ misfortune	不運
gain	利益	⇔ loss	損失
income	収入	⇔ expenditure	支出
interior	内部	⇔ exterior	外部
majority	多数派	⇔ minority	少数派
maximum	最大限	⇔ minimum	最小限
production	生産	⇔ consumption	消費
quality	質	⇔ quantity	量
success	成功	⇔ failure	失敗
supply	供給	⇔ demand	需要
sympathy	同情	⇔ antipathy	反感
victory	勝利	⇔ defeat	敗北

■ 形容詞

▶ Amy was made manager of the sales department, but it was not **permanent**. (「永久の」⇔**temporary**「一時的な」)
▶ "How did you like the novel, Roy?" "Well, the first half was really interesting, but the **latter** half was boring." (「後半の」⇔**former**「前半の」)
▶ The politician's replies to the reporters' questions were so **vague** that many people were not sure what he meant. (「あいまいな」⇔**clear**「明白な」)

語例	意味	反意語	意味
abstract	抽象的な	⇔ concrete	具体的な
affirmative	肯定的な	⇔ negative	否定的な
calm	穏やかな	⇔ excited	興奮した
casual	略式の	⇔ formal	正式の
constructive	建設的な	⇔ destructive	破壊的な
diligent	勤勉な	⇔ lazy	怠惰な
general	一般的な	⇔ specific	特定の
guilty	有罪の	⇔ innocent	無実の
hostile	敵意のある	⇔ friendly	友好的な
junior	年下の	⇔ senior	年上の
mental	精神的な	⇔ physical	肉体の
subjective	主観的な	⇔ objective	客観的な

トレーニング

次の各語の同意語または反意語を書きなさい。

(1) try「試みる」(= a   ) (2) proof「証拠」(= e   )
(3) basic「基本の」(= f   ) (4) encourage「励ます」(⇔ d   )
(5) sympathy「共感」(⇔ a   ) (6) mental「精神的な」(⇔ p   )

解答

(1) attempt (2) evidence (3) fundamental (4) discourage (5) antipathy
(6) physical

2 派生語

単語の中には，いくつかの構成要素に分けられるものがある。そのような語では，普通，語根と呼ばれる中心的な要素に接頭辞や接尾辞といった小さな要素を付けることにより，1つの語を形成する。ここでは，1つの単語を構成している要素に着目して学習を進めていこう。

❶ 語の成り立ち（語形成）

いくつかの構成要素から成り立っている単語は，そのそれぞれの構成要素の意味を知っていることで，単語の意味を推測することができる。例えば，capは「野球帽」だが，もともとの意味は「頭」。これを含む語にはcaptain「（頭の人→）指導者，キャプテン」やcapital「（頭の→）主要な，首都」がある。このような例をいくつか見てみよう。

■ dict「言う，書く」

dictation	(dict「書き取る」＋tion「こと」)→「ディクテーション」
predict	(pre「前に」＋dict「話す」)→「予言する」

■ auto「自身の，自分で」

automobile	(auto「自分で」＋mobile「動く」)→「自動車」
autobiography	(auto「自分の」＋biography「伝記」)→「自伝」
autograph	(auto「自分で」＋graph「書いたもの」)→「サイン」

■ cent「100，100分の1」

cent	(1ドルの100分の1)→「セント（米国の通貨単位）」
century	(cent「100の」＋ury「一組」)→「100年」
centimeter	(centi「100分の1」＋meter)→「センチメートル」
percent	(per「〜につき」＋cent「100」)→「百分率，パーセント」
centipede	(centi「100の」＋pede「足」)→「ムカデ」

■ form「形作る，形式」

formal	(form「形」＋al「〜の」)→「形式的な，正式の」
formation	(form「形作る」＋tion「こと」)→「形成，構造」
conform	(con-「一緒に」＋form「形作る」)→「一致する」
reform	(re-「再び」＋form「形作る」)→「改善する」

❷ 接頭辞

接頭辞とは，語形成要素の1つで，語の前に付いて，ある一定の意味を添えるものである。例えば，unkind の un- は，形容詞に付いて「否定」の意味を表す。ここでは，主な接頭辞をその意味とともにまとめる。

接頭辞	意味	語例
co- com- con-	一緒に	coeducation「共学」, cooperate「協力する」 company「会社，仲間」 connect「接続する」
anti- dis- non-	反対，否定	antiwar「反戦の」 dishonest「正直でない」, disapprove「承認しない」 nongovernmental「非政府の」
il- im- in- ir- un-	否定	illegal「不法の」 impossible「不可能な」, immortal「不死の」 independent「独立した」, incorrect「間違った」 irregular「不規則の」 unhealthy「不健康な」, unofficial「非公式の」
mis-	誤，悪，不，非	mischief「いたずら」, misfortune「不幸」 mistake「誤り」, misunderstanding「誤解」
pre-	前の	prepare「準備する」, preliminary「予備の」
post-	次・後	postwar「戦後の」, postpone「延期する」
mono-	1つの	monopolize「独占する」, monotonous「単調な」
bi-	2つの	bicycle「自転車」, bilingual「2カ国語の」 biannual「年2回の」, biweekly「隔週の」
multi-	たくさんの	multimedia「マルチメディア」 multinational「多国籍の」
inter-	相互の，中間の	international「国際的な」, Internet「インターネット」, interfere「干渉する」, intermission「中断」
re-	再び	react「反応する」, reform「改善する」 rebuild「再建する」, recover「回復する」
over-	過度な	oversleep「寝過ごす」, overwork「酷使する」 overflow「あふれる」, overestimate「過大評価する」
ex-	外に，前の	export「輸出する」, exhale「息を吐く」 ex-president「前大統領」

❸ 接尾辞

接尾辞とは語の後ろの部分に付いているものである。動詞を名詞に変えたり，名詞を形容詞に変えたりなど，品詞を変える働きをするものが多い。

■ 名詞を作る接尾辞

・動詞を名詞に変えるもの

接尾辞	動　　詞	→	名　　詞
-ment	develop「発展する」 improve「改善する」	→ →	development「発展」 improvement「改善」
-tion	pollute「汚染する」 repeat「繰り返す」	→ →	pollution「汚染，公害」 repetition「繰り返し」
-sion	permit「許可する」 discuss「話し合う」	→ →	permission「許可」 discussion「話し合い」
-ance	accept「受け入れる」 disturb「邪魔する」	→ →	acceptance「受理，容認」 disturbance「妨害，邪魔」
-se	respond「応答する」 applaud「拍手する」	→ →	response「応答，返答」 applause「拍手」
-al	refuse「拒否する」 survive「生き残る」	→ →	refusal「拒否」 survival「生き残ること，生存」

・形容詞を名詞に変えるもの

接尾辞	形　容　詞	→	名　　詞
-ity	rapid「急速な」 diverse「多様な，さまざまな」	→ →	rapidity「迅速」 diversity「多様性」
-ty	difficult「難しい」 novel「斬新な」	→ →	difficulty「困難」 novelty「斬新さ」
-cy	vacant「空いている」	→	vacancy「空室，空き地」
-ness	useful「有用な」 happy「幸せな」	→ →	usefulness「有用」 happiness「幸福」
-dom	free「自由な」 wise「賢い」	→ →	freedom「自由」 wisdom「知恵」
-th	deep「深い」 long「長い」	→ →	depth「深さ」 length「長さ」

■ 形容詞を作る接尾辞

・動詞を形容詞に変えるもの

接尾辞	動詞	→	形容詞
-able	avail「利用する」 prefer「より好む」	→ →	av<u>ailable</u>「利用できる」 prefer<u>able</u>「より好ましい」
-(a)tive	produce「生産する」 affirm「断定する」	→ →	produc<u>tive</u>「生産的な」 affirm<u>ative</u>「断定的な, 肯定的な」
-ent	differ「異なる」 consist「ある, 成り立つ」	→ →	differ<u>ent</u>「違った」 consist<u>ent</u>「一貫した, 一致した」

・名詞を形容詞に変えるもの

接尾辞	名詞	→	形容詞
-ful	shame「恥」	→	shame<u>ful</u>「恥ずべき」
-ous	caution「警告」	→	caut<u>ious</u>「用心深い」
-tic	sympathy「同情」	→	sympathe<u>tic</u>「同情的な」
-y	greed「貧欲」	→	greed<u>y</u>「欲張りの」
-ish	child「子ども」 fool「愚か者」	→ →	child<u>ish</u>「子どもっぽい」 fool<u>ish</u>「愚かな」
-ly	friend「友達」	→	friend<u>ly</u>「友好的な」

■ 動詞を作る接尾辞

接尾辞	名詞・形容詞	→	動詞
-en	strength（名）「強さ」	→	streng<u>then</u>「強化する」
-(i)fy	just（形）「公平な」 beauty（名）「美」	→ →	just<u>ify</u>「正当化する」 beaut<u>ify</u>「美化する」
-ize	real（形）「本当の」	→	real<u>ize</u>「実現する」

トレーニング

次の語を, 接尾辞を用いて指示された品詞に変えなさい。
(1) manage（名詞に） (2) wise（名詞に） (3) joy（形容詞に）
(4) pollute（名詞に） (5) sharp（動詞に） (6) greed（形容詞に）

解答

(1) management (2) wisdom (3) joyful / joyous (4) pollution
(5) sharpen (6) greedy

3 注意が必要な語

最後に，注意が必要な語として，「多義語」と「発音やスペリングを混同しやすい語」の2つの視点から，2級レベルの単語をまとめる。

❶ 多義語

多義語とは，2つ以上の全く異なった意味を持つ単語のことである。これらの多義語の知識を問う問題では，文脈を手掛かりにいかに正しい語句を選び取れるかという能力が問われる。

□ **appreciate**「正しく認識する；感謝する」

▶ He couldn't fully **appreciate** what she meant.
「彼は彼女の意図するところが完全には**わからなかった**」

▶ I greatly **appreciate** all your help.
「あれこれ手伝ってくださって本当に**ありがとう**」

□ **bank**「銀行；土手」

▶ He had a lot of money in the **bank**.「彼は**銀行**に多額の預金があった」

▶ My house is on the south **bank** of the Thames.
「私の家はテムズ川の**南岸**にある」

□ **capital**「資本；首都；頭[大]文字」

▶ He started a new business with a **capital** of $100,000.
「彼は10万ドルの**資金**で新しい商売を始めた」

▶ Washington, D.C., is the **capital** of the United States.
「ワシントンD.C.は合衆国の**首都**です」

□ **count**「重要である；数える；当てにする (on ～)」

▶ No distinctions **count**, not even that of sex.
「あらゆる違いは**重要でない**，性別でさえも」

▶ You can always **count** on Fred.「いつだってフレッドに**頼っていい**よ」

□ **ground**「根拠；土地；運動場」

▶ I have good **grounds** for believing his statement.
「私には彼の言っていることを信じる十分な**根拠**がある」

▶ I wish the **grounds** would swallow me.「穴があったら入りたいくらいだ」

□ **interest**「利子；興味，関心（事）」

▶ simple[compound] **interest** 「単利[複利]」

▶ She is his present **interest**.「彼女は今のところ彼の**関心の的**だ」

□ object「目標；物体」「反対する (to ～)」
▶ Our **object** is to reduce air pollution.
「私たちの**目標**は大気汚染を減らすことだ」
▶ She **objected to** being treated like this.
「彼女はこのような扱いを受けるの**を拒んだ**」

□ observe「観察する；(法律) を守る」
▶ Some kinds of human behavior can be **observed** from the outside.
「人間の行動の中には外部から**観察**できるものがある」
▶ We must **observe** traffic rules.「われわれは交通規則を**守る**べきだ」

□ otherwise「もしそうでないなら；別の方法では」
▶ We must be early; **otherwise** we won't get a seat.
「私たちは早くしなければ。**そうでないと**席が取れないよ」
▶ I can't think **otherwise**.「私には**ほかに**考えようがない」

□ relate「話す，述べる；(be related to ～) ～と関係がある」
▶ **Relate** to me what happened.「何が起こったのか**話してみなさい**」
▶ That man over there is distantly **related** to me.
「あそこにいる人は私の遠縁に当たる」

□ respect「点，個所」「尊敬（する）」
▶ The twins resemble each other in all **respects**.
「その双子はすべての**面**で似ている」
▶ We were treated with great **respect**.「私たちは深い**敬意**の心で扱われた」

□ rest「(the ～) 残りのもの」「休養（する）」
▶ Japan was separated from the **rest** of the world for a long time.
「日本は長い間，世界の**ほか**の国々から孤立していた」
▶ I'll make coffee. Let's have a **rest**.「コーヒーをいれるから，少し**休もう**よ」

□ state「国家（の）；状態」「述べる」
▶ the Secretary of **State** 「(米国の) 国務長官」
▶ the **state** of the world 「世界**情勢**」
▶ The Prime Minister **stated** that he would visit Britain again.
「首相は英国を再び訪問することになるだろう**と述べた**」

❷ 発音やスペリングを混同しやすい語

以下の各組の２つの単語は混同しやすいので，特に注意しよう。

■ 同じスペリングで発音と意味が異なる語

bow	[baʊ] おじぎ（をする）		minute	[mínɪt] 分（ふん）
	[boʊ] 弓			[maɪnjúːt] 微小な，ごく小さい
close	[kloʊs] 近い，親密な		tear	[tɪər] 涙
	[kloʊz] 閉める，閉まる			[teər] 裂く / 裂け目
desert	[dézərt] 砂漠		used	[juːst] 慣れた
	[dɪzə́ːrt] 見捨てる			[juːzd] use の過去・過去分詞
lead	[liːd] 導く		wind	[wɪnd] 風
	[led] 鉛			[waɪnd] 巻く，うねる
live	[laɪv] 生（なま）の，生きた		wound	[wuːnd] 傷 / 傷つける
	[lɪv] 生きる，住む			[waʊnd] wind の過去・過去分詞

■ 同じ発音でスペリングと意味が異なる語

[eər]	air 空気		[həːrd]	herd （牛・馬などの）群れ
	heir 相続人，後継者			heard hear の過去・過去分詞
[beər]	bare 裸の		[hoʊl]	hole 穴
	bear 熊 / 耐える，生む			whole 全体（の）
[béri]	berry （イチゴなどの）実		[reɪn]	reign 君臨する
	bury 埋める			rain 雨 / 雨が降る
[saɪt]	cite 引用する		[ruːt]	root 根
	site 敷地，サイト			route 道，経路
[kɔːrs]	coarse 粗悪な		[sent]	scent 香り
	course 進路			sent send の過去・過去分詞
[djuː]	dew 露		[sel]	sell 売る
	due 当然の，しかるべき			cell 独房，細胞
[daɪ]	die 死ぬ		[soʊ]	sew 縫う
	dye 染める			sow 種をまく
[feər]	fare 運賃		[soʊl]	soul 魂
	fair 公正な			sole 単独の
[fláʊər]	flower 花		[steər]	stair 階段
	flour 小麦粉			stare じっと見つめる，凝視
[faʊl]	foul 汚い		[weɪ]	weigh 重さを量る，重さがある
	fowl （鶏などの）家禽類			way 道，方法

■ 似た発音でスペリングと意味が異なる語

adapt	[ədǽpt] 適合させる	flesh	[fleʃ] 肉
adopt	[ədá(:)pt] 採用する	fresh	[freʃ] 新鮮な
barn	[bɑːrn] 納屋	globe	[ɡloub] 地球(儀), 球
burn	[bəːrn] 燃やす / やけど	glove	[ɡlʌv] 手袋, グローブ
blow	[blou] 吹く	laboratory	[lǽbərətɔ̀ːri] 実験室
brow	[brau] まゆ	lavatory	[lǽvətɔ̀ːri] トイレ, 洗面所
carve	[kɑːrv] 刻む	loyal	[lɔ́iəl] 忠実な
curve	[kəːrv] 曲線 / 曲がる	royal	[rɔ́iəl] 国王の, 王家の
collar	[ká(ː)lər] 襟	staff	[stæf] 職員
color	[kʌ́lər] 色	stuff	[stʌf] もの
colleague	[ká(ː)liːɡ] 同僚	warm	[wɔːrm] 暖かい
college	[ká(ː)lidʒ] 大学	worm	[wəːrm] (ミミズなどの)虫
collect	[kəlékt] 集める	wary	[wéəri] 用心深い
correct	[kərékt] 訂正する / 正しい	weary	[wíəri] 疲れた
explode	[iksplóud] 爆発する		
explore	[iksplɔ́ːr] 探検する, 探求する		

トレーニング

次の（　　）内の２つの語のうち適切な方を選びなさい。

(1) Would you mind (correcting / collecting) any mistakes in this report?
(2) This assignment is (dew / due) tomorrow. I have to finish it by all means tonight.
(3) It's hard to obtain (fresh / flesh) vegetables during the winter in this area.
(4) We prepared snacks, drinks, sweets, (stuff / staff) like that for the party.

訳・解答

(1) このレポートの間違いを修正していただけませんか。　　●解答 correcting
(2) この課題は明日が締め切りだ。私は何としても今夜これを終わらせなければならない。
　　●解答 due
(3) この地域では冬の間新鮮な野菜を手に入れるのは厳しい。　　●解答 fresh
(4) 私たちはそのパーティーのためにスナック菓子や飲み物や菓子といった物を準備した。
　　●解答 stuff

UNIT 2 熟語力を付ける

　ここでは2級でよく出題される熟語を中心に学習する。このユニットでは，熟語表現を多く紹介するが，表現そのものはもちろんのこと，熟語の整理の仕方にも着目して，今後の熟語学習の参考にしてほしい。初めによく出る熟語表現を，動詞，名詞，形容詞・副詞を中心とするものの3つに分けて紹介する。その後で，同意熟語，反意熟語，紛らわしい熟語をまとめる。

1 よく出る熟語

　2級で問われる熟語表現を表と例文で提示する。赤セルをうまく利用して学習を進めていこう。

❶ 動詞中心の熟語

■ 1語で言い換えられる熟語

　動詞を中心とする熟語の中には1語の動詞で言い換えられるものもある。言い換えた動詞はややレベルの高い単語であることも多いが，このようにまとめると単語と熟語の両方を1度に押さえることができる。

bear[keep] 〜 in mind	「〜を心に留める」	= remember
call off 〜	「〜を中止する」	= cancel
carry out 〜	「〜を実行する」	= implement
catch up with 〜	「〜に追いつく」	= overtake
give in	「屈する」	= yield, surrender
give up 〜	「〜を放棄する」	= abandon
hand in 〜	「〜を提出する」	= submit
make fun of 〜	「〜をからかう」	= ridicule
make use of 〜	「〜を利用する」	= utilize
make[figure] out 〜	「〜を理解する」	= comprehend
pick out 〜	「〜を選び出す」	= choose
put off 〜	「〜を延期する」	= postpone
put up with 〜	「〜に耐える」	= endure
run[come] across 〜	「〜に偶然出会う」	= encounter
set out	「出発する」	= start
stand for 〜	「〜を表す」	= represent
take after 〜	「〜に似ている」	= resemble
take part in 〜	「〜に参加する」	= join
turn down 〜	「〜を拒絶する」	= reject
turn[show] up	「姿を現す」	= appear
work out 〜	「(問題など)を解く」	= solve

▶ Mr. Green easily **gives in** to his daughter's demands.
「グリーン氏は，娘の要求に簡単に**負けてしまう**」

▶ Don't **make fun of** your friends in public.
「人前で友達**を笑いものにして**はいけない」

▶ The day before yesterday our son **set out** for New York.
「一昨日，うちの息子はニューヨークへ**出発した**」

▶ BBC **stands for** the British Broadcasting Corporation.
「BBC **とは**，英国放送協会**のことです**」

▶ Could you help me **work out** this crossword puzzle?
「このクロスワードパズル**を解く**のを手伝っていただけますか」

■ AとBの2つにかかわりのある熟語

ここには，「A」「B」を絡めると覚えやすいものを集めた。A, B のそれぞれにはどのような種類の目的語が入るのかも確認しておこう。

add *A* to *B*	「AをBに加える」
base *A* on *B*	「AをBに基づかせる」
congratulate *A* on *B*	「A(人)をBのことで祝う」
connect *A* with *B*	「AをBと結び付ける」
derive *A* from *B*	「AをBから引き出す，得る」
devote *A* to *B*	「AをBに捧げる」
divide *A* into *B*	「AをB(数)に分ける」
exchange *A* for *B*	「AをBと交換する」
excuse *A* for *B*	「A(人)をBのことで許す」
inform *A* of *B*	「A(人)にBを知らせる」
order *A* from *B*	「AをBに注文する」
prefer *A* to *B*	「BよりもAを好む」
protect *A* from *B*	「AをBから守る」
provide *A* with *B*	「A(人)にBを供給する」
remind *A* of *B*	「A(人)にBを思い出させる」
rob *A* of *B*	「A(人)からB(もの)を奪う」
separate *A* from *B*	「AをBから切り離す」

▶ Let me **congratulate** you **on** the birth of your son.
「息子さんのお誕生おめでとうございます」

▶ Robert took the trouble to **inform** me **of** his hiking plan.
「ロバートはわざわざ，ハイキングの計画を私に知らせてくれた」

▶ I sometimes **order** rare old books **from** London.
「私は時々，珍しい古い本をロンドンに注文する」

▶ Peter's voice always **reminds** me **of** my father.
「ピーターの声を聞くと，いつも父のこと**を思い出す**」

▶ He **robbed** the old lady **of** her wallet.
「彼はその老婦人から財布**を奪った**」

■ そのほかの熟語

account for ~	「~を説明する」	learn ~ by heart	「~を暗記する」
attend to ~	「~の世話をする」	leave ~ behind	「~を置き忘れる」
bring ~ up	「~を育てる」	live on ~	「~で暮らしていく」
call for ~	「~を要求する」	refer to ~	「~に言及する」
differ from ~	「~と異なる」	refrain from ~	「~を差し控える」
do without ~	「~なしで済ます」	resort to ~	「(手段など)に訴える」
get rid of ~	「~を取り除く」	take ~ for granted	「~を当然と考える」
give rise to ~	「~を引き起こす」	take over ~	「~を引き継ぐ」
head for ~	「~に向かう」	turn out	「明らかになる」
lay off ~	「~を(一時)解雇する」		

▶ Such mischief often **gives rise to** a troublesome quarrel.
「そんないたずらから，面倒なけんかが**起こる**ことがよくある」

▶ Mr. and Mrs. Green now **live on** a small old-age pension.
「グリーン夫婦は現在，わずかな老齢年金で暮らしている」

▶ After the game, some spectators **resorted to** violence.
「試合後，暴力**に訴える**観客が出た」

▶ Mr. Cox asked his daughter to **take over** his candy store.
「コックス氏は娘に，彼の菓子店**を引き継ぐ**ように頼んだ」

▶ At the party, it **turned out** that Eliza was a good pianist.
「そのパーティーで，イライザがピアノが上手なことが**わかった**」

❷ 名詞中心の熟語

by means of ～「～によって」など，全体として前置詞のような働きをする熟語が多い。

in advance	「事前に」	in honor of ～	「～に敬意を表して」
behind *A*'s back	「*A*の陰で」	as a matter of fact	「実際は」
on behalf of ～	「～を代表して」	by means of ～	「～によって」
in case of ～	「～の場合には」	in the first place	「そもそも」
in charge of ～	「～の責任を負って」	in place of ～	「～の代わりに」
in comparison with ～	「～と比較して」	to the point	「的を射た，適切な」
in contact with ～	「～と接触して」	in private	「こっそり，秘密に」
on the contrary	「それに反して」	in return	「返礼に」
at the cost of ～	「～を犠牲にして」	in the long run	「結局は」
in depth	「徹底的に，詳細に」	for the sake of ～	「～のために」
in detail	「詳細に」	on the spot	「即座に，現場に」
by dint of ～	「～の力で」	in terms of ～	「～の点で」
to some extent	「ある程度」	for want of ～	「～の不足のために」
in favor of ～	「～に賛成して」	by way of ～	「～経由で」
in harmony with ～	「～と調和して」	on the whole	「概して」

▶ In the school festival committee, Amy **is in charge of** selling the tickets.
「学園祭実行委員会では，エイミーはチケットを売る**責任**者だ」

▶ It turned out that Sara had been criticizing Jim **behind his back**.
「サラは**陰で**ジムの悪口を言っていたことがわかった」

▶ This party is boring. I didn't want to come here **in the first place**.
「このパーティーはつまらない。**そもそも**僕はここに来たくなかった」

▶ At the last meeting, there wasn't enough time to discuss the problem **in depth**.
「前の会議では，その問題について**徹底的に**話し合うだけの時間がなかった」

▶ A good presentation should be short and **to the point**.
「良い発表とは短くて**的を射た**ものであるべきだ」

❸ 形容詞・副詞中心の熟語

be動詞で始まる熟語が多いが，このタイプの熟語では，形容詞の後にどのような前置詞が続くかを押さえることがポイントである。

be abundant in ~	「~に富んでいる」	so far	「今までのところ」
ahead of ~	「~に先立って」	be fit for ~	「~に適している」
let alone ~	「~は言うまでもなく」	be impatient for ~	「~が待ち遠しい」
apart from ~	「~は別として」	before long	「まもなく」
be apt to do	「~しがちである」	more or less	「多かれ少なかれ」
be aware of ~	「~に気付いている」	once in a while	「時々」
be bent on ~	「~に熱中している」	regardless of ~	「~にもかかわらず」
be bound for ~	「~行きである」	sooner or later	「遅かれ早かれ」
be clear of ~	「~を免れている」	be subject to ~	「~を受けやすい」
be contrary to ~	「~に反している」	be wild about ~	「~に夢中である」

▶ The builders started construction a week **ahead of** schedule.
「建設業者は1週間予定よりも早く工事を始めた」

▶ That big passenger ship **is** probably **bound for** a big city like New York.
「その大きな客船は多分ニューヨークのような大都市**行き**だろう」

▶ I was busy with my homework last night, so I didn't even have time to eat dinner, **let alone** watch TV!
「昨夜は宿題で忙しくて，テレビを見ること**は言うまでもなく**夕食を取る時間もなかった」

▶ How are you enjoying your stay in America **so far**?
「**今までのところ**，アメリカの滞在はいかがですか」

2 注意が必要な熟語

ここでは同意熟語，反意熟語，そして最後に，動詞の後に続く前置詞によって区別が紛らわしい熟語をまとめる。

❶ 同意熟語

同意熟語とは，ほぼ同じ意味を表す熟語の仲間を指す。同意熟語には以下のようなものがある。

同意熟語	意味
a lot[lots] of ~ a great deal of ~ a large number of ~	「たくさんの~」
all at once all of a sudden	「突然」
blame *A* for *B* accuse *A* of *B*	「A（人）をBのことで非難する」
be forced to *do* *be* compelled to *do* *be* obliged to *do*	「~せざるを得ない」
be used to ~ *be* accustomed to ~	「~に慣れている」
because of ~ on account of ~ owing to ~ due to ~	「~のために」
first of all in the first place to begin with	「まず第一に」
for example for instance	「例えば」
get over ~ recover from ~	「~から回復する」
in spite of ~ for all ~ with all ~	「~にもかかわらず」
so far till[up to] now	「今までのところ」

同意熟語	意味
at all cost(s) at any cost by all means	「ぜひとも」
as it were so to speak what we call	「いわば」
be aware of ~ *be* conscious of ~	「~に気付いている」
be famous for ~ *be* noted for ~ *be* well-known for ~	「~で有名である」
be expected to *do* *be* supposed to *do*	「~するはずである」
by no means not ~ at all not (~) in the least	「決して~でない」
at times from time to time once in a while (every) now and then	「時々」
get lost lose *one*'s way	「道に迷う」
in brief in short	「要するに」
care for ~ look after ~ take care of ~	「~の世話をする」
take part in ~ participate in ~	「~に参加する」

❷ 反意熟語

反意熟語とは，ほぼ反対の意味を表す熟語を指す。対比されている語が何であるのかに注意して押さえよう。

熟語・意味	反意熟語・意味
according to *one's* expectation(s)「期待どおりに」	⇔ against *one's* expectation(s)「予想に反して」
be badly off「暮らし向きが悪い」	⇔ *be* well off「暮らし向きが裕福である」
be dependent on ～「～に依存している」	⇔ *be* independent of ～「～から独立している」
be different from ～「～と違う」	⇔ *be* similar to ～「～と似ている」
be in time for ～「～に間に合う」	⇔ *be* late for ～「～に遅れる」
be on good terms with ～「～と仲がよい」	⇔ *be* on bad terms with ～「～と仲が悪い」
in fashion「流行して」	⇔ out of fashion「流行遅れの」
in order「きちんと整って」	⇔ out of order「故障して」
in private「内密に」	⇔ in public「公然と」
in sight「見えるところに」	⇔ out of sight「見えないところに」
look up to ～「～を尊敬する」	⇔ look down on ～「～を見下す」
make much of ～「～を重んじる」	⇔ make light[little] of ～「～を軽んじる」
of *one's* own will「自ら進んで」	⇔ against *one's* will「意志に反して」
on business「仕事で」	⇔ for fun「遊びで」
on duty「勤務中で」	⇔ off duty「非番で」
out of date「時代遅れの」	⇔ up to date「最新式の」
put on ～「～を身に着ける」	⇔ take off ～「～を脱ぐ(外す)」
speak well of ～「～を褒める」	⇔ speak ill of ～「～の悪口を言う」
turn on ～「～をつける」	⇔ turn off ～「～を消す」

▶ **I am on good terms with** my neighbors.
「私は近所の人たちと仲がよい」

▶ He is in Hong Kong **on business**.
「彼は仕事で香港にいる」

❸ **紛らわしい熟語**

前置詞が異なると意味に違いが生じる熟語をまとめる。それぞれの前置詞の後にどのような名詞句が続くかを考えよう。

■ 一般動詞の紛らわしい熟語

- apply
  - for ～「～に応募する」
  - to ～「～に当てはまる」
- ask
  - after ～「～の安否を尋ねる」
  - for ～「～に要求する」
- break
  - out「(戦争が)勃発する」
  - into ～「～に押し入る」
- call
  - at ～「(場所)を訪ねる」
  - on ～「(人)を訪ねる」
- care
  - about ～「～を気にする」
  - for ～「～の世話をする」
- carry
  - on ～「～を続ける」
  - out ～「～を実行する」
- compare
  - A to B「AをBにたとえる」
  - A with B「AをBと比較する」
- consist
  - of ～「～から成る」
  - in ～「～にある」
- correspond
  - to ～「～に一致する」
  - with ～「～と文通する」
- deal
  - in ～「～を商う」
  - with ～「～を扱う」
- hear
  - from ～「～から便りがある」
  - of ～「～のうわさを聞く」
- look
  - after ～「～の世話をする」
  - like ～「～に似ている」
- put
  - off ～「～を延期する」
  - out ～「(火・電灯)を消す」
- result
  - in ～「結果として～になる」
  - from ～「～から生じる」
- stand
  - for ～「～を表す」
  - by ～「～を支援する」
- turn
  - on ～「～のスイッチを入れる」
  - up「姿を現す」

▶ They say that happiness **consists in** contentment.
「幸福は満足することに**あると**言われる」

▶ Our family **consists of** four members including me.
「われわれの家族は私を含め4人**から成る**」

■ be動詞を含む紛らわしい熟語

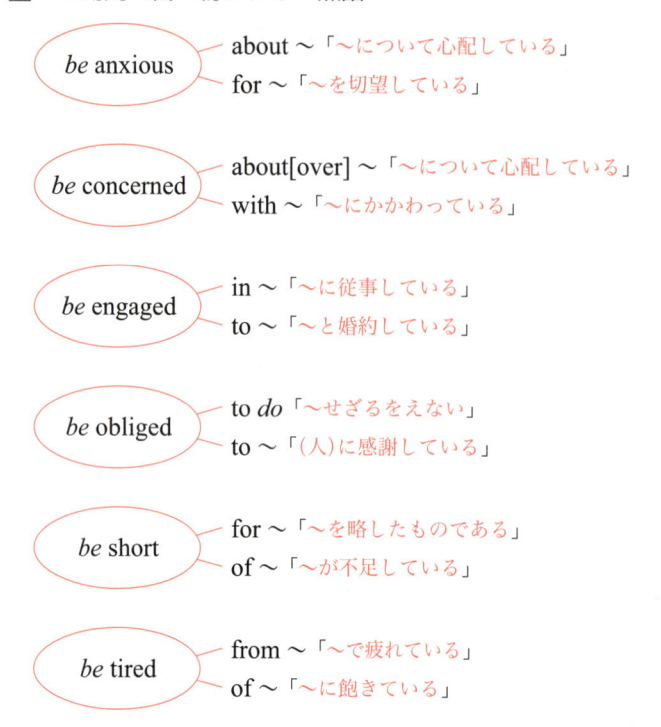

- *be* anxious
  - about ～「～について心配している」
  - for ～「～を切望している」

- *be* concerned
  - about[over] ～「～について心配している」
  - with ～「～にかかわっている」

- *be* engaged
  - in ～「～に従事している」
  - to ～「～と婚約している」

- *be* obliged
  - to *do*「～せざるをえない」
  - to ～「(人)に感謝している」

- *be* short
  - for ～「～を略したものである」
  - of ～「～が不足している」

- *be* tired
  - from ～「～で疲れている」
  - of ～「～に飽きている」

▶ **I'm concerned about** your attendance at school, Roger.
「ロジャー，君の出席状況が**心配なんだよ**」

▶ This book **is concerned with** how people survived that cold winter.
「この本は人々がその寒い冬をいかに生き抜いたか**についてのものだ**」

トレーニング

次の文の空所に英語または日本語を入れなさい。

(1) (　　) to the coming typhoon, the game was called off.
「台風が来ているので，試合は中止された」

(2) Polly was tired (　　) commuting in the crowded train.
「ポリーは混雑した電車での通勤に疲れていた」

(3) Last night I saw some thieves break into the neighbor's house.
「昨夜，隣人の家に数人の泥棒が (　　) のを見た」

(4) I'm going to apply (　　) three universities this time.
「今回は3つの大学に志願するつもりです」

(5) Life is often compared to voyage.
「人生はしばしば航海に (　　)」

解答

(1) Owing[Due]　(2) from　(3) 押し入る　(4) for　(5) たとえられる

実戦問題

次の (1) から (10) までの ( ) に入れるのに最も適切なものを **1**, **2**, **3**, **4** の中から一つ選び，その番号を答えなさい。

(1) Last week, a group of students ( ) to break the world record for not sleeping. Unfortunately, they fell asleep after 20 hours.
 1 balanced   **2** guarded   **3** attempted   **4** reserved

(2) *A:* I'm sorry I went through that red light, officer. I'm late for an important exam, and it starts in five minutes.
 B: That doesn't ( ) breaking the law, sir. Running red lights is very dangerous.
 1 criticize   **2** whisper   **3** observe   **4** justify

(3) The earthquake in Haiti led to mass destruction of buildings and terrible ( ) for the people.
 1 hardship   **2** classification **3** inspiration   **4** scenery

(4) Market price is determined by the relation of ( ) and supply.
 1 capital   **2** demand   **3** loss   **4** income

(5) With the train station closed for repairs, people were forced to ( ) use the bus.
 1 temporarily **2** formerly   **3** curiously   **4** privately

(6) *A:* Excuse me sir, I can't ( ) where I am on this map. Can you help?
 B: We're here, next to the bank.
 1 break up   **2** work out   **3** fold up   **4** put away

(7) In this country, it's very hot all through the year. No one can do ( ) air conditioning.
 1 with   **2** for   **3** without   **4** on

(8) Don't look down on all grown-ups. You should try to find someone to (　　).
　　1 look forward　　　　　2 look back on
　　3 look up to　　　　　　4 look in on

(9) A: How many people are here now, Jack?
　　B: Five, Dad. So we need to (　　) the pizza into five pieces.
　　1 derive　　2 provide　　3 devote　　4 divide

(10) A: Excuse me, can I use your telephone?
　　B: (　　), help yourself.
　　1 As a rule　　　　　　2 By all means
　　3 On the contrary　　　4 In every aspect

訳 --

(1) 先週，学生の一団が不眠の世界記録を破ろうとした。残念なことに，彼らは20時間後に眠りに落ちた。
(2) A「お巡りさん，赤信号で通行してすみません。重要な試験に遅れているんです。5分後に始まるんです」
　　B「それが法律を破ることの正当化にはならないですよ。赤信号で横断するのはすごく危険ですよ」
(3) ハイチで起こった地震で，たくさんの建物が破壊され，人々にひどい苦難が訪れた。
(4) 市場価格は需要と供給の関係によって決定される。
(5) 電車の駅が改修のため閉鎖されたので，人々は一時的にバスを利用しなければならなかった。
(6) A「すみません，自分がこの地図上のどこにいるのかわからないのです。教えていただけますか」
　　B「ここですよ，その銀行の隣です」
(7) この国では1年中暑い。エアコンなしで済ますことはできない。
(8) すべての大人を見下してはいけません。誰か尊敬できる人を見つけるように努めるべきです。
(9) A「ジャック，ここには今何人いるのかな？」
　　B「5人だよ，父さん。だからそのピザは5つに分ける必要があるよ」
(10) A「すみません，あなたの電話をお借りしてもいいですか」
　　B「もちろん，ご自由にどうぞ」

●解答　(1) 3　(2) 4　(3) 1　(4) 2　(5) 1
　　　　(6) 2　(7) 3　(8) 3　(9) 4　(10) 2

第3章

作文（大問2）

筆記 大問2　出題形式・出題傾向

出題形式

　1～2文から成る短い文章，もしくはAとBとの1往復の会話の一部が空所になっており，そこに入るべき語句が5つの選択肢に分けられている。これらを並べ替えて文章を完成し，2番目と4番目に来るものを解答する。全5問。10分を目安に解答しよう。

問題の例

Grade 2

2　次の英文がそれぞれ完成した文章になるように，その文意にそって *(21)* から *(25)* までの **1** から **5** を並べなさい。そして2番目と4番目にくる最も適切なものを一つずつ選び，その番号を解答用紙の所定欄にマークしなさい。ただし，(　　)の中では文頭にくる語も小文字で示してあります。

(21)　A : Your new bike looks great, Tom.
　　　B : Thanks. I'm really happy I bought it, (　　　). I had to save for a long time before I had enough money to get it.

　　　1 cheap　　　**2** from　　　**3** but it
　　　4 far　　　　**5** was

(22)　(　　　) salad, Fiona always chooses salad. She tries to eat healthy food as often as she can.

　　　1 and　　　　　**2** between　　　**3** a choice
　　　4 French fries　**5** given

(23)　(　　　) the best school in the area is Riverside High School. It has good academic programs, and the sports teams are usually very successful.

　　　1 that　　**2** there　　**3** doubt
　　　4 is　　　**5** little

(24)　The travel agent told Charles that he should reserve his plane ticket soon because there were almost no seats left. She said that if Charles waited any longer, he (　　　) a seat.

　　　1 be　　　　**2** could not　　**3** sure
　　　4 getting　　**5** of

(25)　A : Did you meet any new people at the party last night, Peter?
　　　B : Well, there was a woman named Amanda. (　　　) me before, I didn't remember her at all. I felt really bad.

　　　1 having　　　**2** remembered　　**3** she
　　　4 although　　**5** met

(2009-2 英検2級本試験問題より)

110

出題傾向

空所の前後の文脈を考えるのが第一だが，文法，熟語，構文の知識も必要になる。並べ替える際には，文脈に加えてこれらの知識が必要だ。カギとなる文法項目は，文型，仮定法，分詞構文，関係詞など幅広い。

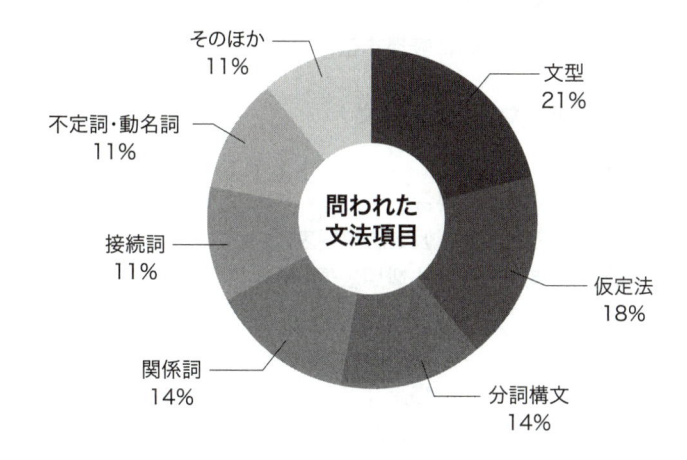

問われた文法項目

- 文型 21%
- 仮定法 18%
- 分詞構文 14%
- 関係詞 14%
- 接続詞 11%
- 不定詞・動名詞 11%
- そのほか 11%

第3章 作文（大問2）

作文（大問2）

英検2級の短文の語句整序問題を解くには，英語的発想で基本的な英文を書く力と，日常会話に頻繁に登場する熟語，構文，および語順に注意を要する文法の知識を身に付けておく必要がある。

UNIT 1　作文の基礎力

1 英文の基本構造
❶主語の行動を先に述べる　　❷追加情報

2 主語に注意する
3 単数，複数に注意する
4 時制に注意する
5 具体的，説明的に表現する

UNIT 2　語順が重要となる文法・構文

1 仮定法
❶ifを省略した場合
❷ifを使用しない仮定法慣用表現
❸そのほかの仮定法慣用表現

2 分詞構文
❶時　　　　❷原因・理由
❸条件　　　❹譲歩
❺付帯状況　❻結果

3 関係代名詞what

4 倒置
❶否定表現が文頭　　　　　❷補語が文頭
❸時を表す副詞が文頭　　　❹比較表現が文頭
❺動詞の-ing形が文頭　　　❻方向や場所を表す副詞が文頭

UNIT 3　語句整序問題で注意が必要な熟語

1 語順と用法に注意を要する熟語
2 出題頻度が高い，動詞が作る熟語

UNIT 4　語句整序問題の取り組み方

UNIT 1 作文の基礎力

英語を読む力や聞く力に比べて，英語を「書く」という行為はアウトプットするという意味で難易度が高い。読んだり聞いたりするときには気にも留めない基本事項も，書く場合には難しいと感じることがあるだろう。

1 英文の基本構造

英作文の際にまず押さえておく必要があるのは，「英語の発想」である。なぜなら日本語と英語とでは，その語順の違いからもわかるように，ベースとなる考え方が異なっているからだ。ここでは，日本語の発想と対比しながら，英作文の際に押さえておくべき「英語の発想」について解説する。

一般的に英文で最も大事な情報は「主語の行動」，つまり動詞の部分に関するものである。そのほかの情報は追加情報と大ざっぱにとらえてもよいだろう。日本語と英語の語順は全く異なる。そのことに留意せずに日本語の語順の発想で英語に訳すと，直訳で間違った英語になる可能性がある。

英文の構造は，基本的に以下のようになっている。

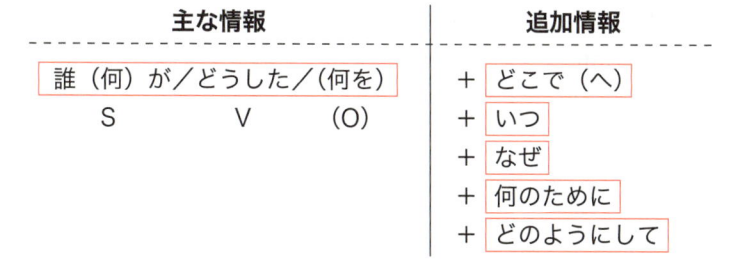

主な情報	追加情報
誰（何）が／どうした／（何を）	+ どこで（へ）
S　　　　V　　　　(O)	+ いつ
	+ なぜ
	+ 何のために
	+ どのようにして

英文では，「主語の行動」に関する情報を最初に述べ，その後に「場所」「時」「理由」，「目的」，「手段」などの情報を追加していく。そういった情報は上のように「追加情報」の部分に前置詞や不定詞，または接続詞を使ってつなげていく，と考えればよい。次の例文を，日本語と英語の語順に注意して見比べてみよう。

❶ 主語の行動を先に述べる

「先週，私たちは地球温暖化問題について議論した」

[主な情報]　　　　　　　　　　　　　　　　[追加情報]
We discussed the global warming issue　／　last week.
S　　V　　　　　O　　　　　　　　　　　　　「いつ」

このような英文の基本構造を頭に入れて書かないと，つい日本語の感覚で以下のように「時」に関する情報から書き出してしまう。

Last week, / we discussed the global warming issue.

※last weekを先に出した上の文は「先週」という，「時」を強調した意味になる。

❷ 追加情報

・前置詞でつなげる

「その研究者は何千時間という実験の後，ついに彼女の科学理論を証明することができた」

The researcher was finally able to prove her scientific theory /
　　　S　　　　　　　　V　　　　　　　　　O

after thousands of hours of experiments.
追加情報

・目的を表す不定詞でつなげる

「地球温暖化を止めるためにみんなが最善を尽くすべきだ」

Everyone should do their best /
　　S　　　V　　　O

to stop global warming.
追加情報

・接続詞でつなげる

「ジョンがその申し入れを断ったなんて驚いた」

It surprised me /
S　V　　　O

that John denied the offer.
追加情報

「多くの日本人がインフルエンザウイルスから身を守るために，外出するときに白いマスクをする」

Many Japanese wear white masks
　　　S　　　　V　　　O

when they go out /
追加情報1

to protect themselves from the flu virus.
追加情報2

2　主語に注意する

日本語では主語が省略されることがよくある。さらに，その方が日本語らしい場合もある。しかし，英文には必ず主語が必要である。

「人を第一印象で判断すべきではない」

You should not judge people on the basis of first impressions.
※このYouは一般の人を指すため，主語はYouでもWeでもよい。

3　単数，複数に注意する

日本語と違って，英語の名詞は可算名詞（数えられる名詞）と不可算名詞（数えられない名詞）に分かれる。可算名詞の場合，単数か複数を明確に表示する必要がある。

「ロンドンに留学している友人は，来週帰国する予定だ」

［友人が一人］　My **friend**, who **has** been studying in London, **is** coming back next week.

［友人が複数］　My **friends**, who **have** been studying in London, **are** coming back next week.

また，each, everyなどが次のように単数扱いされることにも注意。

「参加者は皆，短いスピーチをすることになっている」

Each of the participants **is** supposed to give a short speech.

「プロジェクトチームの全員がボーナスをもらった」

Every member of the project team **was** given a bonus.

4　時制に注意する

英作文では時制に敏感になることが求められる。

「後で書類をファックスで送ります」

［誤］I fax you the document later.
［正］I **will** fax you the document later.

※日本語の「送ります」の部分を見て，現在形と勘違いしないように。

第3章　作文（大問2）

5 具体的，説明的に表現する

あいまいさを美徳とする日本文化と異なり，英語文化は明確さを好む傾向がある。そのために英語圏の人はよく「なぜ？」「具体的に言えばどういうこと？」と突っ込んだ質問をする。英語を書くときは具体的に，説明するように書くとよい。また動作表現を入れると英文が生き生きしてくる。

「国際情勢についてもっと知りたい」

a) I want to learn more about **international affairs**.
b) I want to learn more about **what is going on in the world**.

日本語は「国際情勢」などのように，抽象的な漢語表現が使われることが多い。それをそのまま英語の名詞に直訳したa)の表現でもよいが，b)のように，what is going on in the world「世界で何が起こっているのか」と，具体的に訳す方法もある。

トレーニング

英語的発想に気を付けて，次の日本語を英語にしなさい。
(1)「われわれがテニスの試合を始めてから，わずか10分ほどで雨が降り始めた」
(2)「この本は12章で構成され，各章は3つのセクションに分かれている」

解答例

(1) We had been playing a tennis game for only 10 minutes when it started raining.
　※過去完了進行形。10 minutes after the beginning of a tennis gameとせずに，動作表現を用いてWe had been playing a tennis game for only 10 minutesとする方が英文が生き生きしてくる。
(2) This book is divided into 12 chapters and each chapter has 3 sections.
　※eachは常に単数扱いであることに注意。

UNIT 2 語順が重要となる文法・構文

英検2級の語句整序問題では，語順を決定するための文法の知識が必要となる。第1章と扱う文法項目が重なる部分もあるが，ここでは，特に語順に注意を払ってもう一度確認をしよう。

1　仮定法

仮定法のifを省略したときに起こる倒置や慣用表現は語順に注意が必要である。

❶ ifを省略した場合

仮定法ではifを省略することがある。その場合，主語と述語の順番が逆になり，倒置が起こる。助動詞を含む場合は，助動詞が主語の前に来る。

If you had tried a little harder, you could have achieved your goal.
→ **Had you tried** a little harder, you could have achieved your goal.
「もしあなたがもう少し一生懸命頑張っていたら目標を達成できたのに」

If I were you, I would do the homework first before watching TV.
→ **Were I you**, I would do the homework first before watching TV.
「もし私があなただったら，テレビを見る前にまず宿題をやります」

❷ ifを使用しない仮定法慣用表現

仮定法にはifを使用しない慣用表現もある。下にある語が語句整序問題の選択肢に含まれている場合には，文脈によっては，仮定法の可能性を考える必要がある。

- with　「もし～があれば」

  With a little more effort, you could have met the deadline.
  「もう少し努力していたならば，締め切りに間に合ったのに」

- without / but for　「～がなければ」

  Without dreams, it would be difficult to keep a strong motivation.
  「夢がなくては，強いモチベーションを維持するのは難しいだろう」

❸ そのほかの仮定法慣用表現

そのほかにも，次ページのような仮定法慣用表現がある。

- **were[was] to**　「もし〜するようなことがあれば」

    If I **were to** give a presentation in English, I would need at least one week for its preparation.
    「もし僕が英語でプレゼンをするようなことがあれば，準備に少なくとも1週間は必要だ」

- **if it were not for〜**　「もし〜がなければ」

    If it were not for mobile phones, our life would be very inconvenient.
    「もし携帯電話がなければ，私たちの生活はとても不便だろう」

    この英文のifを省略すると次のように倒置が起きる。

    →**Were it not for** mobile phones, our life would be very inconvenient.

- **if it had not been for 〜**　「もし〜がなかったなら」

    これはif it were not for 〜の過去完了形である。従って，過去の事実に反することを表現するときに用いられる。

    If it had not been for the intervention by the military forces, the riot would have continued for many days.
    「もし軍隊の介入がなければ，暴動は何日間も続いただろう」

    この英文のifも省略すると次のように倒置が起きる。

    →**Had it not been for** the intervention by the military forces, the riot would have continued for many days.

2　分詞構文

分詞構文も語順に注意が必要である。分詞構文は副詞の働きをして，時，原因・理由，条件，譲歩，付帯状況，結果を表す。

❶ 時

Strolling in Kamakura last Sunday, I came across my homeroom teacher.
= When I was strolling in Kamakura last Sunday, I came across my homeroom teacher.
「先週の日曜日に鎌倉を散策していた時，偶然担任の先生に出会った」

❷ 原因・理由

Having skipped breakfast, I'm starving.
= As I skipped breakfast, I'm starving.
「朝食を抜いたので，お腹がぺこぺこだ」

❸ 条件

Turning to the right at the second corner, you will soon find our house.
= If you turn to the right at the second corner, you will soon find our house.
「2番目の角を右に曲がると，すぐに私たちの家が見えますよ」

❹ 譲歩

Admitting that she was wrong, she didn't apologize.
= Though she admitted that she was wrong, she didn't apologize.
「ミスを犯したことは認めたが，彼女は謝罪しなかった」

❺ 付帯状況

The policeman took out the gun, warning the robber to surrender.
= The policeman took out the gun, and warned the robber to surrender.
「警官は銃を取り出し，強盗に降伏するよう警告した」

❻ 結果

Two cars crashed on Route One, killing 4 persons instantly.
= Two cars crashed on Route One, and killed 4 persons instantly.
「国道1号線で2台の車が衝突事故を起こし，4人が即死した」

3 関係代名詞 what

　関係代名詞のwhatは，先行詞なしで使用し，「〜すること[もの]」という意味を表す。下の例文が示すように文頭に用いることもある。語句整序問題の選択肢にwhatがある場合には，それが疑問詞なのか，関係代名詞なのかを，文の構成を考えて判断する必要がある。

What he said was true.
「彼が言ったことは本当だった」

What I really need now is a good rest.
「今本当に必要なことは，十分な休息を取ることだ」

I am not **what** I was yesterday.
「今日の私は昨日の私とは違うよ」

4 倒置

英語の原則的な語順は＜主語＋述語＞であるが，その語順が変わることを「倒置」と呼ぶ。英文の中で強調したい部分（語句）を文頭に出すと倒置が起こる。そのパターンのうち重要なものを確認しよう。

❶ 否定表現が文頭

Never did I dream to meet you here.
「こんなところで会うなんて，夢にも思っていませんでした」

Hardly had I left home when it started pouring.
「家を出るやいなや，土砂降りになった」

❷ 補語が文頭

Wonderful was the view from the top of the observatory.
「展望台の最上階からの景色は本当に素晴らしかった」

Happy is the person who has a dream.
「夢を持っている人は，本当に幸せです」

❸ 時を表す副詞が文頭

After a few hours of thorough discussion came the agreement.
「2，3時間の徹底した議論の後で合意に達した」

❹ 比較表現が文頭

Just as important is your cooperation.
「同様に重要なのは，あなたの協力です」

❺ 動詞の-ing形が文頭

Occupying the beach were thousands of children flying kites.
「そのビーチを埋め尽くしていたのは，たこ揚げをしている何千人もの子どもたちだった」

❻ 方向や場所を表す副詞が文頭

Here comes our train.「電車が来たよ」

Beyond the mountain is the famous waterfall *Kegon-no-taki*.
「あの山の向こう側にあるのが有名な華厳の滝です」

トレーニング

次の(1)〜(3)の英文と同じ意味になるように，この章で学んだ構文を使って，下の英文の空所に適切な語を入れなさい。

(1) If the Meiji Restoration had not taken place in 1868, I wonder if Japan would have modernized.
　→ (　)(　)(　)(　)(　)(　)(　) in 1868, I wonder if Japan would have modernized.

(2) As he didn't have much money, he had to spend that night in the comic café.
　→ (　)(　)(　)(　), he had to spend that night in the comic café.

(3) I didn't know how little I knew about Japan until I went overseas.
　→ (　)(　)(　)(　)(　)(　)(　)(　) how little I knew about Japan.

訳・解答

(1) 「明治維新が1868年に起きていなかったら，日本は近代化したであろうか」
　　●解答 Had the Meiji Restoration not taken place

(2) 「金があまりなかったので，彼はその夜をまんが喫茶で過ごさなければならなかった」
　　●解答 Not having much money

(3) 「海外へ行くまでは，私は自分が日本についてほとんど知らないことに気付いていなかった」
　　●解答 Not until I went overseas did I know

UNIT 3 語句整序問題で注意が必要な熟語

　語句整序問題では，熟語の知識が正解にたどり着くための大きな助けになることが多いので，語順や用法に注意を要する熟語の知識を付けておく必要がある。語句整序問題で実際に出題された熟語を中心に紹介する。

1 語順と用法に注意を要する熟語

■ as[so] long as「～する限り，～しさえすれば」

As long as I work in this company, I will not be able to take any vacation.
「この会社で勤務している限り，休暇を取ることはできないだろう」

You are welcome to stay with me **as long as** you share the living expenses.
「生活費を共有してくれさえすれば，あなたが私と一緒に暮らすことは歓迎だ」

■ not to mention「～のことは言うまでもなく」

We must invest money, **not to mention** energy and time, to master English.
「英語をマスターしたければ，エネルギーと時間は言うまでもなく，金を投資しなければならない」

■ every now and then「時々」

I usually go to the beach on weekends, but **every now and then** I go mountain climbing.
「週末はたいていビーチに出掛けるが，時々，登山に出掛けることもある」

■ provided that「～という条件で」

"Can you work next Saturday?"
"I would be happy to, **provided that** I can take a day off next week."
「今度の土曜日，出勤してくれませんか」
「もし来週，代休を取ってもいいという条件であれば喜んで出勤します」

■ so as to「～するように，～するために」

I spoke loudly **so as to** be heard by everyone.
「皆に聞こえるように，私は大声で話した」

I took a taxi **so as** not **to** be late for the meeting.
「打ち合わせに遅れないように，私はタクシーで行った」

■ I'd rather「むしろ〜したい」
I'd rather watch movies on DVD at home than go to see a movie in a theater.
「映画館に映画を見に行くよりも，むしろ家でDVDで映画を見たい」

■ only to「結局〜するだけだ」
We drove two hours to our favorite restaurant **only to** find that it had closed down.
「私たちはお気に入りのレストランに車を2時間運転して行ったものの，そのレストランは閉店したことがわかっただけだった」

■ look forward to -ing「〜するのを楽しみにする」
I'm **looking forward to** travel**ing** all over the world after retirement.
「私は定年退職後に世界中を旅するのを楽しみにしている」
※ toの後に-ingが続くことに注意

2 出題頻度が高い，動詞が作る熟語

■ occur to「(考えなどが)〜の心にふと浮かぶ，思い出される」
Just then a bright idea **occurred to** me.
「ちょうどその時，素晴らしい考えが浮かんだ」

■ turn in「〜を提出する」
I have to **turn in** a report to my boss on Monday, so I'll be working on that over the weekend.
「月曜日に上司に報告書を提出しなければならないので，週末はその作成にかかりっきりになるだろう」

■ get rid of「〜を取り除く，〜から抜け出す」
I want to learn how to **get rid of** stress.
「ストレスを解消する方法が知りたい」

He could not **get rid of** a bad fever for a week.
「彼はひどい熱が1週間抜けなかった」

■ look down on「〜を見下す，軽蔑する」⇔ look up to「〜を尊敬する」
I was once **looked down on** for being poor at English.
「私は以前，英語が下手なために見下されたことがある」

第3章 作文（大問2）

Daisetsu Suzuki has been **looked up to** as a pioneer in the field of Zen Buddhism in Western countries.
「鈴木大拙は欧米では禅の分野の草分けとして尊敬されている」

■ **cope with**「〜に対処する」

When you travel alone, you have to **cope with** any problems by yourself.
「一人旅をするときはどんな問題にも自分一人で対処しなければならない」

■ **translate *A* into *B***「AをBに翻訳する」

Haruki Murakami's novels have been **translated into** many languages.
「村上春樹の小説はさまざまな言語に翻訳されている」

■ **fill out**「〜に必要事項を書き入れる」

Would you please **fill out** this application form?
「この申し込み用紙に必要事項を記入していただけませんか」

■ **count on**「〜に頼る，〜を当てにする」

You shouldn't **count on** your parents after you graduate from college.
「大学を卒業したら，親に頼ってはいけないよ」

The candidate was **counting on** winning at least 50,000 votes in his hometown.
「その候補者は，自分の故郷から少なくとも50,000票の獲得を見込んでいた」

■ **consist of** = **be made up of**「〜から成り立つ」

His family **consists of** seven members.
= His family **is made up of** seven members.
「彼の家は7人家族だ」

■ **be involved in**「〜に参加する，巻き込まれる」

The number of young people who **are involved in** volunteer activities has been increasing recently.
「最近，ボランティア活動に参加する若者の数が増えている」

> **トレーニング**

日本語を参考にして，次の英文の空所に入る語を，下の選択肢から選びなさい。ただし，使用しない語が1つ含まれています。

(**1**) (　) (　) (　) (　) to help me with my term paper.
[you / I / on / count / in]
「期末レポートを手伝ってくれることを期待しています」

(**2**) They made their best to (　) (　) (　).
[the problem / cope / with / solve]
「彼らはその問題に対処するためにベストを尽くした」

(**3**) Many men try to (　) (　) (　) stress by drinking.
[of / rid / take / get]
「多くの男性は酒でストレスを解消しようとする」

> **解答**

(**1**) I count on you
(**2**) cope with the problem
(**3**) get rid of

第3章 作文（大問2）

UNIT 4 語句整序問題の取り組み方

ここでは実戦的な，英検2級で出題される語句整序問題の取り組み方について解説する。以下の2つのステップを踏まえて解くようにしよう。

STEP 1　前後の文脈から空所に入る意味を予測する

文中の空所に入る単語を並べ替えて文章を完成させる問題なので，文脈の理解を怠ってはならない。空所をどのような内容にすれば全体として意味がとおる文になるか，前後の内容から予測しながら文を組み立てることがまず重要になる。

STEP 2　空所を含む文の構成をつかむ

次に，空所を含む文の構成を考えよう。具体的には，空所が文の中でどういった役割を果たしているのか，また，文の主語と動詞はどれなのかといったことである。動詞の後に何が続くかがわかれば，ほとんど自動的に空所内の並びが決定できる場合が多い。SVOOや SVOCの文型を作る動詞，分詞

や不定詞，動名詞などを従える動詞，特定の構文を作る動詞など，「動詞」に着目したい。さらに熟語，接続詞，関係詞などに着目することも大切だ。

以上2つのステップを，実際に出題された問題で解説していく。

【例1】

　A: Jane is always saying that no one on the badminton team is as good as she is.
　B: I know. She (　　) the other players because they've never won a tournament like she has.
　　1 look　**2** to　**3** on　**4** down　**5** seems　　　　　　(2009-1)

　A「ジェーンはいつも，自分ほど上手な人はそのバドミントンのチームにはいないと言っているね」
　B「そうだね。彼女はほかの選手を見下しているみたいだ。誰も彼女のようにトーナメントで優勝したことはないから」

　「ジェーンは自分ほどバドミントンのうまい人はチームにいないと言っている」とAが語り，BもAの言った内容に同意している。また，Bの発言の後半は，「ほかの選手はジェーンのように優勝したことがない」というせりふが続いている。
　主語のSheの後には動詞が続く。選択肢の語句を見ると，動詞はlookとseemsの2つある。主語が三人称単数なので，seemsが続くことは明らか。その後にはlook down on（～を見下す）という熟語を不定詞toを用いてつなげるのだろうという判断がつく。

　　　　　　　　　　　　　　　　＜解答＞ **2-4** (seems <u>to</u> look <u>down</u> on)

【例2】

　A: I wish Mr. Burns had given us a few more days to finish our essays.
　B: Yeah. (　　), I could have done a better job on it.
　　1 a　**2** more　**3** with　**4** time　**5** little　　　　　　(2009-1)

　A「小論文を書き終えるために，バーンズ先生はもう何日かくれたらよかったのに」
　B「そうだね。もう少し時間があれば，もっとうまく書けたんだけど」

Aの発言がI wishで始まっているので，仮定法であることがまずわかる。さらに「もう少し時間が欲しかった」というAの発言に対してBは同意し，続けて「もっとうまく書けたのに」と付け加えている。このような文脈と選択肢の単語から判断して，空所には「もう少し時間があれば」という表現が入ることが推察できる。Ifの代わりに「〜があれば」という仮定条件を表す前置詞withを使って，With a little more timeとすればよい。

<解答> **1-2** (With a little more time)

【例3】

Recently, Jon's grandmother has not been able (　　　) herself. Jon has decided to hire a cleaner to go to her house once a week.

1 her　**2** with　**3** to　**4** cope　**5** housework by　　(2009-1)

「最近，ジョンの祖母は自分で家事をこなすことができなくなってしまった。週に1回彼女の家に行って掃除をする人をジョンは雇うことにした」

2つ目の文に「ジョンは掃除をする人を雇うことにした」とある。この理由になるように空所を並べ替えて前半部分を完成させる。ableの後にtoが来て，be able toとなることがわかれば，必然的に動詞copeとつながる。cope with「〜に対処する」という熟語を知っていれば，その後に her housework by (herself) と続ければよいことが分かる。to cope with her housework by という語順が正解。

<解答> **4-1** (to cope with her housework by)

トレーニング

次の英文が完成した文になるように**1**から**5**を並び替えなさい。そして2番目と4番目にくる最も適切なものを一つずつ選びなさい。

(　　　), Arthur Smith's latest novel is read all over the world.
1 translated　**2** languages　**3** 20　**4** about　**5** into　　(2009-1)

訳・解答

アーサー・スミスの最新作の小説は，およそ20カ国語に翻訳され，世界中で読まれている。
●解答 **5-3** (Translated into about 20 languages)

実戦問題

次の英文がそれぞれ完成した文章になるように、その文意にそって(1)から(5)までの1から5を並べ替えなさい。そして2番目と4番目にくる最も適切なものを一つずつ選びなさい。ただし、(　　)の中では文頭にくる語も小文字で示してあります。

(1) A: A: I've been so tired lately. Do you have any advice?
　　B: Change your diet. (　　) fruits and vegetables every day. You'll feel better and be able to think more clearly.
　　1 good　　　　**2** to eat　　　**3** you
　　4 it'll　　　　**5** do

(2) Mr. Amhurst bought an apartment building and (　　) for tourists. The construction work cost a lot of money, but the hotel is now very successful.
　　1 turned　　　**2** hotel　　　　**3** it
　　4 a popular　　**5** into

(3) Even though Jake and Kelly left the campground late this morning, (　　) places before dinner. They went to an art museum, a state park, and the local beach.
　　1 many　　　　**2** managed　　**3** visit
　　4 to　　　　　**5** they

(4) The English teacher told her students that (　　) speeches, it is very important to practice beforehand. She said they would be less nervous and would be able to speak more smoothly.
　　1 it　　　　　**2** when　　　　**3** giving
　　4 to　　　　　**5** comes

(5) A: John, how do you get the energy to go to the gym three times a week?
B: Well, I didn't like it at first, but then I (   ). So now it's not difficult at all.

1 the habit　　**2** going　　**3** got
4 of　　**5** into

訳

(1) A「最近、とても疲れるんだけど。何かアドバイスはない？」
B「食事を変えてみたら？毎日、果物と野菜を食べるといいよ。そうすれば体の調子も良くなるし、もっと明瞭に考えられるようになるから」
(2) アマースト氏はマンションの建物を買い取って、旅行者用の手ごろなホテルに改築した。改築費用はかなり高かったが、ホテルは今ではとても繁盛している。
(3) ジェイクとケリーは今朝遅くに、キャンプ場を出発したが、夕食前までにいろいろな場所を訪ねることができた。彼らは美術館や州立公園や地元のビーチへ行った。
(4) その英語教師は生徒に、「スピーチをするに当たっては前もって練習することがとても大切である。そうすればそれほど緊張しなくて済むし、もっとスムーズに話すこともできる」と語った。
(5) A「ジョン、週に3回もジムに通うエネルギーはどこから沸いてくるの？」
B「そうだな。最初のころは嫌だったけど、そのうちにジムに通うのが習慣になったんだ。だから今は、全然大変だとは思わないね」

●解答　(1) 5-1　It'll do you good to eat
(2) 3-4　turned it into a popular hotel
(3) 2-3　they managed to visit many
(4) 1-4　when it comes to giving
(5) 5-4　got into the habit of going

第4章

長文読解（大問3・4）

筆記 大問3　出題形式・出題傾向

出題形式

　[A][B]の2つの長文に，それぞれに4問ずつ空所補充問題がある。[A][B]の2つで20分を目安に解答しよう。

問題の例

Grade 2

3 次の英文 **A**，**B** を読み，その文意にそって **(26)** から **(33)** までの（　　）に入れるのに最も適切なものを **1, 2, 3, 4** の中から一つ選び，その番号を解答用紙の所定欄にマークしなさい。

A

The Automatic Dishwasher

　Today, almost every home in the United States has its own dishwasher. Since washing dishes was traditionally seen as a woman's job, it may seem natural that the inventor of the automatic dishwasher, Josephine Cochrane, was a woman. (　26　), though, Cochrane's aim was not to cut the amount of housework she had to do. In fact, because Cochrane was the wife of a rich businessman, all the dishes in her home were washed by servants. Her problem was that the dishes often got damaged as they were being washed. Cochrane wanted to find a safer way to clean her valuable dishes.

　Cochrane, who was born in 1839, had no training as an engineer. Even so, she came up with a design for a dishwasher that did less damage to dishes than washing them by hand. In this design, the dirty dishes were placed in a cage and then sprayed with hot, soapy water. This not only (　27　) the dishes but also made them much cleaner. Her invention won a prize at the 1893 Chicago World's Fair, and it worked so well that the same basic design is still used today. Many people were amazed that a woman without any special knowledge of machines could come up with such an (　28　) design.

　During Cochrane's lifetime, her dishwasher was mainly used by hotels and restaurants. This was because it needed large amounts of very hot water. Few people could afford to use so much hot water in their homes. The dishwashers were also expensive to buy. However, hotels and restaurants found that buying one was worth the money because it (　29　) the number of workers needed. In addition, fewer plates and cups were broken. By the 1950s, it had become possible for people to have dishwashers at home, and one of the main companies that make them today is the same one that Josephine Cochrane started more than a hundred years ago.

(26)　1 Similarly　2 Usually　3 Surprisingly　4 Recently
(27)　1 replaced　2 protected　3 provided　4 decorated
(28)　1 effective　2 official　3 artificial　4 educational
(29)　1 counted　2 described　3 delayed　4 reduced

（2009-2 英検2級本試験問題より）

出題傾向

　出題されるトピック内容は，歴史，文化，科学，医療，社会問題など多岐にわたっているが，そのトピックについて詳しくなくても解ける問題である。選択肢に並ぶ語（句）はほぼ同じ品詞で揃えられており，動詞が最も多く，次に形容詞，名詞，副詞などが続く。また，空所を含む文のみを見て答えられる問題はほとんどなく，あくまでも文脈をしっかりと理解しなければ解けないものが多い。

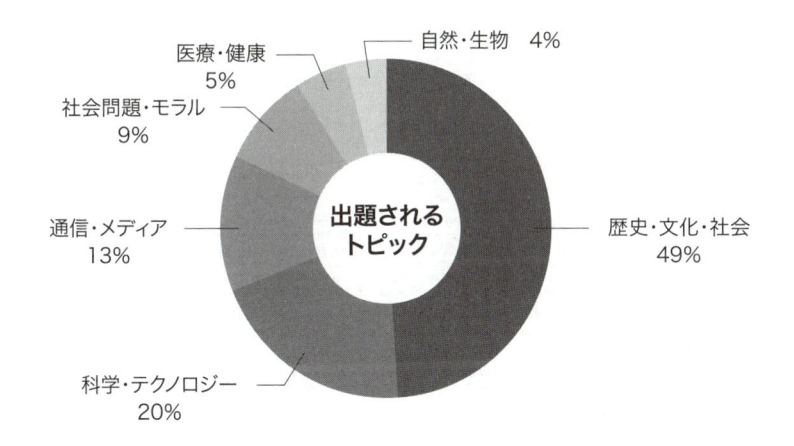

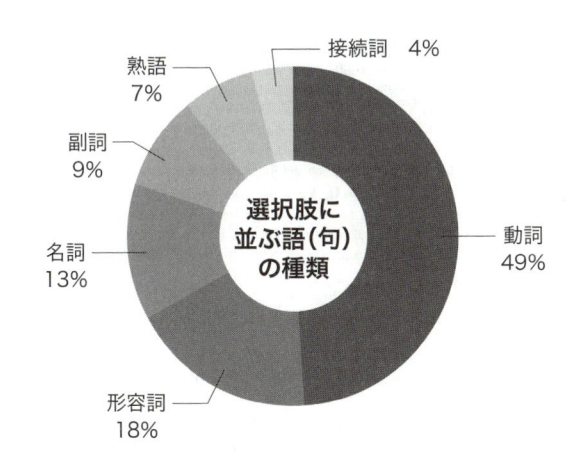

出題されるトピック
- 歴史・文化・社会 49%
- 科学・テクノロジー 20%
- 通信・メディア 13%
- 社会問題・モラル 9%
- 医療・健康 5%
- 自然・生物 4%

選択肢に並ぶ語（句）の種類
- 動詞 49%
- 形容詞 18%
- 名詞 13%
- 副詞 9%
- 熟語 7%
- 接続詞 4%

筆記 大問4　出題形式・出題傾向

出題形式

　長文の内容一致選択問題。[A][B][C]3つの長文に，内容に関する設問がそれぞれ3問，4問，5問出題される。解答時間の目安は[A]で5分，[B][C]の2つで20分。

問題の例

> Grade 2
>
> **4 A**　次の英文 A, B, C の内容に関して，(34) から (45) までの質問に対して最も適切なもの，または文を完成させるのに最も適切なものを 1, 2, 3, 4 の中から一つ選び，その番号を解答用紙の所定欄にマークしなさい。
>
> From: Kate Stevens <katestevens@wphvtvhome.com>
> To: Joseph Bradstock <j-bradstock@newstepmail.com>
> Date: October 18, 2009
> Subject: Interview on *The Martin Jones Show*
>
> Dear Mr. Bradstock,
> It was nice to talk to you on the telephone yesterday. Thank you for agreeing to be a guest on *The Martin Jones Show* on WPHV next week. After we spoke, Martin told me that he was looking forward to talking to you about your book, *The Carrington Affair*. He said it was the best mystery novel he had read for a long time.
> The interview will be recorded on Friday, October 23, in front of a small audience. We will then edit the interview, and the show will be broadcast on October 25. We will start filming at 7 p.m. on Friday, but please arrive at the studio an hour earlier. That will give our staff time to help you prepare. They will put some makeup on your face and attach a microphone to your clothing. Martin never holds rehearsals because he wants his interviews to be as natural as possible.
> You mentioned that this will be your first appearance on a TV talk show. Please relax during the interview. Viewers will be interested to hear about your book, but be careful not to give away too many details. Some people may complain if they hear how it ends.
> I look forward to meeting you.
> Yours sincerely,
> Kate Stevens
> Producer, WPHV
>
> (34)　Yesterday, Martin Jones
> 　1　called Mr. Bradstock to talk about his book.
> 　2　interviewed a novelist on his television show.
> 　3　read a mystery novel written by Kate Stevens.
> 　4　said that he had enjoyed *The Carrington Affair*.
>
> (35)　What is one thing that will happen before the interview on Friday?
> 　1　An edited version of *The Martin Jones Show* will be broadcast.
> 　2　Staff members will help Mr. Bradstock get ready for the show.
> 　3　There will be a rehearsal for Mr. Bradstock and the other guests.
> 　4　Martin Jones will record interviews with members of the audience.
>
> (36)　Kate Stevens advises Mr. Bradstock to
> 　1　read out parts of his book during the interview.
> 　2　bring a copy of his book to show members of the audience.
> 　3　avoid telling viewers too much about the story in his book.
> 　4　tell viewers that he has not appeared on a talk show before.

（2009-2 英検2級本試験問題より）

出題傾向

　[A]はEメール，[B][C]は歴史・文化・社会などの文系トピック，科学・テクノロジー，自然・生物などの理系トピックなどを扱ったエッセイである。トピックの種類は幅広いが，大問3と同様に，専門的な知識は必要ではない。質問文の形式は，WhatやHowなどの疑問詞で始まるもののほか，質問文に続く文を選ぶ英文完成の形式になっているものもある。

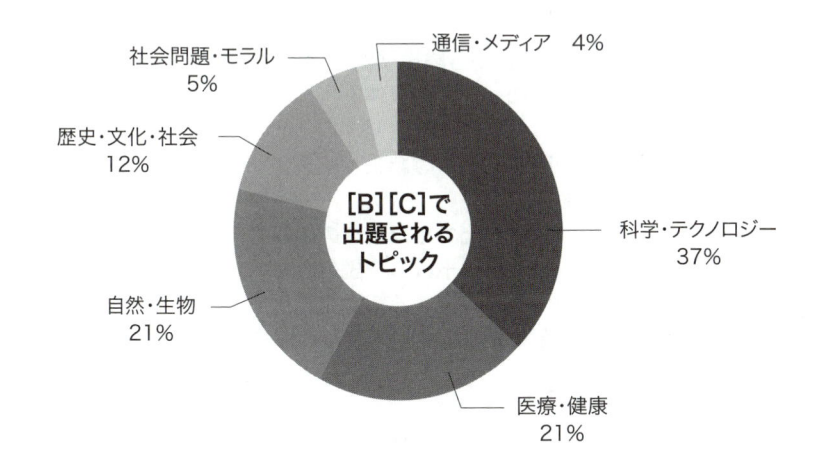

[B][C]で出題されるトピック

- 科学・テクノロジー 37%
- 医療・健康 21%
- 自然・生物 21%
- 歴史・文化・社会 12%
- 社会問題・モラル 5%
- 通信・メディア 4%

長文読解（大問3・4）

大問3は長文の空所補充問題，大問4は長文の内容一致問題で，ともに長文を扱った問題である。ここでは，長文に関する知識を付け，読み方を学習し，最終的に実際の問題を解いてみよう。

UNIT 1　長文の構成

1 Eメールの構成
2 エッセイの基本構造
3 パラグラフの構造
　❶トピックセンテンス
　❷サポーティングセンテンス
　❸コンクルーディングセンテンス
4 パラグラフからエッセイへ

UNIT 2　長文の読み方1

1 「つなぎ言葉」から論理展開を読む
　❶情報の追加　　❷具体例
　❸逆接　　　　　❹対照
　❺順番，順序　　❻結果，結論
　❼まとめ
2 知らない単語が出てきたときの読み方
　❶知らない単語は飛ばして読む
　❷単語の仕組みに関する知識を利用する
3 大問3（長文の空所補充問題）の取り組み方

UNIT 3　長文の読み方2

1 速読のコツ（フレーズリーディング）
　❶フレーズリーディングの方法
　❷フレーズの見分け方
　❸フレーズリーディングの例
2 「言い換え」に注意
　❶単語や熟語の言い換え
　❷異なる視点からの言い換え
3 大問4（長文の内容一致問題）の取り組み方
　❶Eメールの取り組み方
　❷エッセイの取り組み方

UNIT 1 長文の構成

英検2級の大問3と大問4では長文が出題される。長文の種類で見ると、Eメールとエッセイの2種類である。ここではまず、それぞれの文章全体の構造を見た後で、パラグラフ単位の構造について解説する。

1 Eメールの構成

まずはEメールの書式を確認しよう。Eメールの書式の特徴は、ヘッダーと呼ばれる冒頭の部分（下の図①～④）である。ここに送信者、受信者、受信日、件名が書かれており、文章の内容を素早く理解するための手掛かりになる。詳しい読み方についてはp.156～161で解説する

```
From: Susan Tully <s-tully@lilyhotelreservations.com>      ①
To: Peter Sheldon <p-sheldon@interbiosystems.com>          ②
Date: June 12, 2009                                        ③
Subject: Your company's training seminar                   ④
----------------------------------------------------------
Dear Mr. Sheldon,                                          ⑤

Thank you for your e-mail about using the Lily Hotel ...   ⑥

（～中略～）

Best regards,                                              ⑦
Susan Tully                                                ⑧
Event Manager, Lily Hotel                                  ⑨
```

(2009-1)

① 送信者の名前とEメールアドレス
② 受信者の名前とEメールアドレス
③ メールの受信日　　④ メールの件名（用件）
⑤ 書き出し（日本の手紙の「拝啓、～様」に相当する部分）
⑥ 本文
⑦ 結びの言葉（日本の手紙の「敬具」などに相当する部分）
⑧ 送信者の署名　　　⑨ 送信者の肩書き

2 エッセイの基本構造

英検に出題されるエッセイは，特定の主題について書かれたもので，歴史的・文化的・社会的なものや，生物学や科学についてなどさまざまなトピックがある。

エッセイは以下のように3つの段階を追って展開することが多い。

Introduction（序論） ➡ Body（本論） ➡ Conclusion（結論）

❶ Introduction（序論）

エッセイの導入部で，道案内の役割を果たしている。展開するトピックに関する背景情報を提供し，筆者の考えや主張を紹介する。本論でどのように議論を展開するかについても示す。なお，エッセイでもっとも重要な情報や筆者の主張は，Introductionのパラグラフの後半にあることが多く，これを「主題文」(thesis statement) と呼ぶ。

❷ Body（本論）

トピックについて具体例などを示しながら解説したり，論じたりする部分。2つ以上のパラグラフから構成されることが多い。

❸ Conclusion（結論）

最後に位置する，エッセイのまとめを行うパラグラフ。さらに読者に対して，トピックについて考える材料を提供する役割を果たす。

3 パラグラフの構造

1と2でそれぞれEメールとエッセイの大まかな全体構成を見てきたが，ここではパラグラフ単位の構成を見ていく。

❶ トピックセンテンス

英語のパラグラフは，それぞれ1つのトピックについて内容的に統一された文を集めたものである。パラグラフの中で最も重要な文が「トピックセンテンス」で，たいていの場合，パラグラフの冒頭の部分に来る。トピックセンテンスは，パラグラフの内容を総括するもので，パラグラフの全体像を示す役割を担っている。

❷ サポーティングセンテンス

トピックセンテンスの後に続く文は，トピックセンテンスの内容を具体的な例や証拠を示しながら詳しく説明する，あるいは話を展開するための文である。このような文は「サポーティングセンテンス」と呼ばれる。サポーティングセンテンスは，すべてトピックセンテンスに関係する内容になっている。

❸ コンクルーディングセンテンス

パラグラフの最後には、パラグラフの内容をまとめる「コンクルーディングセンテンス」（結びの文）が置かれるが、Body（本論）のパラグラフでは省略されることも多い。

トピックセンテンスを読んだ時点で、その文を完全に理解できないとしても、それほど心配する必要はない。その後に続くサポーティングセンテンスを読めば、トピックセンテンスの内容が具体例を交えながらわかりやすく説明してあるからだ。トピックセンテンスだけでは簡単に理解できなくても、気にせずに続きを読み進めよう。

またパラグラフ最後のコンクルーディングセンテンスもトピックセンテンスの内容を言い換えたものが多いので理解の助けになるはずだ。

それでは、実際のパラグラフの要点だけを抜き出した下のエッセイを見ながら、各文の役割について解説する。

English as a Global Language

①English has become a truly global language. ②Recently those who speak English as their second language have surpassed those who use English as their mother tongue. ③If we include the people who use English as a foreign language, the English-speaking population is the largest. ④English is also widely used as the language of international businesses and international conferences. ⑤For example, at about 300 ASEAN meetings held every year, the common language is English. ⑥Moreover, over 80 percent of the information on the Internet is transmitted in English. ⑦As communications technology advances and globalization progresses, English will become even more common all over the world.

【全訳】　グローバル言語としての英語

①英語は真の意味でグローバル言語となった。②最近、英語を第二言語として話す人々の数は英語を母国語として使用する人口を上回っている。③もし英語を外国語として使っている人々を含めると、英語を話す人口は世界で最も多いだろう。④また英語は国際ビジネスや国際会議の場での言語としても広く使われている。⑤例えば年間300回ほども開かれる東南アジア諸国連合の部会での共通言語は英語である。⑥さらにインターネット上の80パーセント以上の情報は英語で配信される。⑦通信技術がこのまま発達し、グローバル化が進展すれば、英語は今以上に世界中で普及するだろう。

①English has become a truly global language. はトピックセンテンスで,「英語はグローバル言語になった」という,筆者の主張を表している。②〜⑥の文はサポーティングセンテンスで,トピックセンテンスの主張を裏付ける,「なぜ英語はグローバル言語になったのか」という具体的な根拠を示している。⑦はコンクルーディングセンテンスで,英語の今後の役割に関する見通しについて述べている。

4　パラグラフからエッセイへ

パラグラフとエッセイの構造は,基本的に相似の関係だと考えてよい。主な違いは長さである。パラグラフを,より詳しく長い内容にすればエッセイになるのである。それではその実例を以下に示す。

前ページで紹介した,「グローバル言語としての英語」の内容を,より詳しくすると,以下のようなエッセイになる。(※下の文章中の丸数字は, p.139 の文章中の丸数字と内容的に類似している個所)

English as a Global Language

　　Globalization has affected us in various ways. For instance, it has influenced business operations, politics, communications, as well as people's lifestyles. The recent global economic downturn triggered by the financial crisis in America also is attributed to globalization. ①Furthermore, globalization is responsible for pushing English to the status of a truly global language.

　　②First of all, in terms of the number of people who are using English as their second or third language, English is definitely more widely spoken than any other language in the world. The English-speaking population is estimated to have exceeded 1.5 billion, accounting for nearly a quarter of the total world population. ③Moreover, the number of non-native English speakers is twice as large as that of native English speakers, and they are dispersed all over the world.

　　④Secondly, English has become a lingua franca* for international businesses and conferences. ⑤At approximately 300 ASEAN annual subcommittee meetings, English is used as the common language. Also, English is the chief means of communication at the international conferences that have no interpretation services. Documents or materials used in such meetings are written in English. International business inquiries and negotiations are also conducted in English.

⁶Thirdly, over 80% of the information on the Internet is transmitted in English. Most organizations, public or private, have their own homepages to communicate with their potential customers. However, unless the homepages are written in English, they cannot reach out to the global population. Considering that the Internet is now the major source of information, this fact cannot be ignored. Moreover, the Internet is the most extensive means for exchanging cultures, ideas, and opinions for the general population as well.

⁷With the advance in communications and transportation technologies, and global networking, we expect English to be promoted further as a global language. According to the British Council report published in 2005, the English-speaking population is expected to increase to roughly 3 billion, which is equivalent to nearly 40 % of the entire global population within a decade. I hope the emergence of a truly global language will help improve international understanding, because it is only through language we are able to communicate, share our ideas and experiences. Language allows us to express our wishes, desires, solve complex problems, and above all, communicate across cultures.

＊lingua franca：共通語

全訳　　グローバル言語としての英語

　グローバリゼーションはさまざまな面で私たちに影響を及ぼしている。例えば，人々のライフスタイルだけでなくビジネスの形態や政治，通信にもその影響は及んでいる。アメリカの金融危機が引き金となった最近の世界経済の失速もグローバル化に起因する。①さらにグローバル化によって，英語は真の意味でグローバル言語の地位を確立したのである。

　②まず，英語を第二言語もしくは第三言語として使用している人口の点で言えば，英語が世界で最も多くの人々に話されていることは明白である。英語人口は15億を超えたと推測される。それは世界の人口の約4分の1に相当する。③さらに英語を母国語としない英語人口は，英語を母国語とする人口の2倍にのぼる。しかも彼らは世界中に散らばっている。

　④二番目に，英語は国際ビジネスと国際会議での共通語になっている。⑤年間おおよそ300回も開かれる東南アジア諸国連合の部会では英語が共通語として使用される。通訳のいない国際会議での主要コミュニケーション手段もまた英語である。

そのような会議で使われる文書や資料もまた英語で作成される。国際ビジネスの問い合わせや交渉も英語で行われる。

⑥第3に，インターネット上の80パーセント以上の情報が英語で配信されている。公共，民間を問わず，ほとんどの組織は潜在的顧客とつながるためにホームページを持っている。しかしホームページが英語で書かれていなければ，世界中の人々に働きかけることはできない。現在インターネットが主要な情報源となっていることを考えると，こうした事実を無視することはできない。またインターネットは一般大衆にとっては文化やアイデア，意見を最も広範囲にわたって交換することのできる手段でもある。

⑦通信や輸送の技術が発達し，地球的規模でネットワーキングが広がるにつれて，英語はますますグローバル言語になっていくだろう。ブリティッシュカウンシルが2005年に発表した報告書によると，英語人口は10年以内にざっと30億，すなわち地球人口のおよそ40パーセントに達する見込みだという。私は本当の意味でのグローバル言語の登場によって，国際理解が進むことを願っている。なぜならば，私たちは言語を通してしか意見交換したり，考えや経験をお互いに分かち合うことができないからだ。言語のおかげで私たちは願い事や欲求を表現し，複雑な問題を解決することができる。そして何よりも文化を超えてコミュニケーションが可能になるのである。

■ 第1パラグラフ（Introduction「序論」）

まず，冒頭で「グローバリゼーションがさまざまな形で社会や私たち個人の生活に影響を及ぼしている」，というトピックに関する背景情報を提示している。そしてパラグラフの最後に，①Furthermore, globalization is responsible for pushing English to the status of a truly global language.「さらにグローバル化によって，英語は真の意味でグローバル言語の地位を確立したのである」という主題文で，筆者は自分の考えを主張している。続く第2〜第4パラグラフ（本論）で，その考えを裏付ける証拠を提示していくことになる。

■ 第2パラグラフ（Body「本論」）

1番目の根拠として，トピックセンテンス②で，「第二言語，第三言語としての英語人口を考えると，英語は世界中で最も普及している言語だ」と述べている。トピックセンテンスの後には③を含むサポーティングセンテンスが続き，トピックセンテンスの内容についてさらに詳しく，具体的に述べている。

■ 第3パラグラフ（Body「本論」）
　④の文がトピックセンテンス。⑤以降のサポーティングセンテンスで，英語が国際会議や国際ビジネスの場での共通言語であることを，具体例とともに述べている。

■ 第4パラグラフ（Body「本論」）
　⑥の文がトピックセンテンス。世界のインターネット情報の80パーセント以上が英語で配信されていることをまず述べ，残りの部分で，インターネット社会における英語で情報を発信することの重要性を述べている。

■ 第5パラグラフ（Conclusion「結論」）
　最終パラグラフでは，全体のまとめと今後予想される展開が書かれている。まず⑦のトピックセンテンスで，「通信や輸送の技術が発達し，地球的規模でネットワーキングが広がるにつれて，英語はますますグローバル言語になっていくだろう」と述べている。次に今後の英語人口増加の予測とグローバル言語としての英語の役割の重要性について述べて，全体のまとめとしている。

　ここでは，*English as a Global Language*「グローバル言語としての英語」という文章を例に挙げて解説したが，多くのエッセイは，構成面ではこれと似たようなつくりになっている。ここで述べたことを意識しながら長文を読み進めることが，素早い理解の助けになるはずだ。

UNIT 2 長文の読み方 1

1 「つなぎ言葉」から論理展開を読む

　長文は，筆者が自分の考えを読み手にきちんと理解してもらうために書いたものである。そのため，表現や構成に工夫を凝らしてあるのはもちろん，読み手が話の流れを追いやすいように，「つなぎ言葉」を用いて，文と文，パラグラフとパラグラフをスムーズにつないでいる。従って，長文の論理展開を理解するには，「つなぎ言葉」に着目しながら読み進める必要がある。

　以下，「つなぎ言葉」の種類ごとに，文を読むときの思考のプロセスを例文を使って紹介する。「つなぎ言葉」の意味だけを覚えるのではなく，論理展開を予測しながら読み進められるように練習をしよう。

❶ 情報の追加

also「また」／in addition「加えて」／furthermore「さらに」／
moreover「さらに」／what is more「その上」

①The recent global economic downturn triggered by the financial crisis in America is also attributed to globalization. ②**Furthermore**, globalization is responsible for pushing English to the status of a truly global language.

「アメリカでの金融危機によって引き起こされた，最近の世界経済の失速もまたグローバル化に原因がある。**さらに**，グローバル化は，英語を真の意味でのグローバル言語の地位にまで押し上げているのである」

　②の文は，Furthermore「さらに」で始まっているので，前文①で述べている「グローバル化」に関する記述を追加する内容だとわかる。

❷ 具体例

for example「例えば」／for instance「例えば」／
such as〜「〜のような」／to illustrate「例を挙げて説明すれば」

①Japan is facing various social problems. ②**For instance**, the declining birthrate is one of them. ③**Furthermore**, the Japanese society is ageing.
「日本はさまざまな社会問題に直面している。**例えば**，少子化が問題の1つである。**さらに**，日本の社会は高齢化が進んでいる」

　①で「日本はさまざまな社会問題に直面している」と書かれているが，ここを読んだだけでは具体的な社会問題の内容はわからない。しかし，続く②の最初にFor instance「例えば」とあるので，ここで「さまざまな社会問題」

の具体例が挙げられていることがわかる。さらに，その後に続く③は Furthermore「さらに」で始まっているので，②で述べられている具体例の追加が続いているのだとわかる。

❸ 逆接
however「しかしながら」／but「しかし」

①GM foods may be able to save many people suffering from food shortage in developing countries. ②**However**, there is a serious concern about the safety of GM foods.

「遺伝子組み換え食品は，食糧不足で苦しんでいる多くの発展途上国の人々を救うことができるかもしれない。**しかし**，遺伝子組み換え食品の安全性に関する強い懸念がある」

①で遺伝子組み換え食品が，食糧不足で苦しむ人々を救う可能性について述べているが，②の冒頭に逆接の意味を表すHoweverがあるので，それ以降で①の内容とは反対の，否定的な内容が続くのだとわかる。

❹ 対照
on the other hand「一方で」／meanwhile「それと同時に（他方では）」／in the meantime「その一方では」／in contrast「対照的に」／on the contrary「反対に」

①In a relatively monocultural society like Japan, people don't need to rely on language so much for communication. ②**In contrast**, in a multicultural society like Australia, people need to rely more on verbal communication.

「日本のように比較的に単一文化の社会では，コミュニケーションを図るのにそれほど言語に頼る必要がない。**対照的に**オーストラリアのような多文化社会では，言語コミュニケーションにもっと頼らざるを得ない」

①と②はそれぞれ，対照的な社会におけるコミュニケーションの違いについて述べている。In contrast, On the other hand などのつなぎの言葉を文頭に見つけたときは，前文とは対照的な内容の文が続くということを意識しながら読み進めよう。

❺ 順番，順序
first of all「まず最初に」／first(ly)「第1に」／second(ly)「第2に」／next「次に」／finally「最後に」／lastly「最後に」／the former「前

者は」／the latter「後者は」

①Several factors have contributed to the rise of globalization. ②**First of all**, the development of information and communications technology enabled the deployment of global business operations.
「グローバリゼーションの高まりにはいくつかの要因がある。**まず**，情報通信技術が発達したおかげで，ビジネスのグローバルな展開が可能となった」

ここでは省略しているが，文章中にfirst of all, first(ly) などのつなぎ言葉がある場合，その後に続くパラグラフの中にsecond(ly), third(ly) などが必ず続くと思って間違いない。この文章では，①の文で述べている「グローバリゼーションが高まっている要因」の1つを②の文で具体的に述べている。

❻ 結果，結論
as a result「結果として」／as a consequence「結果として」／
therefore「従って」／thus「このように」／so「だから」／
in conclusion「結論として」／eventually「結局は」

①Triggered by the financial crisis in the U.S., the manufacturing industry in Japan started suffering from an economic setback. ②**As a result**, many foreign guest workers lost jobs and some of them were forced to return to their home countries.
「アメリカの金融危機が引き金になって，日本の製造業界は経済不況に襲われ始めた。**その結果**，多くの外国人労働者が仕事を失った。その中には帰国を余儀なくされた人もいる」

これらの語句は，前文を受けて，後に続く文でその結果を述べる場合に用いられる。この文章の場合，①の文で「日本の製造業界が不況に襲われ始めた」ことが書かれており，As a result で始まる②の文で①の結果，多くの外国人労働者が失職したことが述べられている。

❼ まとめ
in short「要するに」／in summary「まとめると」

①One of the most outstanding features of human beings, compared to other animals, is that human beings know what they are doing. ②**In short**, human beings are self-aware.
「ほかの動物と比べて人間の最も顕著な特徴は，自分が何をしているのかを認識していることである。**要するに**，人間には自覚があるということである」

in short / in summary は前の文の内容を言い換えたり，まとめたりする場合に用いられる。この文章の場合，①の文で人間の特徴として「自分が何をしているのかを認識している」ということが書かれており，In short で始まる②の文で①の内容を短く言い換えている。

2 知らない単語が出てきたときの読み方

知らない単語が文章中に出てくると，それだけで「内容がわからない」という不安を抱くものである。しかしその単語の前後には説明や言い換えがなされていることが多く，単語の意味のおおよその見当は付く。知らない単語が出てきたときは，以下のことを試してみよう。

❶ 知らない単語は飛ばして読む

文章を読み解く上で重要な単語であれば，英語の文章では，その部分を後に続く部分で言い換えたりわかりやすく説明したりしてあるので，そこで止まらずに続きを読み進めよう。また，知らない単語をわからないまま読んでも，その前後の文脈から意味が類推できることも多い。

Atlantic bluefin that Japan imports comes from tuna farms that catch young fish, which are then fattened up in pens.
「日本が輸入する大西洋で捕れるクロマグロは，稚魚を捕獲し，いけすで太らせる養殖場からやって来るものである」

Atlantic bluefin の意味がわからなくても，その後ろの "that Japan imports comes from tuna farms" を読めば，tuna，すなわちマグロの1種であることはわかる。

Now a new sunscreen product that uses an **ingredient** from the ocean is being developed. This sunscreen will contain bacteria, known as *Thermus thermophilus*, that have been collected from deep in the Gulf of California.
「現在，海からの材料を使った新しい日焼け止めの製品が開発されている。この日焼け止めはサーマス・サーモフィルスとして知られているバクテリアを含んでおり，これはカリフォルニア湾の深海から採れたものだ」

最初の文にある ingredient という単語がわからない場合，「海からの〜を使用する」というように，ingredient を飛ばして読み進めてみよう。次の文には This sunscreen will contain bacteria ... that have been collected from deep ... とあるので，ingredient は海から採れた日焼け止めの原料に

なるもの，と理解しておくだけでよい。また*Thermus thermophilus*などのように単語がイタリック体になっている名詞は，普段あまり使われない名詞であることが多く，意味がわからなくてもそれほど気にする必要はない。

❷ 単語の仕組みに関する知識を利用する

長い単語は一見，難しそうに見える。しかしよく注意して見てみると，接尾辞や接頭辞が付いて長くなったものがほとんどである。p.88〜91で紹介した接頭辞や接尾辞に関する知識を用いれば，意味が推測できることが多い。

The number of heart **transplant** operations is steadily increasing.
「心臓移植手術の件数が着々と増えている」

transplantという語を知らなくても，trans- が「横断」を表す接頭辞，そしてplantが「植える」という動詞として使えることがわかれば，「横断して植えること」➡「移して植えること」➡「移植」という予測ができるだろう。従ってheart transplantは「心臓移植」であると考えられる。

☕ Tea Time　スキミングとスキャニング

英語の長文は目的に応じて読み方を変えるべきである。例えば大量の情報を短時間に読まなければならない場合，あるいは英検などのような試験で，時間に制約がある中で問題を解く場合などがそうである。

文章の大意を把握する目的で，全体をざっと読む読み方を「スキミング」と呼ぶ。それに対し，自分にとって必要な情報が書かれている部分を探し当てる目的で，そのほかの部分を読み飛ばす読み方が「スキャニング」である。長文の設問にある重要な単語や語句，あるいはそれらをパラフレーズした個所を文章の中から探す場合にこういった読み方が効果的だ。

私たちは日本語の文章を読むときは，無意識のうちにスキミング（大意把握読み）とスキャニング（情報検索読み）のテクニックを用いている。同じことを英語にも応用できる。

3 大問3（長文の空所補充問題）の取り組み方

　大問3は長文の空所補充問題であるが，語彙や熟語の知識を問う問題はほとんど出題されない。それほど難解な語彙や熟語が選択肢に並ぶことはない。文章の論理展開や内容をきちんと理解できれば解ける問題がほとんどだ。

　1で紹介した，「つなぎ言葉」を意識して，論理展開を把握しながら読み進める方法がここで生きてくるだろう。

　それでは実際に出題された問題を例にとって，解き方を見ていこう。

Giving Siestas a Rest

　Most businesses in Spain close between 1 p.m. and 4 p.m. After enjoying a long lunch with family or friends, workers take a siesta—a short sleep. Then they head back to their companies and work until at least 8 p.m. ①**Now, however**, a campaign has begun in Spain to persuade people to (　1　) this tradition.

　②Ignacio Buqueras, the leader of a citizens' action group, says the siesta is harming Spain's economy. He argues that as business becomes more international, companies must adapt to the 9-to-5 business hours followed by the rest of Europe. **Moreover**, he points out that because the Spanish tend to work until late at night, they actually get less sleep overall than other Europeans. He believes that this is one reason why Spain has the highest rate of accidents in the workplace in Europe. The campaign is also (　2　) by many working mothers. With increasing numbers of women working outside the home, the late working hours mean that many mothers cannot get home until after their children have gone to sleep.

　③Because of these problems, the Spanish government has recently passed a law saying that government workers can only take a 45-minute lunch break, and that they must leave the office by 6 p.m. The government hopes that the new law will encourage private companies to change their rules, too. ④**Interestingly, though,** just when Spain is considering abandoning the siesta tradition, other countries are discovering the (　3　) of an afternoon nap. Studies have suggested that napping for between 15 and 30 minutes after lunch can improve performance and health. Indeed, some Japanese companies are now encouraging workers to take a short break in special napping rooms or at their desks. ⑤Introducing such a system may be one way for Spanish workers to (4) a siesta with a shorter workday.

(1) 1 try on   2 work out   3 take in   4 give up
(2) 1 prevented   2 supported   3 ignored   4 explained
(3) 1 limits   2 signs   3 conditions   4 advantages
(4) 1 combine   2 miss   3 prefer   4 cancel

(2007-2)

空所補充問題に取り組むときには，いきなり文章を読み始めるのではなく，以下のような手順で全体のおよその流れを把握しよう。

STEP 1 タイトルに着目する

タイトルは「シエスタに休息を」である。siestaが何なのかわからなくても，「siestaという何かよくわからないもの」に休息を与える，という内容の文章であることを頭に入れておこう。文章を読めばsiestaが何なのかは必ずわかるようになっているので，この時点であまり深く考える必要はない。

STEP 2 第1段落のトピックセンテンスと主題文を押さえる

第1段落には長文の中で最も重要な情報が含まれている。まずそれを押さえよう。たいていの場合，第1段落の最初の文は，扱っているテーマの背景情報になっている。また，第1段落の終わりに，主題文(thesis statement)と呼ばれるテーマに関する重要な情報を述べた文があることが多い。

この段落のトピックセンテンスは冒頭の部分で，ここにsiestaとは何なのかの説明がある。第1文に「スペインの大部分の企業は，午後1時から午後4時までの間，業務を停止する」とあり，続く文から，この間にする昼寝のことをsiestaと呼ぶのだとわかる。

さらに，最後の文①が主題文である。Now, however...「しかし今，」で始まり，それまでの内容を否定する内容になっている。

STEP 3 第2段落のトピックセンテンスを押さえる

第2段落最初の文は，「市民活動団体のリーダーであるイグナシオ・ブケラスは，シエスタがスペイン経済を害していると言う」という内容である。トピックセンテンスの後には，必ずその内容を説明する具体的な根拠が提示されているはずだと頭にとどめておこう。この場合には，「シエスタがスペ

イン経済を害している」とはいったいどういうことなのかが，第2文以降に書かれているはずである。

STEP 4　第3段落のトピックセンテンスを押さえる
　第3段落最初の文では「スペイン政府がシエスタを廃止すべく，新しい法律を制定した」ことが書かれている。ここでもやはり，トピックセンテンスの後に続く文に，新しい法律を制定した意図や根拠が書かれているはずだと頭にとどめておこう。

STEP 5　最後の文を押さえる
　最後の文は，全体のまとめである。「このようなシステムを導入することが，スペイン人の労働者にとってシエスタと1日の勤務時間の短縮を（　　　）する1つの方法になるのかもしれない」となっている。

　このように，各段落のトピックセンテンスとコンクルーディングセンテンス（結びの文）のみをざっと読んで文章の概要を把握した後，文章全体を読み，各設問を解いていこう。

(1) ①の空所1を含む文は「この伝統を（　**1**　）することを促す運動がスペインで始まった」となっている。ここで注目すべきは，この文の冒頭にある，Now, however, …「しかし今，」という逆接の接続詞だ。これより前の部分では，伝統的なシエスタの説明をしているので，後ろの空所を含む部分は，それとは反対の内容になっていなければならない。つまり「しかし今，人々にこの伝統をやめることを促す運動がスペインで始まった」となる。正解は **4** give up「やめる，断念する」。

(2) 空所2を含む文は「この運動はまた，多くの働く母親たちによって（　**2**　）されている」となっている。「この運動」(The campaign)とは，第1段落最後で述べられた「シエスタを廃止しようとする運動」を指す。空所に入る語を導く手掛かりは後に続く文にある。後ろの文には「最近は働く女性が増えているので，勤務時間が長いと，多くの母親が子どもたちが眠る時間までに家に帰ることができない」といった内容が書かれている。つまり，伝統的なシエスタの習慣は，現代の多くの母親たちにとって都合が悪いことになる。このことから，母親たちはシエスタを廃止しようという運動に賛成であることがわかる。ゆえに正解は **2** supported「支持されて」。

(3) ④の，空所3を含む文の冒頭にあるInterestingly, though,「しかし，面白いことに」という，逆接の接続詞に注目しよう。④の前半部分Spain is considering abandoning the siesta tradition,「スペインが『シエスタ』という伝統を捨て去ろうとしている」という内容に対して，後半部分ではother countries are discovering the (3) of an afternoon nap.「ほかの国々では，昼寝の（ 3 ）について気付きつつある」という，スペインとほかの国々が対照的に描かれている構造が見える。すなわち，赤色の2個所の下線部が対照的な内容になるように選択肢を選ばなければならない。従って正解は**4** advantages「利点」。

(4) 空所4を含む最後の⑤の文は全体のまとめである。「このようなシステムを導入することが，スペイン人の労働者にとってシエスタと1日の勤務時間の短縮を（ 4 ）する1つの方法になるのかもしれない」となっている。(Introducing) such a system「このようなシステム」とは，前文の仮眠を労働者に奨励するような制度を指すということを踏まえて考えると「シエスタを1日の勤務時間の短縮に結び付ける」という内容になるはず。つまり正解は**1** combine「組み合わせる」。また，この問題はcombine *A* with *B*「AとBを組み合わせる」という語法の知識があればそれも役立つはずだ。

> 全訳

シエスタに休息を

　スペインの大部分の企業は，午後1時から午後4時までの間，業務を停止する。家族または友人との長い昼食を楽しんだ後に，労働者はシエスタ，すなわち短い睡眠を取るのだ。それから彼らは自分たちの会社に戻り，少なくとも午後8時まで働く。しかし今，人々にこの伝統をやめることを促す運動がスペインで始まった。

　市民活動団体のリーダーであるイグナシオ・ブケラスは，シエスタがスペイン経済を害していると言う。ビジネスがより国際的になるのだから，企業はヨーロッパのほかの地域に従って，9時から5時までの営業時間に順応しなければならないと彼は主張する。さらに，スペイン人は夜遅くまで働く傾向があるため，睡眠時間の合計は実はほかのヨーロッパ人より短いと彼は指摘する。このことが，スペインでは職場での事故率がヨーロッパで最も高い理由の1つであると彼は考えている。この運動はまた，多くの働く母親たちに支持されている。家の外で働く女性が増えている状況では，勤務時間が遅くまで続くということは，多くの母親が子どもたちが眠ってしまう時間まで家に帰ることができないということを意味する。

　これらの問題のため，スペイン政府は，政府職員が取ることができる昼休みは45分だけで，午後6時までに役所を出なければならないと定めた法律を最近通過させた。新しい法律が民間企業の規則も変えるよう促すことを政府は望んでいる。しかし面白いことに，ちょうどスペインがシエスタの伝統を廃止することを検討している時に，ほかの国々は午後の昼寝の長所について気付きつつある。昼食後，15分から30分間昼寝をすることで，業績と健康を向上させられることが，研究により示唆されている。実際，いくつかの日本企業では今，従業員が専用の昼寝部屋や自分の机で短時間の休息を取ることを奨励している。このようなシステムを導入することが，スペイン人の労働者にとってシエスタを1日の勤務時間の短縮に結び付けるための1つの方法になるのかもしれない。

UNIT 3 長文の読み方2

1 速読のコツ（フレーズリーディング）

　長文の読解力を身に付けるには，大量の英文を読みこなす練習が不可欠である。まとまった英文を何度も音読する基礎練習を行うと，語彙力，英語的発想，文法力なども付くはずだ。

❶ フレーズリーディングの方法

　長文をゆっくりと読んでいては，大問3や4の長文を制限時間以内に解くことはできない。素早く英文を読むためには，単語を1語ずつ読んだり，読み返したりするのではなく，「意味の固まり」(a chunk of words) ごとに区切って読むことが大切である。このような読み方をフレーズリーディング(Phrase Reading)，あるいは同時通訳方式と呼ぶ。つまり，英文を文頭から順番に理解していく方式である。さらにフレーズごとに読みながら，文章の内容を頭の中でイメージする訓練をするとよい。そうすれば，やがては日本語に訳さなくても理解できるようになる。

❷ フレーズの見分け方

　英文のどこで意味が区切れるかがわからなければ，フレーズリーディングは難しい。読む人の息の長さによっても多少の違いはあるが，原則として以下の個所にスラッシュを入れて読むとよい。ただしスピードがアップするにつれて，自然に2つ3つのフレーズを一気に読むことができるようになる。

スラッシュを入れる個所の目安

1. カンマ（,）の後
2. 接続詞（and, but, or, that など）の前
3. 前置詞（in, on, at, in front of, from など）の前
4. 不定詞（to）の前
5. 関係代名詞・関係副詞（which, who, where, when など）の前。関係代名詞が省略されている場合もその前
6. 引用符（"...."）の前
7. 長い主語の後
8. 文頭に来る副詞（sometimes, moreover, recently など）の後

❸ フレーズリーディングの例

　それでは実際に試験に出題された下の長文を利用して，フレーズリーディングにチャレンジしよう。英語の下にある日本語を参考にしながら，スラッシュごとに直線的に読んでみよう。

Artificial Noses
人口鼻

Compared to our eyesight / or sense of hearing, / our sense of smell /
視力と比べて　　　　　あるいは聴力と　　　私たちの嗅覚は

may not seem very significant. 　/　In reality, / though, /
さほど重要とは思えないかもしれない。　実際には，　しかし

being able to detect smells / can play a very important role / in our lives. /
においをかぎ分ける力は　　大変重要な役割を果たしている　生活において。

A bad smell, / for example, / can be a sign of danger, / warning us /
悪臭は，　　　例えば，　　　危険の合図になる，　　　警告を発する

that food has gone bad / or that there is a poisonous gas in the air. /
食べ物が腐った，　　　あるいは，空気中に有毒ガスがある。

A good smell, / on the other hand / —such as the scent of a flower— /
良い香りは　　　一方，　　　　　花の香りのような

can give us pleasure / and change our mood. / Indeed, /
私たちに喜びを与え，　気分を変えてくれる。　　実際，

according to some theories, / pleasant smells can even be used /
いくつかの理論によれば，　　よいにおいは使われることもある。

to cure illnesses.
病気の治療に

〈～以下略～〉

（2007-2から抜粋）

　この方法で読んだ場合には，日本語として不自然な部分が出てくるが，頭の中で意味を整理するようにしよう。なるべく英文を行ったり来たりせずに直線的に読むように心掛ければ読むスピードが速くなっていくはずだ。

2 「言い換え」に注意

英語の長文では同じ表現の繰り返しを避けるために,「言い換え」をした部分が必ず含まれている。また大問4の内容一致選択問題の選択肢も言い換えられていることが多い。

それではどのように言い換えられているかを見てみよう。

❶ 単語や熟語の言い換え

The man was arrested for driving while drunk.
- ➡①The man was arrested for driving **while intoxicated**.
- ➡②The man was arrested for driving **under the influence of alcohol**.

「その男は飲酒運転で逮捕された」

※①はdrunkをintoxicatedに言い換えている。

※②はwhile drunkをunder the influence of alcohol「アルコールの影響下にあって」と言い換えている。

❷ 異なる視点からの言い換え

If farmers grow GM crops, they can reduce the amount of pesticide, which is sometimes very toxic for their health.
- ➡Growing GM crops enables farmers to reduce the amount of pesticide, which is sometimes very toxic for their health.

「もし遺伝子組み換え作物を栽培すれば,農民は自分たちの健康に有毒な農薬の量を減らすことができる」

※主語を人から無生物に変えて言い換えている。また,if節が名詞句になっている。

A consensus was not reached at the meeting.
- ➡They could not reach a consensus at the meeting.

「会議では全員の合意は得られなかった」

※受動態を能動態に変えて言い換えている。

3 大問4(長文の内容一致問題)の取り組み方

p.134〜135で紹介したように,大問4の長文の内容一致問題の文章の形式は,[A]がEメール,[B][C]がエッセイとなっている。Eメール,エッセイそれぞれの取り組み方を見ていこう。

❶ Eメールの取り組み方

以下の実際に試験で出題された問題を使って,Eメールの問題の読み方と解き方を見ていこう。

From: Susan Tully <s-tully@lilyhotelreservations.com>
To: Peter Sheldon <p-sheldon@interbiosystems.com>
Date: June 12, 2009
Subject: Your company's training seminar

Dear Mr. Sheldon,

Thank you for your e-mail about using the Lily Hotel for your company's sales training seminar in August. There is a conference hall available on the date you asked for, August 8. The hall can hold 60 people and is equipped with a projector and a large screen.

①In your e-mail, you requested accommodations for 40 seminar participants in single rooms for the night of August 7. ②**Unfortunately**, we only have 32 single rooms free on that night. ③**However**, there are some twin rooms available. ④May I recommend that the remaining eight people share those rooms? Since this is a large booking, we will provide a 15-percent discount off our normal rates for accommodations.

You mentioned that you planned to hold the training seminar from 10 a.m. to 4 p.m., with a one-hour break for lunch. If you would like everyone at the seminar to eat together, we can serve a buffet lunch in the conference hall. Or the people attending your seminar may prefer to eat at one of the hotel's restaurants. Further information about our restaurants and other services is available on the hotel's website. Please contact me by e-mail or by phone at 555-7842 so that I can confirm the details of your reservation.
Best regards,
Susan Tully
Event Manager, Lily Hotel

(1) Why did Mr. Sheldon write to Susan Tully?

1 He is planning to buy a projector and a screen.
2 He has to make a change to his reservation.
3 He would like to hold a seminar at her hotel.
4 He wants someone to make a presentation.

(2) What does Susan Tully say about accommodations for seminar participants?

    1 People who share a room could stay for free.
    2 Some of the people would have to sleep in twin rooms.
    3 Eight people would have to go to another hotel.
    4 She would offer a discount if more people were staying.

(3) Susan Tully says that the Lily Hotel

    1 accepts buffet reservations on its website.
    2 has a restaurant that is open from 10 a.m. to 4 p.m.
    3 sends guests information about places to eat.
    4 can provide a lunch in the conference hall.

(2009-1)

Eメールを扱った問題は、いきなり文章を読み始めるのではなく、まず以下の3つのステップを踏むようにしよう。そうすれば、文章の内容を効率的に把握して問題を解くことができる。

STEP 1：ヘッダーから情報を得る
STEP 2：各段落の冒頭にあるトピックセンテンスを読む
STEP 3：質問文が何を尋ねているかを把握する

それでは以上の3ステップで上掲の問題を解いてみよう。

STEP 1　ヘッダーから情報を得る

送信者(From)と受信者(To)、さらに件名(Subject)からEメールの内容を確認する。送信者はSusan Tully（スーザン・タリー）、受信者はPeter Sheldon（ピーター・シェルダン）である。

件名の部分にYour company's training seminarとあるので、用件はシェルダン氏の会社の企業研修セミナーについてであるとわかる。

さらに送信者がどこの会社でどのような地位にいる人かを確認しておこう。仕事上の肩書きは本文の最終行に書いてある。

STEP 2　各段落の冒頭にあるトピックセンテンスを読む

　次にEメールのおおまかな内容をチェックしよう。たいていの場合，段落ごとに異なる内容が書いてあることが多い。それぞれの段落の冒頭の文を読んで内容を大ざっぱにつかもう。

　英語と日本語のビジネスEメールの異なる点は，英語ではEメールの書き出しの部分に時候のあいさつなどを書かず，いきなり用件に入ることである。

1. 本文第1段落第1文は，ピーター・シェルダン氏からの，「企業研修をリリーホテルで開催することが可能かどうか」というEメールに対する返事になっている。
2. 第2段落第1文で，シェルダン氏が40名の参加者が泊まれるシングルルームを希望している。
3. 第3段落第1文には「研修セミナーは午前10時から午後4時までで，途中1時間の昼休みを設ける予定とのことでした」とある。後に続く文には，昼休みについてのことが続くと予測できる。

STEP 3　質問文が何を尋ねているかを把握する

　質問文が何を尋ねているかを頭に入れてEメールを読んでいくと，大事な情報がキャッチしやすく，時間の節約になる。なぜなら，質問文で問われていない情報についてはある程度飛ばし読みができるし，その部分にたとえ知らない単語が出てきたとしても，それほど気にする必要がないからである。この問題の質問文は，それぞれ以下のようになっている。

(**1**) Why did Mr. Sheldon write to Susan Tully?
　　「シェルダン氏はなぜスーザン・タリーにEメールを書いたのか」
(**2**) What does Susan Tully say about accommodations for seminar participants?
　　「セミナー参加者の宿泊設備についてスーザン・タリーは何と言っているか」
(**3**) Susan Tully says that the Lily Hotel
　　「スーザン・タリーによれば，リリーホテルは」

　以上3つのステップで概要を把握した後，文章を読み，問題を解いていこう。

(**1**) Why did Mr. Sheldon write to Susan Tully?

　Ｅメールの書き出しの文，Thank you for your e-mail about using the Lily Hotel for your company's sales training seminar in August.「8月に行われる貴社の販売研修セミナーのためにリリーホテルをご利用いただく件につきまして，Ｅメールをいただきありがとうございました」を読めば，このＥメールがシェルダン氏のＥメールに対する返信であることは明白である。ビジネスＥメールはこのように，用件に関することを冒頭に書く。正解は **3** He would like to hold a seminar at her hotel. である。〔本文〕using the Lily Hotel for your company's sales training seminar →〔選択肢〕hold a seminar at her hotel という言い換えにも注意しよう。

(**2**) What does Susan Tully say about accommodations for seminar participants?

　第２段落の，①In your e-mail, you requested「Ｅメールでリクエストなさいましたが…」，②Unfortunately,「残念なことに…」，③However,「しかし…」。そして④May I recommend … の４つの文の書き出しから，相手の要求には答えることができなかったが，何かそれに代わることを提案するのだということがわかる。提案は，「残りの８名にツインルームに泊まってもらえないだろうか」というものである。ビジネスＥメールでは，このように問題が生じたときは，それを解決する提案が示されることが多い。正解は **2** Some of the people would have to sleep in twin rooms. である。

(**3**) Susan Tully says that the Lily Hotel

　質問文と選択肢から，リリーホテルがどのようなサービスを提供できるかを尋ねている問題。解答の決め手となる部分は第３段落第２文の後半。If you would like everyone at the seminar to eat together, **we can serve a buffet lunch in the conference hall**.「もしセミナーにいらっしゃる皆さんが一緒に食事を取ることをご希望でしたら，大会議室でビュッフェ形式のランチをお出しすることもできます」とあるので，正解は **4** can provide a lunch in the conference hall. である。〔本文〕serve a buffet lunch →〔選択肢〕provide a lunch の言い換えに注意しよう。

> 全訳

発信人：スーザン・タリー　<s-tully@lilyhotelreservations.com>
宛先：ピーター・シェルダン　<p-sheldon@interbiosystems.com>
日付：2009年6月12日
件名：貴社の研修セミナー

親愛なるシェルダン様
8月に行われる貴社の販売研修セミナーのためにリリーホテルをご利用いただく件につきまして，Eメールをいただきありがとうございました。ご希望の8月8日に大会議室をご利用いただけます。大会議室は60名を収容でき，プロジェクターと大型スクリーンの設備があります。
Eメールでは8月7日の夜にセミナー参加者40名が宿泊するシングルルームをご希望でしたが，あいにくその夜は，シングルルームは32室しか空きがございません。しかし，ツインルームが何室か空いております。残りの8名さまはそちらのお部屋に一緒にお泊まりいただけませんでしょうか。大人数のご予約ですので，当ホテルの通常宿泊料金から15パーセントを割引させていただきます。
研修セミナーは午前10時から午後4時までで，途中1時間の昼休みを設ける予定とのことでした。もしセミナーにいらっしゃる皆さんが一緒に食事を取ることをご希望でしたら，大会議室でビュッフェ形式のランチをお出しすることもできます。もしくは，セミナーにご参加の皆さんは，当ホテルにあるレストランのうちの1つでお食事される方を好まれるかもしれません。レストランとそのほかのサービスの詳細につきましては，当ホテルのウェブサイトをご覧ください。ご予約の詳細の確認のため，私あてにEメールをくださるか，電話番号555-7842までご連絡をお願いいたします。
敬具
スーザン・タリー
イベント・マネージャー，リリーホテル

第4章　長文読解（大問3・4）

❷ エッセイの取り組み方

　実際に出題された以下の問題を使って，エッセイの問題の読み方と解き方を見ていこう。

A SMART Idea

　Kuala Lumpur, Malaysia, is a rapidly growing city built at the point where the Klang River and the Ampang River meet. The city is known for its traffic jams, as well as for the sudden floods that can cover the streets with water during heavy rainstorms. During the morning and evening rush hours, there are often traffic jams several kilometers long, and when heavy rains flood the roads, driving becomes extremely dangerous and traffic problems get worse. ①In the past, it was too costly to construct effective defenses against floods, but now engineers believe they have found a way to stop floods and reduce traffic jams in Kuala Lumpur at the same time.

　②These engineers have designed a three-level tunnel known as the Stormwater Management and Road Tunnel (SMART). In this tunnel, the upper and middle levels function as highways for traffic to flow smoothly, providing cars with direct access to the city center. When necessary, the bottom level of the tunnel carries rainwater to a storage lake.

　③The SMART tunnel has three different modes of operation. In the normal mode, when there is little rainfall, it is used only for traffic. In the second mode, during moderate storms, the bottom level carries away rainwater while the upper two levels remain open for traffic. During the severe storms that hit Kuala Lumpur two or three times a year and flood the area with an enormous amount of water, the tunnel goes into the third mode. In this mode, the tunnel is closed to traffic entirely. Special gates are then opened so that water can fill the whole tunnel and flow away quickly.

　④The tunnel has been carefully designed to be as safe as possible. When it goes into the third mode, monitoring stations make sure that every vehicle has left before the gates are opened to the floodwaters. The tunnel carries these floodwaters away so efficiently that vehicles are allowed to enter the tunnel again within 48 hours, bringing traffic back to normal. ⑤The Malaysian government is confident that this new tunnel will be able to serve both of the functions for which it was designed.

(1) In Kuala Lumpur,
    1 engineers are building flood walls that are several kilometers long.
    2 bad weather often makes the construction of new roads impossible.
    3 the heaviest rainstorms are usually during the morning.
    4 floods sometimes causes traffic jams to get worse.

(2) The Stormwater Management and Road Tunnel provides a way for
    1 water to pass directly to the city center for use in homes.
    2 traffic to reach a lake without crowding the highways.
    3 rainwater to flow away safely below traffic lanes.
    4 engineers to change the direction of traffic when there are problems.

(3) What is one thing that happens when the SMART tunnel is in its second mode?
    1 Special gates open to allow traffic into the bottom level.
    2 Water flows into the upper level from the storage lake.
    3 Moderate storms force people to use the tunnel.
    4 The tunnel is used both for rainwater and traffic.

(4) Floodwater can enter the tunnel's three levels when
    1 all the traffic inside has been cleared out.
    2 the storm has continued for more than 48 hours.
    3 monitoring stations have made sure the water level is not too high.
    4 its designers have checked to see if the gates are working efficiently.

(5) Which of the following statements is true?
　1 The gates are closed to stop too much traffic from entering the tunnel.
　2 The entire tunnel will be used for floodwater only a few times a year.
　3 The routes of two rivers in Kuala Lumpur were changed by engineers.
　4 The Malaysian government hopes to build a second SMART tunnel in Kuala Lumpur.

(2008-1)

　エッセイでもEメールと同様，いきなり文章を読み始めるのではなく，まず以下の2つのステップを終えた後，文章を読み，問題を解き進めるようにしよう。

STEP 1：文章のアウトラインを把握する
STEP 2：質問文が何を尋ねているかを把握する

　それでは，上掲の問題を使用して2つのステップを追っていこう。

STEP 1　文章のアウトラインを把握する
　まず，文章のアウトライン(概略)を把握しよう。アウトラインはタイトル，第1段落の主題文(thesis statement)，段落ごとのトピックセンテンス，さらに最後の段落の「コンクルーディングセンテンス」（結びの文）からつかむことができる。

1. タイトル A SMART Idea「スマートなアイデア」から，内容は文章を読まなければわからないが，何かのアイデアについて言及した文章だということがわかる。
2. 第1段落ではたいてい，冒頭のトピックセンテンスの部分に問題提起とその問題についての背景情報が書かれている。さらに，トピックに関する最も重要な情報は，同じ段落の最後の主題文に書いてある，と見当を付ける。第1文と第2文にざっと目を通すと，「マレーシアのクアラルンプールの交通渋滞と洪水問題」がトピックであることがわかる。また，第1段落最後の文①から「クアラルンプールの洪水を止め，同時に交通

渋滞を緩和する方法を見つけ出した」が主題であることがわかる。

3. 第 2 段落のトピックセンテンスは，② These engineers have designed a three-level tunnel known as the Stormwater Management and Road Tunnel (SMART).「エンジニアが，雨水処理および道路用トンネル (SMART) の名で知られる 3 階層のトンネルを設計した」である。続く文には，SMART というトンネルが具体的にどのようなものなのかが書いてあるはず。
4. 第 3 段落のトピックセンテンスは，③ The SMART tunnel has three different modes of operation.「SMART トンネルには 3 つの異なった運転モードがある」の部分。以降の文には，3 つの運転モードについてそれぞれ詳しく説明されていることは容易に推察できる。
5. 第 4 段落のトピックセンテンスは，④ The tunnel has been carefully designed to be as safe as possible.「トンネルは可能な限り安全であるよう，注意深く設計されている」である。最後の文⑤ The Malaysian government is confident that this new tunnel will be able to serve both of the functions for which it was designed.「マレーシア政府は，この新しいトンネルが，設計の目的であった両方の機能を果たすことができると，自信を持っている」が「まとめ」である。

以上の文章のアウトラインを整理すると以下のようになる。

第 1 段落　クアラルンプールの問題点は，交通渋滞と洪水問題。
↓
第 1 段落　洪水を止め，同時に交通渋滞を緩和できる方法を発見した。
↓
第 2 段落　SMART の名で知られる 3 階層のトンネルがある。
↓
第 3 段落　SMART トンネルには 3 つの異なった運転モードがある。
↓
第 4 段落　トンネルは安全設計されている。
↓
第 4 段落　マレーシア政府は，この新しいトンネルに自信を持っている。

STEP 2　質問文が何を尋ねているかを把握する

　次に，質問でそれぞれ何が問われているのかを把握しよう。Eメール同様に，文章を読む際に大事な情報をキャッチしやすくなる。

(1) In Kuala Lumpur,
　「クアラルンプールでは」
(2) The Stormwater Management and Road Tunnel provides a way for
　「雨水処理および道路用トンネル（SMART）が提供する手段は」
(3) What is one thing that happens when the SMART tunnel is in its second mode?
　「SMARTトンネルが第2モードにあるときに起こることの1つは何か」
(4) Floodwater can enter the tunnel's three levels when
　「洪水をトンネルの3つの階層に流入させることができる時期は」
(5) Which of the following statements is true?
　「以下の記述のうち正しいものはどれか」

　以上の2つのステップを踏まえた上でそれぞれの問題を解いていこう。

(1) In Kuala Lumpur,

　ステップ1で確認したように，クアラルンプールに関する基本情報は第1段落に書かれているので，この部分を読んで In Kuala Lumpur, ... に続ける選択肢を探す。
　選択肢 **4** floods sometimes causes traffic jams to get worse.「洪水はときに交通渋滞をさらに悪化させる原因となる」が正解。これは本文の第3文後半 when heavy rains flood the roads, driving becomes extremely dangerous and traffic problems get worse「大雨で道路が冠水したときは，車の運転が非常に危険になり，交通問題はさらに悪化する」を言い換えたもの。

(2) The Stormwater Management and Road Tunnel provides a way for

　質問文の The Stormwater Management and Road Tunnel は第2段落冒頭に出てくるので，この段落から答えを探す。第2文「上の階層と中間の階層は都心部への直接のアクセスを車に与え，交通をスムーズに流す高速道路としての役割を果たす」，第3文「トンネルの下の階層は必要な

ときに雨水を貯水池へ運ぶのに使われる」という2つの文から，正解は **3** rainwater to flow away safely below traffic lanes.「自動車レーンの下の階層で安全に雨水を排出する」だとわかる。

(**3**) What is one thing that happens when the SMART tunnel is in its second mode?

この質問文のキーワードである，the second mode という語句を文中に探そう。第3段落に3種類のモードでの運転方法についての解説があり，第3文の In the second mode, during moderate storms, the bottom level carries away rainwater while the upper two levels remain open for traffic.「雨量が穏やかな第2モードでは，最下層が雨水を運び去り，上部の2層は交通用に開放されたままになっている」から，正解は選択肢 **4** The tunnel is used both for rainwater and traffic.「トンネルは雨水と交通の両方に使用される」であることがわかる。

(**4**) Floodwater can enter the tunnel's three levels when

第3段落の第1モード，第2モード，第3モードの内容を読んでいくと，第3モードの説明の部分で，In this mode, the tunnel is closed to traffic entirely.「このモードでは，トンネルは交通用としては完全に閉鎖される」，さらに，Special gates are then opened so that water can fill the whole tunnel and flow away quickly.「そして，特別な水門が開かれ，水をトンネル一杯に満たしてから，素早く流し去るようになる」と書かれている。これら2つの英文を言い換えた，**1** all the traffic inside has been cleared out.「すべての自動車を退去させてからである」が正解。

(**5**) Which of the following statements is true?

4つの選択肢のうち，正しいものを選ぶ問題。第3段落の第4文に，「クアラルンプールを襲う，年に2〜3回の激しい豪雨のとき」とあるが，このような時期に，第3モード，つまり「すべての車を退去させ，水をトンネル一杯に満たしてから素早く流し去る」に入ると書かれている。このことから **2** The entire tunnel will be used for floodwater only a few times a year.「トンネル全体が洪水対策に使われるのは年に2，3回だけだろう」が正解。

> 全訳

スマートなアイデア

　マレーシアのクアラルンプールは，クラン川とアンパン川が合流する場所に造られた，現在急速に成長中の都市である。この都市の名物は交通渋滞と，豪雨の時に道路を冠水させる突然の洪水である。朝と夕方のラッシュアワー時は，交通渋滞は数キロにも及ぶことが多く，そして大雨で道路が冠水したときは，車の運転が非常に危険になり，交通問題はさらに悪化する。これまでは，費用が掛かり過ぎて，洪水に備える効果的な防御施設が建設できなかったが，今ではクアラルンプールの洪水を止め，同時に交通渋滞を緩和できる方法を見つけ出したと，エンジニアたちは信じている。

　これらのエンジニアは，「雨水処理および道路用トンネル(SMART)」の名で知られる3階層のトンネルを設計した。このトンネルでは，上の階層と中間の階層は都心部への直接のアクセスを車に与え，交通をスムーズに流す高速道路としての役割を果たす。トンネルの最下層は必要なときに雨水を貯水池へ運ぶのに使われる。

　SMARTトンネルには3つの異なった運転モードがある。降雨のほとんどないときの通常モードでは，交通のためだけにトンネルは使用される。そこそこの大雨のときの第2モードでは，最下層が雨水を運び去り，上部の2層は交通用に開放されたままになっている。年に2～3回のことではあるが，激しい豪雨がクアラルンプールを襲い，その地域が膨大な量の水であふれたときは，トンネルは第3モードに変わる。このモードでは，トンネルは交通用としては完全に閉鎖される。そして特別な水門が開かれ，水をトンネル一杯に満たしてから，素早く流し去ってしまう。

　トンネルは可能な限り安全であるよう，注意深く設計されている。第3モードにするときは，洪水用に水門を開く前に，監視ステーションはすべての車が外に出ていることを確認する。このトンネルは大変効率的に洪水を運び去ってしまうので，48時間以内に自動車はトンネルに再び入ることができ，交通は通常どおりに戻る。マレーシア政府は，この新しいトンネルが，設計の目的であった両方の機能を果たすことができると，自信を持っている。

実戦問題

次の英文を読み，その文意にそって (1) から (4) までの (　　) に入れるのに最も適切なものを **1**, **2**, **3**, **4** の中から一つ選びなさい。

Exchanging Beauty

　　One hobby that many people are unaware of is seed exchanging. Garden clubs and plant collectors often form special groups of people who gather seeds from their own plants and donate them to their groups. The group then makes a catalog with information about the (　**1**　) seeds, including the species and the donor's name and area. Other gardeners can search these catalogs and order seeds at prices lower than in stores. Some seed-exchange groups have a maximum number of seeds that a member can order, and other groups give bonus seeds to members who donate a lot.

　　There are many seed-exchange groups in the United States. The North American Rock Garden Society receives seed donations from more than 250 gardeners, and the group's seed catalog has more than 4,500 different types of seeds for exchange. However, not all groups exchange varieties of many different plants. The Species Iris Group of North America, for example, only (　**2**　) species of iris, some of which are rare species found in foreign countries.

　　Gardeners join seed-exchange groups for a variety of reasons. Some of them enjoy finding unusual varieties of plants that cannot be found in commercial catalogs. Others simply want to buy seeds at low prices. One man, Charles Cresson, is the supervisor of a garden that his family has owned since 1833. His garden specializes in rare plants, so Cresson joined a seed-exchange group to share his plants' seeds and to make sure they survive. Although he does not ask for any seeds in return for his donations, he (　**3**　) in other ways. For example, when one of his garden's special plants from England died, Cresson was able to get seeds and grow the plant again the next year because he had shared its seeds in the past. And so, the hobby of seed-exchanging remains strong. (　**4**　) of their reason for joining, members enjoy many advantages through their seed-exchange groups.

(1)　**1** available　　**2** effective　　**3** necessary　　**4** sensitive
(2)　**1** matches　　**2** wastes　　**3** guards　　**4** offers
(3)　**1** interrupts　　**2** benefits　　**3** predicts　　**4** transforms
(4)　**1** Regardless　　**2** Because　　**3** Likewise　　**4** Instead

次の英文の内容に関して，(5) から (9) までの質問に対して最も適切なもの，または文を完成させるのに最も適切なものを **1**, **2**, **3**, **4** の中から一つ選び，その番号を解答用紙の所定欄にマークしなさい。

Heart Helpers

　Around 5.7 million people have heart failure in the United States, and 150,000 of them are in advanced stages. While a heart transplant is the best solution for some of these people, only about 2,100 such operations are performed each year. This is because there is a great shortage of donated hearts. Due to age, other diseases, and a great lack of donor hearts, the rest are not candidates for transplants. However, a new device is now being introduced to help extend the lives of people waiting for transplants.

　The left-ventricular assist device (LVAD) is a mechanical pump that is surgically implanted into the patient's chest. It does not replace the heart, but it performs the functions of the heart's main pumping chamber.* The device is connected through the skin to two battery packs on the patient's belt. They last for only about four hours, and the device must be connected to the electricity supply every night while the patient sleeps. Because of this, patients must make sure the local electric company and hospital know about the device so that they can provide immediate help in case of a power failure.

　According to a recent survey, the survival rate for patients with the LVAD is only 58 percent after two years compared to 70 percent after 10 years for a heart-transplant patients. Nevertheless, the survival rate with the LVAD is more than double that of older alternatives, and the device helps heart-transplant candidates lead normal lives until they can get a donor heart. This is its main purpose. With the LVAD, patients are allowed to participate in regular activities and even fly in airplanes. However, they must not swim or take showers because of the risk of getting the device wet.

　Unfortunately, there are still problems with the LVAD. The device itself costs about $80,000, and the surgery adds another $70,000, so not all patients can afford one. Candidates are typically selected if they cannot walk a block without stopping for a breath and have only a 50-percent chance of surviving a year. In this way, some people will not receive a device, but doctors hope these are the people who are healthy enough to make it on their own.

*chamber「(体内にある区切られた) 房」

(5) What is one reason only about 2,100 people receive heart transplants every year?
1 There are better solutions to the other people's illnesses than a transplant.
2 The other people are too old or sick to be considered for the surgery.
3 There are problems with the donor hearts that make them unusable.
4 The other people do not yet have advanced stages of heart failure.

(6) Why do left-ventricular assist device (LVAD) patients need immediate care during power failures?
1 Their heart can only pump on its own for up to four hours.
2 The connection from their device to their batteries can break.
3 The rate of pumping in their heart's main chamber may speed up.
4 Their device needs a constant supply of electricity at night.

(7) The main purpose of the LVAD is
1 to keep patients alive and active until it is their turn to have a heart transplant.
2 to be an alternative for people who are not able to be heart-transplant candidates.
3 to raise the survival rate for heart-transplant patients from 58 percent to 70 percent.
4 to make patients healthy enough to fly airplanes and participate in swimming activities.

(8) What is one of the problems with the LVAD?
1 There are not enough LVADs for everyone to receive one.
2 Both the device and surgery are too expensive for many patients.
3 Most patients with LVADs typically only survive a year.
4 Doctors are reluctant to fit people with these devices.

(9) Which of the following statements is true?
1 A heart transplant is the best solution for only about 2,100 people out of the 150,000 people with heart failure.
2 People who have an LVAD implanted must donate their heart to a heart-transplant candidate on the list.
3 Survival rates for patients with LVADs are lower than for those with heart transplants.
4 The LVAD batteries need to be changed by hospital workers four times every night while the patient sleeps.

訳

美しいものの交換

多くの人に知られていない1つの趣味に，種子の交換がある。園芸クラブや植物収集家たちは，自分が育てた植物から採集した種子を，所属するグループに提供する人々から成る特別なグループを作ることが多い。こうしたグループは，ほかの人に提供できる種子に関する情報を載せたカタログを作成する。カタログには種の名前や提供者の氏名，採集した場所が記してある。ほかの園芸愛好家はカタログを見て，店頭価格よりも安く種子を注文することができる。注文できる種子の数の上限を決めているグループもあれば，種子を多く提供してくれるメンバーには，その報酬として種子を提供するところもある。

アメリカには種子交換グループが数多く存在する。北米ロックガーデン協会には，250人以上の園芸愛好家から種子が提供されており，同協会の種子カタログには4,500種類以上の交換用のさまざまな種類の種子が紹介されている。しかし，このような団体のすべてが，多くの植物の品種を交換しているわけではない。例えば，北米アイリスグループでは，アイリスの種子しか扱っていない。その中には外国産の珍しい種もある。

園芸愛好家が種子交換グループに参加する理由はさまざまである。市販用のカタログでは探すことのできない，珍しい種類の植物を発見するのを楽しみにする会員もいる。単に種子を安く購入することだけが目的の人もいる。チャールズ・クレッソンという男性は，彼の一族が1833年以来所有してきた庭園を管理している。その庭園には珍種ばかりが集めてある。クレッソン氏が種子交換グループに入会したのは，自分の庭園の植物から採集した種子をほかの人々と分かち合って，それらの植物を絶滅から防ぐためである。彼は自分の種子を提供しても，見返りとしてほかの種子を要求することはしない。それでも彼にとって別のメリットはある。例えば，彼の庭園にあった英国産の特別な植物の一つが絶滅したときでも，クレッソン氏は同じ植物の種子を手に入れて翌年，再びその植物を育てることができたのだった。それは過去にその植物の種子をほかの人に分けてあげていたからである。このような理由で，種子交換の趣味は依然として盛んである。入会の理由は何であれ，会員たちは，種子交換グループに所属することで多くの利益を得ているのである。

(1) **1 利用できる**　2 効果的な　3 必要な　4 敏感な
(2) 1 似合う，調和する　2 無駄にする　3 守る　**4 提供する**
(3) 1 妨げる　**2 利益を得る**　3 予測する　4 変形させる
(4) **1 [of]〜とは関係なく**　2 [of]〜のために　3 同様に　4 [of]〜の代わりに

●解答　(1) **1**　(2) **4**　(3) **2**　(4) **1**

訳

心臓の補助装置

　アメリカでは，およそ570万人が心臓疾患を患い，そのうちの15万人が末期的段階にある。これらの患者の一部にとっては心臓移植が最良の治療法ではあるが，年間約2,100件の心臓移植手術しか行われていない。それは心臓の献体が大幅に不足しているからである。年齢やほかの疾病，さらにドナーから提供される心臓の大幅な不足のせいで，残りの心臓疾患患者は心臓移植手術の候補者にはなれない。しかし現在，移植手術を待っている人々の寿命を延ばす助けとなる新たな装置が導入されつつある。

　左心補助人工心臓（LVAD）は，手術によって患者の胸部に埋め込まれる機械ポンプである。それは心臓に取って代わるものではないが，心臓の主要なポンプ室の機能を果たす。装置は皮膚を介して，患者のベルトに装着した2個のバッテリー装置につながれる。バッテリーの寿命はわずか4時間ほどで，患者が寝ている夜間は常に，装置を電源につないで充電しなければならない。そのため，患者は地元の電力会社や病院にその装置のことを通知し，万一停電が生じたときには，直ちに救助を受けられる手はずを整えておく必要がある。

　最近の調査によれば，LVADを装着した患者の生存率は，心臓移植患者の術後10年の生存率70パーセントと比較して，手術後2年でわずか58パーセントである。しかし，従来の方式と比較した場合，生存率は2倍となっている。しかもLVADを装着すれば，心臓移植候補患者はドナーの心臓をもらうまで，通常の生活を送ることができる。この点がこの装置の主たる目的である。LVADによって，患者は普通に日常生活を送り，飛行機を利用することさえできる。しかし装置が濡れるのを防ぐために，水泳とシャワーは禁止される。

　残念なことに，LVADには未解決の問題が残されている。装置本体の価格が約8万ドル，さらに手術費用が7万ドル掛かるため，すべての患者がLVADを装着できるわけではない。呼吸を整えないと1ブロックも歩けない患者で，しかも装置を着けないと1年後の生存率を50パーセントしか望めない患者が優先される。従って装置を受けられない患者もいるが，医師としては，これらの患者は自分の力で何とかできるくらいに健康な人たちだと期待している。

(5) 毎年2,100人しか心臓移植手術を受けられない理由の1つは何か。
　1 ほかの患者の病気にとって，心臓移植よりも良い解決策がある。
　2 ほかの患者は手術を受けるには年を取り過ぎているか，病状が悪過ぎる。
　3 ドナーの心臓に問題があり，利用できない。
　4 ほかの患者は心臓疾患の末期症状に至っていない。

(6) 停電時に左心補助人工心臓（LVAD）を装着した患者は，なぜ即座のケアが必要になるのか。
　1 患者自身の心臓は4時間までしか自力で血液を送り出せない。
　2 患者の装置とバッテリーの連結部分が壊れる可能性がある。
　3 中心心房内における脈拍が高まるかもしれない。
　4 患者の装置は，夜間に電気の供給を絶えず必要とする。

第4章　長文読解（大問3・4）

(7) LVADの主要目的は
  1 心臓移植手術を受ける順番が回ってくるまで患者を生かし，活動的にすることである。
  2 心臓移植手術を受けることのできない患者にとっての代替処置とすることである。
  3 心臓移植患者の生存率を58パーセントから70パーセントに上げることである。
  4 飛行機に乗ったり，水泳などの活動ができるほど患者を健康的にすることである。

(8) LVADの問題の1つは何か。
  1 患者が必要としている十分な数のLVADがない。
  2 装置と手術費が多くの患者にとって高過ぎる。
  3 LVADを装着したほとんどの患者が大体は1年しか生存できない。
  4 医者はこれらの装置を人々に取り付けるのに消極的である。

(9) 以下の記述のうち正しいものはどれか。
  1 心臓移植は，15万人の心臓疾患患者のうち2,100人にしか最良の解決策ではない。
  2 LVADを装着した人は，心臓移植候補者リストに載っている人に自分の心臓を提供しなければならない。
  3 LVADを装着した患者の生存率は心臓移植を受けた患者よりも低い。
  4 病院のスタッフは毎晩，患者が寝ている間にLVADのバッテリーを4回交換しなければならない。

●解答 (5) **2** (6) **4** (7) **1** (8) **2** (9) **3**

第5章

リスニングの基礎知識

リスニングの基礎知識（音声変化の特徴）

「聞く・読む・話す・書く」の英語4技能のうち，同じように受け身の技能でありながら，「聞く」が「読む」と違う点は，「文字」よりもはるかに不安定な「音声」をとらえるという点にある。

単語を辞書で調べれば，発音記号が表示されているが，実際の発話では，単語の発音は文や文脈に合わせて変化することが多い。

※▷マークの箇所をCDに収録しています。

1 弱形

前置詞toはtwo[tuː]「トゥー」と同じ発音であると認識されていることが多いが，通常は文中で強勢を受けずに[tə]「タ」（母音の前では[tu]）という音になる。このように強勢を受けない場合の発音を「弱形」と呼ぶ。逆に強勢を受ける場合の発音は「強形」と呼ぶ。

▷ What *are you* doing now?
「今何をしているの？」
▷ *We* have *to* do it *as* soon *as* possible.
「できる限りすぐそれをやらねばならない」

弱形では母音は「あいまい音」の[ə]（口の緊張を緩めた「ア」）になることが多い。[iː]の弱形は口の緊張をゆるめて短く発音する[ɪ]になる。普通，弱形で発音されるのは，次のような「機能語」と呼ばれる語である。

> 冠詞(a, an, the)／人称代名詞(his, him, her, their, themなど)／be動詞(am, are, isなど)／助動詞(will, have, can, mustなど)／前置詞(for, from, toなど)／接続詞(and, or, as, butなど)

「機能語」に対して，通常強勢を受けて強く発音される語を「内容語」（名詞，動詞，形容詞，副詞など）と呼ぶ。

注意！ 機能語が強形になる場合　CD 2

機能語で強形の音が使われるのは以下の1〜3のような場合で，それ以外は弱形で発音されると考えるのがよいだろう。
1. be動詞・助動詞がnotと結合する場合
　▷ He **isn't** in Tokyo now.「彼は今，東京にいない」

2. 強調・対比などがされる場合
　▷ A: I **don't** want to do it.「私はそれはやりたくない」
　▷ B: But you **can** do it!「でも，できるのでしょう！」
3. 文末に来る場合
　▷ Who is the book **by**?「その本は誰の著作ですか」

2 異音　　　　　　　　　　　　　　　　　　　　　CD 3

1つの音として1つの発音記号を割り当てられている音（音素）にも，実はいろいろなバリエーションがあり，言語学用語で「異音」と呼ばれている。ここではリスニングの際に注意が必要な異音を解説する。

❶ 語尾の子音

語尾の子音は，強調など特別の理由がない限り，弱く発音されて聞き取りにくい。唇・歯茎・舌は強く破裂させない。
　▷ li**p** / hi**m**（唇は強く破裂させず，息を強く出さない）
　▷ wa**ll** / pe**n**（舌は歯茎に付けて止める）

❷ 声門閉鎖音

[p, b, t, d, k, g]（特に [t]）は，後ろに子音が続くか，何の音も続かない場合は，のどを閉め息を止めて出す。日本語の促音「ッ」のような音で代用されることが多い。
　▷ I like i**t**.（"it"は「イッ」のような音）
　▷ ge**t** bac**k**.（「ゲッバッ」のような音）

❸ [t] の弾音化（アメリカ英語）

母音に挟まれた [t] は，アメリカ英語の発音では [d] や [l] に近い音になる。
　▷ be**tt**er（「ベダァ」もしくは「ベラァ」のような音）
　▷ ge**t** it（「ゲディッ」もしくは「ゲリッ」のような音）

> 注意！　**イギリス英語の弾音化**
>
> イギリス英語では通常弾音化は起こらない。例えばwaterはアメリカ英語では「ワラ」，イギリス英語では「ウォータァ」のような音になる。

3 連結

語尾の子音と続く語の頭の母音は連結して発音されることが多い。

▷ far away / there are / come on in / not at all
（それぞれ，「ファーラウェイ」「ゼアラー」「カモニン」「ナラロー」のような音）

> **注意！ 連結が起こらない場合**
>
> 文法的なつながりが弱い場合は連結が起こらない。
> I'll be back here / in a minute.「すぐに戻ります」

4 同化

ある音が隣り合う音に影響されて，その音と同じ，もしくは近い音に変化することを同化という。

❶ 1つの音が別の音に影響を与えて変化する場合

▷ this show [ðɪs ʃoʊ] → [ðɪʃʃoʊ] ([ðɪʃoʊ])

❷ 2つの音がお互いに影響を与えて変化する場合

▷ Nice to meet you.　　　　[t]+[j]=[tʃ]
▷ What's your name?　　　　[ts]+[j]=[tʃ]
▷ Could you do it?　　　　　[d]+[j]=[dʒ]
▷ She needs your help.　　　[dz]+[j]=[dʒ]
▷ as fast as you can　　　　 [z]+[j]=[ʒ]

5 脱落

脱落とは音が省略されてしまうことである。主なケースは以下のとおり。

❶ 母音の脱落

強勢のない母音 [ə] は脱落することがある。

▷ suppose / behind

❷ 子音の脱落

同じ子音，もしくは類似した発音の子音が並んだ際に1つの音が脱落する。

▷ part time / some more / cannot / What do you mean?（[t]の方が脱落）

❸ 代名詞の子音の脱落

he, his, him, her, their, them の語頭の [h], [ð] の音が，直前の子音語尾に続くとき，脱落することがある。

▷ Who cleans *h*is room?「誰が彼の部屋を掃除するのですか」
▷ Please let *th*em go.「彼らに行かせてあげてください」

6 口語体　　CD 7

下記のように，会話では短縮された口語体で発音されることが多い。

▷ going to → gonna
▷ want to → wanna
▷ give me → gimme

トレーニング　　CD 8

1. 次の文を音読しなさい。次に CD を聞いて自分の発音と比較しなさい。

(**1**) What do you do in your free time?
(**2**) I want to take her there.
(**3**) We have to make it better.

2. CD の文を聞いて書き取りなさい。そして下の解答の文と比較しなさい。

訳・解答

1. (**1**) 暇なときは何をしているのですか。
   (**2**) 私は彼女をそこに連れて行きたい。
   (**3**) われわれはそれをより良いものにしなければならない。

2. (**1**) What are you going to do tomorrow?
   (**2**) I got it.
   (**3**) Could you give me some money?

   (**1**) 明日は何をする予定ですか。
   (**2**) わかりました。
   (**3**) いくらかお金をいただけませんか。

＃ 第6章

会話文のリスニング（第1部）

リスニング第１部　出題形式・出題傾向

出題形式

　ＡとＢの男女２人の会話（通常はA-B-A-Bの２往復）と，最後にその会話に関する質問が放送される。その質問に対する答えを，印刷されている４つの選択肢から選ぶ問題。会話は一度しか放送されない。全15問。

選択肢の例

> **第１部**
>
> *No. 1*　1　He will help her plant the flowers.
> 　　　　2　He could not find passion flowers.
> 　　　　3　The store was out of bouquets.
> 　　　　4　The flowers are unusual.
>
> *No. 2*　1　What kind of fish to get.
> 　　　　2　How long to cook hamburgers.
> 　　　　3　What foods to barbecue.
> 　　　　4　Where to buy sauce.
>
> *No. 3*　1　Reduce her stress.
> 　　　　2　Become a manager.
> 　　　　3　Start her own company.
> 　　　　4　Leave work earlier.
>
> *No. 4*　1　She will look on the Internet.
> 　　　　2　She will pick it up at the city hall.
> 　　　　3　She will have the man send it.
> 　　　　4　She will call the schools.

スクリプトの例

★：Chelsea, I know I usually get you a bouquet of flowers for your birthday, but this year I got you flowers in a pot.

☆：They're beautiful, Eddie. I've never seen this kind of flower before.

★：The woman at the store said they're quite rare. They're called passion flowers.

☆：What a nice present!

　Question: What is one thing Eddie tells Chelsea?

（2009-2 英検２級本試験問題より）

出題傾向

会話をするAとBの2人の関係は，職場の同僚や上司と部下，友人同士であることが最も多い。ほかにも，店員と客，家族同士，道を尋ねたりする場面などの知らない人同士の場合もある。質問される内容は，登場人物の行為や行動を問うものがほとんどである。細かい内容が問われることもあれば，会話全体のテーマを問われることもある。質問文の疑問詞はWhatで始まるものとWhyで始まるもので全体の約9割を占める。また，着信音で始まる電話での会話がほとんど毎回2問出題される。

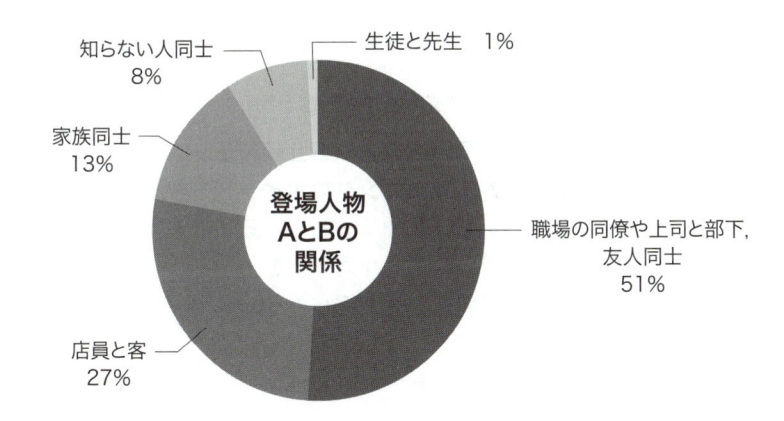

登場人物AとBの関係
- 職場の同僚や上司と部下，友人同士 51%
- 店員と客 27%
- 家族同士 13%
- 知らない人同士 8%
- 生徒と先生 1%

会話文のリスニング（第1部）

　リスニングといえば，英語の音（発音）に関心が行きがちだ。もちろんそれは大切な要素だが，実はリスニング力はさまざまな技能から構成されている。ここでは，会話を聞き取る力を高めるのに必要な要素について解説する。

UNIT 1　会話表現の知識を付ける

1. 基本会話表現
   - ❶依頼
   - ❷勧誘
   - ❸提案・助言
   - ❹そのほか
2. 注意すべき会話表現
   - ❶間接疑問形・間接的な質問
   - ❷代名詞など

UNIT 2　会話文の聞き方を身に付ける

1. 背景知識や周辺情報から会話を予測する
2. 選択肢からリスニングのポイントを予測する
   - ❶各選択肢に共通する語があるとき
   - ❷各選択肢の主語が同じとき
3. 会話の「状況」を把握し，「展開」を予測する
   - ❶店員と客
   - ❷知らない人同士
   - ❸家族同士
   - ❹職場の同僚や上司と部下・友人同士

UNIT 1 会話表現の知識を付ける

　リスニングでは，スピード調節も後戻りもできないので，瞬時に発話を理解できなければならない。ここでは，特にリスニングで出題頻度が高い，覚えておくべき会話表現をまとめた。

1 基本会話表現
❶ 依頼
　親しい間柄ではCan you ...? で済ませることが多いが，丁寧な表現になるにつれ，より間接的な言い回しになるので注意したい。

A: **Can you recommend** some second hand record shops**?**
B: Sure.
A「中古レコード店を何件か勧めてもらえますか」
B「承知しました」

Can you pick me **up** outside the library at 5 p.m.**?**
「午後5時に図書館の外まで迎えに来てくれる？」

Could you tell me how to install this software**?**
「どのようにこのソフトウェアをインストールするか教えていただけますか」

A: John, I've finished my essay. **Would you mind checking** it for me**?**
B: Not at all, Barbara.
A「ジョン，エッセイを書き終えたの。チェックしてもらえるかしら？」
B「もちろんだよ，バーバラ」

A: We want to raise money for UNESCO. **Would you be interested in helping?**
B: I'm not sure.
A「私たちはユネスコに寄附したいのです。ご援助いただくことはできませんでしょうか」
B「さあ，どうでしょう」

> **注意!** **Would you mind *doing* ...? という依頼表現**
>
> この表現のmindは「気にする」を意味し，了承の場合は「いいえ，気にしませんよ」の意味で No と答える。
> (No,) Of course not. / (No,) Not at all.
> Yes と答えると「気にする」という意味になり，拒否を表す。通常は I'm sorry but ... と理由を述べて，やんわりと断ることが多い。

❷ 勧誘

Would you like to *do* with me[us]?「私（たち）と一緒に～しませんか」が勧誘をするときの一般的な表現だが，親しい間柄ではDo you want to *do* ...? もよく使われる。

> *A:* **Would you like to** try the new Indian restaurant this weekend with me**?**
> *B:* I don't think so, because I don't like spicy food.
> A 「今週末新しいインド料理店を一緒に試してみないか」
> B 「食べたくないわ。だって，香辛料の効いた食べ物は嫌いなの」
>
> *A:* **Do you want to** go the movies with me on Friday**?**
> *B:* Sorry, Dad. I've got plans.
> A 「金曜日に一緒に映画に行かないかい？」
> B 「ごめんなさい，お父さん。予定があるの」

> **注意!** **断りの理由の部分**
>
> 勧誘を断る場合は，Sorry, but ... / I'd like to, but ... / I can't because ... というように，断りの後にその理由の表現が続くことが多い。試験ではこの理由の部分が正解を選ぶカギであることが多いので注目しよう。

❸ 提案・助言

以下に提案や助言を表す表現を紹介する。それぞれ微妙にニュアンスが異なるので，使い分けに注意しよう。

■ Why don't you …?
文脈によっては文字どおり理由を尋ねる意味になることがあるが，提案でよく使われる表現である。

> *A:* What do you think of this skirt?
> *B:* It looks fine, but don't you already have a blue skirt at home? **Why don't you** get the red one instead**?**
> A「このスカートはどうかしら？」
> B「素敵だけど，もうすでに一着家に青いスカートがなかった？ 代わりに赤いのにしたらどう？」

■ How about …? / What do you say to -ing …?
ともに，相手の意向を尋ねるときの表現である。

How about going for a drive in the countryside**?**
「田舎にドライブをしに行くのはどう？」

What do you say to tak**ing** a break**?**
= What do you say we take a break?
「ひと休みしませんか」

■ should
「〜すべき，〜した方がよい」と確固とした提案や助言をするときに使う。下の例文のようにMaybeを加えて少しニュアンスを弱めることも多い。

> *A:* Professor Bush, I have a headache.
> *B:* That's too bad, Kelly. **Maybe** you **should** go home and rest.
> A「ブッシュ教授，頭が痛いんです」
> B「それは大変だ，ケリー。家に帰って休んだ方がいいよ」

■ could
couldを用いた表現は，相手の行動の選択肢の1つとして，「〜することもできますよ」と提案をするニュアンスになる。

> *A:* Is there some place to buy a cold drink in this department store?
> *B:* Yes, there's a vending machine on the first floor. Or you **could** go to the supermarket across the street.

A 「このデパートの中で，冷たい飲み物を買えるところはありますか」
B 「はい，1階に自動販売機があります。もしくは通りの向こうにあるスーパーマーケットに行けばいいですよ」

■ had better

「～した方がよい」という意味だが，「さもなければ悪いことが起こる」という含意がある。下の例文の場合は，「そうしなければお客さんに迷惑を掛けてしまう」という含みがある。場合によっては「脅し」のように受け取られかねないので，使用の際は注意が必要だ。会話では短縮形 You'd better が普通。

A: Carol, my cell-phone battery is dead. Can I borrow your phone?
B: Sorry, Bill. I left it at the office. Can't you wait until we finish lunch?
A: I just remembered that I have to call a customer to change our appointment this afternoon.
B: In that case, you**'d better** get back to the office as quickly as you can. (2009-2)

A 「キャロル，僕の携帯電話の電池が切れてしまったよ。君の電話を借りてもいいかい？」
B 「ごめんなさい，ビル。事務所に置き忘れてしまったの。昼食が済むまで待てないの？」
A 「今日の午後に会う約束を変更するために，お客さんに電話をしなきゃならないのを，ちょうど思い出したんだ」
B 「だったら，できる限り早く事務所に戻った方がいいわよ」

❹ そのほか

以下はそのほかの，様子，感想，意見などを尋ねる会話表現である。

How are things going with your new girlfriend?
「新しいガールフレンドとはどうなってるの？」

How was your audition for the school band, Mike?
「学校のバンドのオーディションはどうだったの，マイク？」

What do you think of this jacket?
「このジャケットはどう思う？」

> トレーニング 1　　　　　　　　　　　　　　CD 9

次の英文がそれぞれの日本語文の意味になるように，空所を埋めて英文を完成させなさい。終わったら CD を聞いて答えを確認しなさい。

(1) (　　　　　) opening the window?
　「窓を開けてもらえますか」
(2) (　　　　　) talk to Mr. Smith?
　「スミスさんと話してみてはどうですか」
(3) (　　　　　) go to the ballgame with us?
　「私たちと一緒に野球の試合を見に行かない？」
(4) (　　　　　　　) the Prime Minister of Japan?
　「日本の総理大臣についてどう思いますか」

> 解答例

(1) Would you mind　　　　(2) Why don't you
(3) Do you want to　　　　(4) What do you think of

2　注意すべき会話表現

❶ 間接疑問形・間接的な質問

より丁寧に表現するために，間接的で回りくどい表現をするのは，英語でも日本語と同じである。英検２級の会話文では，単純な疑問文ではなく，丁寧な言い回しの疑問形が使われることが多い。

■ 間接疑問形

丁寧な表現である間接疑問形は，テストに出題されることが多い。

Gary, **do you know how much** the exchange rate for Euro is?
「ゲーリー，ユーロの交換レートがいくらか知っている？」

A: Hello. Gary's Garden Shop.
B: Hello. I bought some pumpkin seeds last weekend, but **I don't know when I should** plant them.
A: They can be put in your garden in March if it's warm. Wait until April if it's cold.
　　　　　　　　　　　　　　　　　　　　　　　　(2008-3)

A 「はい，ゲーリーズ園芸店です」
B 「もしもし，先週末カボチャの種を買ったのですが，いつまけばいいのかわからないんです」

A 「暖かければ3月にお庭にまくことができます。もしまだ寒ければ4月まで待ってください」

I wonder why I'm always so tired in the morning.
「どうして僕はいつも午前中にこんなに疲れているのか,わからないんだ」

■ 間接的な質問 I wonder if

I wonder if[whether] you can ...「…してもらえないでしょうか」は,依頼でよく用いられる表現である。I wonder if you can→I wondered if you could→I am wondering if you can→I was wondering if you couldの順に丁寧の度合いが強くなる。

I wonder if you can give me some advice.
「何か助言をしていただけないでしょうか」

❷ 代名詞など

英検2級の会話文では,状況説明などの長い前置きの後に質問をすることが多い。そのため,質問文ではすでに述べた物事については代名詞,ときに助動詞,代動詞,代不定詞などを用いることがよくある。

I can't find **the post office**. Do you know where **it** is?
「郵便局が見つからないのです。どこにあるかご存じでしょうか」

I reserved **tickets** on the Internet. Do you know where I can pick **them** up?
「私はインターネットでチケットを予約したのですが,どこで受け取ることができるかわかりますか」

I've heard there are a lot of **earthquakes** here in Osaka. What should I do if **one** happens?
「ここ大阪ではよく地震が起こるって聞いたんだけど,もし起こったらどうすればいいの?」

I'd like to buy some **meat** for a barbecue. Can you suggest **something**?
「バーベキュー用に肉を買いたいんですが。何かお勧めのものはありますか」

Honey, Ken's school is planning a trip to New York, and they want some parents to **go along and supervise**. Do you think you **could**?

「ねえあなた，ケンの学校がニューヨークへの旅行を計画していて，何人かの親に同行して監督をしてほしいんですって。あなたやってもらえる？」

トレーニング 2　　CD 10

1. 次の英文が下の日本語文の意味になるように，空所に語句を入れて英文を完成させなさい。終わったら CD を聞いて答えを確認しなさい。

(1) (　　　　) where I can find a pay phone near here?
「この近くで公衆電話はどこにあるかわかりますか」

(2) (　　　　) if you could help me.
「手伝っていただけないでしょうか」

2. (1)から(3)までの英文をCDで聞き，以下の代名詞，代動詞が指し示す語を書きなさい。終わったらCDをもう1度聞いて，答えを確認しなさい。

(1) one =　　　　(2) them =　　　　(3) did =

訳・解答

2. (1) I think this shirt is too tight for me. Do you have a larger one?
「このシャツは私にはきつ過ぎます。もっと大きいのはありませんか」

(2) *A:* Are you going for dinner with John and Kate?
B: No, my parents-in-law are coming this evening. I have to pick them up at the airport.
A 「ジョンやケイトと夕食へ行くの？」
B 「いいえ，今晩は義理の両親が来るんだよ。私は2人を空港まで迎えに行かなければならないんだ」

(3) *A:* Did you try bungee jumping when you went to Victoria Falls?
B: No way. I am afraid of heights. But my wife did. She said it was a really exciting experience.
A 「ビクトリアの滝に行った時，バンジージャンプをやってみた？」
B 「まさか。私は高い所が苦手なんだ。でも妻がやったよ。とてもわくわくする体験だったと言っていたよ」

●解答1 (1) Do you know　(2) I wondered / I was wondering
●解答2 (1) shirt　(2) my parents-in-law　(3) tried bungee jumping

UNIT 2 会話文の聞き方を身に付ける

　聞こえてきた音を聞き取り，単語を順に聞き取り，文を理解し，会話全体を把握する。これらはリスニングの基本的で重要な技能だが，ここでは，リスニングによる理解の，もう1つのアプローチ方法について解説する。

1　背景知識や周辺情報から会話を予測する

　人は会話を聞くとき，無意識のうちに自分の持つ知識を引き出し，それをもとにこれからの会話の概要を予測し，聞こえてくる情報でそれを検証・修正しつつ，リスニングの理解を深めている。

　例えば，以下の衣料品店の店員と客の会話を見てみよう。

A: How can I help you?
B: I'd like to exchange this shirt for a different size. I bought it here for my son but it was too small for him.

A 「ご用件をお伺いいたします」
B 「このシャツを別のサイズのものと交換したいんです。息子のためにここでこれを買ったのですが，小さ過ぎたんです」

　衣料品店の店員と客が会話している場面とわかれば，会話内容の典型的なパターンがいくつか思い浮かぶだろう。

　例えば，店員は How can I help you?「ご用件をお伺いいたします」と，用件を尋ねながら，ありがちな客の用件を予想しているはずである。一方，客は I'd like to exchange this shirt for a different size.「このシャツを別のサイズのものと交換したいんです」と依頼をしながら，店員が自分の要求を受け入れるか否か，また条件があればそれを言ってくるだろうと予期しているはずだ。

　普段のリスニング時には意識をしていないかもしれないが，このように，周辺情報や背景知識などから会話の予測をすることも，リスニングの重要な技能の1つなのである。以下の **2** と **3** でその技能について具体的に解説していく。

「ボトムアップ・スキル」と「トップダウン・スキル」

　音をとらえ，単語を聞き取り，その単語の連続から文を理解し，全体の意味を把握するリスニングの技能を，細かい部分からより上部レベルへの理解という意味で，「ボトムアップ・スキル（bottom-up skill）」と呼ぶ。これに対し，さまざまなヒントや背景知識から全体の概要を予測し，音声を聞き進めながらこの予測を修正していく理解方法を，「トップダウン・スキル（top-down skill）」と呼ぶ。母国語でのリスニングにおいても，ボトムアップ式とトップダウン式の組み合わせにより，正確な内容把握がなされている。

2　選択肢からリスニングのポイントを予測する

　1で述べたように，実際の会話であれば，店という場所，店員と客の関係という，会話の展開を予測するための情報がある。また，店員が着ている制服，客が手に持っているシャツといった視覚情報も入ってくるだろう。しかし，リスニングテストという状況では，実際に英文の放送が始まるまでは，その内容を予測することは難しい。

　英検2級の場合，リスニング前に英文の内容や質問内容の予測をするための唯一の手掛かりが，問題用紙に印刷されている選択肢である。

❶ 各選択肢に共通する語があるとき

　1 Add fresh flowers to the vase.
　2 Throw away the flowers.
　3 Go to a flower shop.
　4 Change the water in the vase.　　　　　　　　　　（2008-2）

　1 花瓶に生花を挿す。　　**2** 花を捨てる。
　3 生花店に行く。　　　　**4** 花瓶の水を取り替える。

　この例では，flower「花」もしくはvase「花瓶」のいずれかが各選択肢に含まれており，「花（をどうするか）」が話題であると推測できる。このように，複数の選択肢に繰り返し使われる語，いくつかの関連性のある語から，会話の話題やリスニングのポイントを推測することが可能だ。

　また，この選択肢はすべて動詞の原形で始まっており，「誰が」どの動作を行うのかが，聞き取りの際の注目点の1つになることもわかる。

❷ 各選択肢の主語が同じとき

1 He used to teach English.
2 He used to live in the neighborhood.
3 He wanted to learn Japanese.
4 He wanted to live overseas.　　　　　　　　　　　(2008-3)

1 彼はかつて英語を教えていた。　　**2** 彼はかつて近所に住んでいた。
3 彼は日本語を学びたかった。　　　**4** 彼は海外で暮らしたかった。

　選択肢はすべて主語Heで始まっており，動詞とその時制から，「過去における男性の状況」がリスニングの際に注目すべき点だとわかる。このように，選択肢に共通して使われている人称代名詞がある場合，その人（物事）がリスニングのポイントになることが予測できる。
　ただし，例えば選択肢にhe, his, himが共通して使われていたとしても，それが男性話者のことを指すとは限らない。ペットなどの動物や会話の中に出てくる第三者を指していることもあるので，注意が必要だ。

トレーニング 1

次の選択肢の中で，会話がなされている場所を推測する手掛かりになるキーワードに下線を引きなさい。また，そのキーワードからわかることを述べなさい。

(1) Swim in the pool.
(2) Do some exercise.
(3) Go to another gym.
(4) Get something to drink.

解答・訳

(1) プールで泳ぐ。　　(2) 運動をする。
(3) 別のジムに行く。　(4) 飲み物を入手する。

●解答 swim, pool, exercise, gym
●解答 「スポーツジムで運動」といった内容に関する会話かもしれないとわかる。

3 会話の「状況」を把握し,「展開」を予測する

　一連の会話には「状況」と「展開」という要素があり,「状況」には,「会話の場所」と「話者の関係」という, 2つの側面がある。

　会話の概要を素早くつかむためには, できる限り早い段階でその「状況」を把握し,「展開」を予測しながら聞くことが大切である。そのために, いくつかの典型的な「状況」と「展開」のパターンを知ることと, それぞれのパターンによく出る表現にあらかじめ慣れておくことが, 予測をしながら聞き進めていく上で大きな力となる。

「スキーマ」とは

　会話の話題や背景知識, 状況や展開のパターンやそれに付随する語彙表現などのひとかたまりの知識を「スキーマ (schema)」と呼ぶ。前述のトップダウン・スキルでは, 会話の状況やそのほかのヒントからスキーマを呼び起こし, それをもとに概要を予測し, 聞きながらそれを変更して理解を深めていく。トップダウン式の理解力を高めるためには, スキーマを増強することが不可欠だ。

　では, 会話をする2人の関係ごとに「状況」と「展開」について具体的に説明していく。

❶ 店員と客

A: Welcome to Travel Hut, sir. Can I help you?
B: Yes, I'd like to fly to New York. I saw in the newspaper that you have a special price.
A: Yes, we do. That fare is for flights leaving on Tuesdays and Wednesdays.
B: Oh. That's no good. I just want to go for the weekend.　　　(2009-2)

A 「トラベルハットへようこそ。ご用件をお伺いいたします」
B 「あのう, 飛行機でニューヨークへ行きたいのですが。新聞で特別料金がこの店にあるのを見たんです」
A 「ええ, ございます。その料金は火曜日もしくは水曜日発の便のものです」
B 「おや, それじゃあ駄目だ。私は週末に行きたいんです」

店員と客のやりとりはまず店員が店名（社名）を名乗り，あいさつをし，客に用件を尋ねるという流れになることが多い。電話での応対の場合もある。店名らしき名称，および (How) Can I help you? という表現が聞こえたら，相手が言う用件に集中しよう。

その後の会話の展開は，客の要望に対し店員が返答し，それを受けて客がどうするかを決定するという流れになることが多い。

❷ 知らない人同士

A: Excuse me. I've heard there's a Japanese supermarket in this area. Do you know where it is?
B: Yes. It's behind the bookstore over there. It's quite expensive, though.
A: I thought it might be. But I'm looking for a few ingredients that I can't find at a normal supermarket.
B: I hope you find them.　　　　　　　　　　　　　　　　(2008-2)

A 「すみません。日本のスーパーマーケットがこの辺りにあると聞いたのですが。どこにあるかご存じでしょうか」
B 「ええ，あそこの書店の裏にありますよ。でも，とても値段が高いんです」
A 「そうじゃないかとは思っていました。でも普通のスーパーマーケットでは見つからない材料をいくつか探しているんです」
B 「見つかるといいですね」

冒頭AのExcuse me.で相手のBとはそれほど親しくないことが推測される。このパターンでは，例文のようにまず状況説明をしたり，間接疑問などの少し回りくどい丁寧表現で尋ねることが多いので注意しよう。

相手が問い合わせに答えた後は，さらに質問を続ける展開のほか，例文のように話題（この例の場合は日本のスーパーマーケット）についての雑談が展開されることもある。

❸ 家族同士

A: Frank, can you stir this soup for me? I have to put the fish in the oven and start making the dessert.
B: Sure, Mom. But what's all this for? You don't usually make so many dishes for dinner.
A: You father's boss is coming over to celebrate your father's

promotion.
　B: Well, it's nice to have guests over because then we get to eat great food! 　　　　　　　　　　　　　　　　　　　　　　　　　　　(2007-2)
　A「フランク，このスープをかき混ぜてもらえる？ 私は魚をオーブンに入れて，デザートを作り始めなければならないの」
　B「わかった，母さん。でも，これはいったい何のためなの？ いつもはこんなにたくさんの料理は作らないじゃない」
　A「お父さんの上司が，お父さんの昇進をお祝いするためにやって来るの」
　B「へえ，お客さんに来てもらえるとごちそうが食べられるからうれしいよ！」

　Aが最初にFrank, …とファーストネームで呼び掛けている点や，続くBのSure, Mom. から，2人が母と子であることがわかる。また，Aのcan you stir this soup …?, I have to put the fish in the oven … などから，2人が台所で一緒に調理をしている状況がわかる。
　会話の展開では，Bが最初の発言で，what's all this for?と料理をたくさん作っている理由を尋ねている点に注目しよう。母親がその理由を説明する展開が予測できる。父親の上司が昇進祝いに訪れるのがその理由だが，2人が母と息子の関係であるとあらかじめつかんでいれば，父親に関する内容が続いていることに素早く対応できるだろう。

❹ **職場の同僚や上司と部下・友人同士**

　A: Ann, wasn't the boss supposed to be back from his vacation today?
　B: Yes, he was, but he called yesterday. He got caught in a traffic jam and didn't make it to the airport on time.
　A: Did he have to buy another plane ticket?
　B: No. The airline let him change to today's flight. He only had to pay a small fee. 　　　　　　　　　　　　　　　　　　　　　　　　(2009-1)
　A「アン，うちの上司は今日休暇から戻ることになってなかった？」
　B「ええ，そうです。でも昨日電話があったんです。交通渋滞に巻き込まれて空港に着くのが遅れたんですって」
　A「別の便のチケットを買わなければならなかったの？」
　B「いいえ，航空会社が今日の便に変更してくれました。少額の料金を払うだけでよかったんです」

　親しい間柄の会話は，❸のような家族同士のほかに，学校での友人同士や生徒と先生，職場での同僚同士や上司と部下の会話がよく出題される。特に

第6章　会話文のリスニング（第1部）

職場での会話ではboss「上司」, client「顧客」, presentation「プレゼンテーション（会議などでの説明発表）」など，特徴的なボキャブラリーがよく使われる。

また，職場での会話は，スケジュールの策定・変更に関する話題が多い。その場合は最終的にどう決まったのかを聞き逃さないようにしたい。

「会話の状況」は特に冒頭の発言でわかることが多く，集中して聞き取ることが大切だ。その状況把握をもとに会話の展開に注目すると，会話の概要がつかみやすく，内容の理解を深めることができる。

> **注意！ 会話の場所が不明な場合**
>
> 第1部の問題では，会話の場所が不明な場合も多い。その場合は場所は重要なポイントにはならないので，あまり考えず，話者の関係のみに注目しよう。

トレーニング 2　　CD 11

(1) 次の会話をCDで聞いて，場所と話者の関係を答えなさい。

　A: We're going to the movies after school. Would you like to join us?
　B: Sorry, but I want to finish my math homework at the school library.
　A: Well, we could go to the movies after dinner, then. How's that?
　B: Sounds great.

(2) 次の「　」内の状況説明を話の流れに沿って並べ替えなさい。

「断りとその理由」「承諾する」「勧誘する」「代案を提案する」
A「　　」→B「　　」→A「　　」→B「　　」

訳・解答

A「放課後に映画に行くんだ。君も行かない？」
B「ごめんなさい，学校の図書館で数学の宿題を終わらせたいの」
A「じゃあ，夕食の後に行ってもいいよ。それでどう？」
B「それならいいわね」
(1) 学校での友達同士の会話
(2) A「勧誘する」→ B「断りとその理由」→ A「代案を提案する」→ B「承諾する」

実戦問題

対話を聞き，その質問に対して最も適切なものを **1**，**2**，**3**，**4** の中から一つ選びなさい。
★英文はすべて一度しか読まれません。

CD 12 ～ 16

No. 1
1 She is happy with his work.
2 She must improve the quality of his work.
3 She will work on a new project.
4 She thinks he works too fast.

No. 2
1 She is on the stage crew.
2 She just advertises for it.
3 She has a medium-size part.
4 She will be the main character.

No. 3
1 He paid the wrong fee.
2 He borrowed the wrong book.
3 He forgot to read the book.
4 He returned the book late.

No. 4
1 She should tell him when to stop.
2 The bus will not arrive right away.
3 Her meeting will not start on time.
4 The bus stops 30 minutes from the center.

No. 5
1 He wants to buy a coat today.
2 He wants to look on the shelf first.
3 He wants to check other stores.
4 He wants to try one on first.

No. 1　解答 **1**

★：The boss called me into her office this morning.
☆：Really? Did she tell you about a new project?
★：No. She talked to me about my work. She thinks I work fast and care a lot about the quality of my work. She wants me to continue doing a great job.
☆：Excellent. I hope she tells me similar things.
Question: What did the boss say to the man?

★：今朝，上司の部屋に呼ばれたよ。
☆：本当？　新しいプロジェクトの話があったの？
★：いや，僕の仕事ぶりについて話があったんだよ。僕は仕事が速くて，仕事の質についても，すごく気を使っていると，彼女は考えているんだ。立派な仕事を続けてほしいって。
☆：素晴らしいわ。私にも同じようなことを言ってくれないかしら。
質問：上司は男性に何と言ったか。

　1　彼女は彼の仕事に満足している。
　2　彼女は彼の仕事の質を向上させなければならない。
　3　彼女は新しいプロジェクトに取り組むことになる。
　4　彼は仕事が速過ぎると彼女は考えている。

No. 2　解答 **3**

☆：Daniel, I'm going to be in the university play on Thursday night. If you're not busy, will you come and see it?
★：Sure, I'd love to. Are you playing the main character?
☆：No. My part isn't very big, but I'm on stage for most of the show. Do you think you can bring some friends with you?
★：Yeah, I'll tell people about it. It will be good advertising for your play.
Question: What kind of part will the woman play in the university play?

☆：ダニエル，私，木曜日の夜に大学の劇に出るの。忙しくなければ，見に来てくれない？
★：ああ，喜んで。主役をやるのかい？
☆：いいえ，私はそれほど大きな役ではないんだけど，公演のほとんどの部分でステージに出ているのよ。友達も何人か連れて来てもらえるかしら？
★：ああ，みんなに話しておくよ。君の出る劇のいい宣伝になるだろう。
質問：女性は大学の劇でどのような種類の役柄を演じるのか。

　1　彼女はステージ係の一員である。
　2　彼女はそれを宣伝するだけである。
　3　彼女は並レベルの役柄である。
　4　彼女は主役を演じる。

No. 3 解答 **4**

★ : Excuse me. I'd like to return this library book.
☆ : All right, sir. Oh, you were supposed to bring it back last week. You're going to have to pay a small fine.
★ : That's OK. I was so busy last week that I forgot all about the book.
☆ : I see. Please be more careful next time.
Question: What did the man do?

★ : すみません。この図書館の本を返却したいのですが。
☆ : 承知しました。おや，先週お返しいただくことになっていたのですね。少々違約金をお支払いいただかなければなりません。
★ : 結構です。先週はとても忙しくて，本のことはすっかり忘れていました。
☆ : そうですか。次回はお気を付けください。
質問：男性は何をしたか。
 1 彼は間違った料金を支払った。
 2 彼は間違った本を借りた。
 3 彼は本を読むのを忘れた。
 4 彼は遅れて本を返却した。

No. 4 解答 **2**

☆ : Excuse me, driver. Does this bus go to the Newman Center? I have a meeting there.
★ : Yes, it does, ma'am. But it will take about 30 minutes to get there. Will it get you there on time?
☆ : I think so. Can you let me know when we get there? I'm not familiar with this city.
★ : No problem. Please sit in the front so I can tell you.
Question: What does the bus driver say to the woman?

☆ : すみません，運転手さん。このバスはニューマン・センターへ行きますか。そこの会議に出るのですが。
★ : ええ，行きますよ。でも，そこに着くまでに30分ほどかかります。間に合いますか。
☆ : そう思います。着いたら教えてもらえますか。この町のことはあまり知らないので。
★ : よろしいですよ。教えられるように，前の方にお座りください。
質問：バスの運転手は女性に何と言っているか。
 1 彼女はいつ停止すべきかを彼に指示するべきである。
 2 バスはすぐには着かないだろう。
 3 彼女の会議は時間どおりには始まらないだろう。
 4 バスはセンターから30分で停車する。

No. 5　解答 **4**

★ : Honey, I'd like to buy this coat, but they don't have a smaller size.
☆ : I know. The clerk said that everything they have is on the rack. Do you want to order one?
★ : I don't think so. I don't like to buy things that I haven't tried on.
☆ : I understand. Maybe they'll get some smaller sizes in a couple weeks, so we can come back and check then.

Question: Why doesn't the man want to order the coat in a smaller size?

★ : ねえ君，このコートを買いたいんだけど，でも店にはこれより小さいサイズがないんだ。
☆ : わかってるわ。店にある商品は全部棚にあると，店員が言っていたから。注文したいの？
★ : いや，それはしない。試着していないものは買いたくないんだ。
☆ : わかったわ。多分，何週間かしたら小さいサイズもいくつか入るでしょうから，その時にまた見に来ればいいわ。

質問：なぜ男性はより小さいサイズのコートを注文したくないのか。

　　1 彼は今日コートを買いたい。
　　2 彼はまず棚を見たい。
　　3 彼はほかの店を確認したい。
　　4 彼はまず試着したい。

第7章

一般文のリスニング（第2部）

リスニング第2部　出題形式・出題傾向

出題形式

50～70語程度の英文と，最後にその英文に関する質問が放送される。その質問に対する答えを，印刷されている4つの選択肢から選ぶ問題。英文は一度しか放送されない。全15問。

選択肢の例

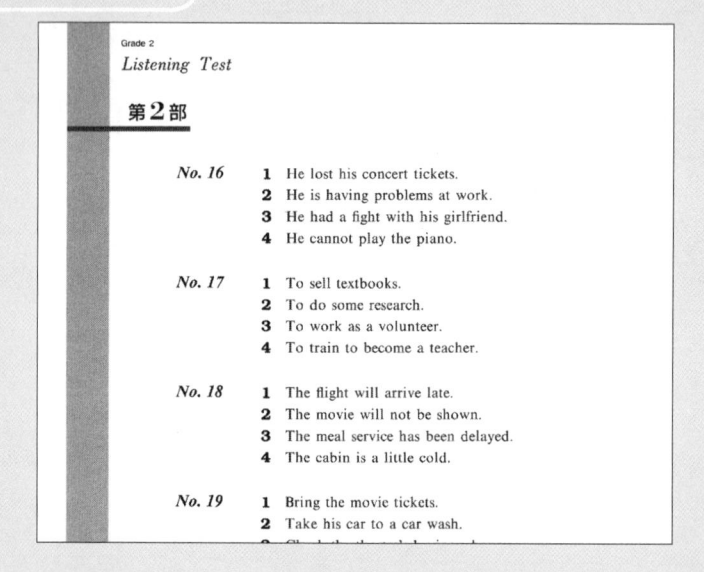

```
Grade 2
Listening Test

第2部

No. 16    1  He lost his concert tickets.
          2  He is having problems at work.
          3  He had a fight with his girlfriend.
          4  He cannot play the piano.

No. 17    1  To sell textbooks.
          2  To do some research.
          3  To work as a volunteer.
          4  To train to become a teacher.

No. 18    1  The flight will arrive late.
          2  The movie will not be shown.
          3  The meal service has been delayed.
          4  The cabin is a little cold.

No. 19    1  Bring the movie tickets.
          2  Take his car to a car wash.
```

スクリプトの例

Peter usually spends his free time playing the piano. But last week, he had an accident while he was riding his bicycle home from work. He fell off his bike and hurt his wrist. Peter is upset about the accident because it has kept him from playing the piano. Peter's girlfriend, Stacy, will take him to a concert this evening to try to cheer him up.
Question: Why is Peter upset?

（2009-2 英検2級本試験問題より）

出題傾向

　出題される英文のテーマは，ある人物のエピソードが最も多く，半分以上を占める。アナウンス，社会的レポートや科学的レポートなどがそれに続く。質問文は第1部と同様にWhatやWhyの疑問詞で始まるものがほとんどで，細かい内容が問われることもあれば，英文の趣旨を問われることもある。

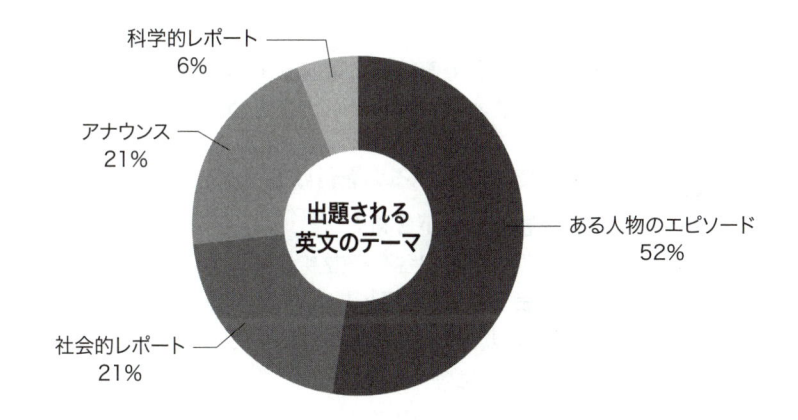

出題される英文のテーマ
- ある人物のエピソード 52%
- アナウンス 21%
- 社会的レポート 21%
- 科学的レポート 6%

第7章 一般文のリスニング（第2部）

一般文のリスニング（第2部）

　第2部の一般文のリスニングでは，多くの情報を素早く整理しながら理解する必要がある。予備知識を増強することと，直線的な理解力を高めることが役立つ。さらに英文をリスニングするときに注意・注目すべき点，英文と選択肢の間で起こる「言い換え」についても解説する。

UNIT 1　一般文の聞き方を身に付ける

1 選択肢から文章の内容を予測する
2 文章のパターンを把握する
　❶ある人物のエピソード
　❷社会的・科学的なレポート
　❸アナウンス
3 チャンキングで直線的に意味を取る
4 強く発音される内容語から大意をつかむ

UNIT 2　一般文の内容を把握する力を付ける

1 情報を整理しながら聞く
　❶代名詞の指す内容を把握する
　❷接続表現・文修飾副詞（句）に注意する
　❸時間表現・動詞の時制に注目する
2 「言い換え」に強くなる
　❶異なる視点からの言い換え
　❷具体的な表現から大まかな表現への言い換え
　❸いくつかの情報を1つにまとめる言い換え

UNIT 1 一般文の聞き方を身に付ける

　第2部の一般文のリスニングでは，多くの情報を素早く整理し理解する必要がある。これには，選択肢から文章内容を予測する力と出題される文章パターンの知識を増強することと，和訳，特に日本語の語順に沿った戻り訳に頼らない直線的・直接的な理解力を高めることが役立つ。以下，**1** **2** では前者の，**3** **4** では後者の方法を説明する。

1 選択肢から文章の内容を予測する

　第1部同様，リスニングの前に選択肢に目を通し，リスニングの手掛かりとなる情報がないかを確認しよう。選択肢のパターンは以下のとおり。

①各選択肢に共通の人称代名詞がある
　選択肢に共通する人称代名詞が使われている場合，リスニングの際にはその代名詞が指し示す人物，もしくは物事に注意しよう。
②各選択肢が動詞から始まっている
　放送文に出てくる動詞が表す行動や状況に注意しながら聞こう。さらに，その主語が何なのかにも要注意だ。
③各選択肢にキーワードがある
　4つの選択肢に，同一語が繰り返し使われている場合や，同一ではないが，関連性のある語が使われている場合がある。

　実際の選択肢では，上記の3つのパターンのうちのいくつかが含まれていることが多い。では実際に出題された選択肢の例を見ていこう。

［①の例］
1 She could not find her hotel.
2 She had forgotten a document.
3 Her fax machine was broken.
4 Her flight had been delayed.　　　　　　　　　　　　　　　(2009-1)

1　彼女は自分の泊まるホテルを見つけられなかった。
2　彼女は書類を持って来るのを忘れた。
3　彼女のファックス機が壊れた。
4　彼女の乗る飛行機が遅れていた。

すべての選択肢にSheまたはHerが含まれている。女性に関すること、そしてさらによく読むと、彼女に何らかの問題が起こったことが予想できる。
(※ナレーションの英文、質問文および解答はp.209〜210参照)

[②と③の例]
1 Search for new types of **cactus plants**.
2 Protect rare **cactus plants** in the desert.
3 Stop people from growing **cactus plants**.
4 Sell cactus plants more cheaply.   (2009-2)

1 新しい種類のサボテンを探す。
2 砂漠にある珍しいサボテンを保護する。
3 人々がサボテンを育てるのをやめさせる。
4 サボテンをもっと安く売る。

すべての選択肢にcactus plants「サボテン」があり、これが話題であることは明白。また、すべて動詞の原形で始まっており、主語となるべきものは何かも注目点である。
(※ナレーションの英文、質問および解答はp.210〜211参照)

[③の例]
1 The **flight** will arrive late.
2 The **movie** will not be shown.
3 The **meal service** has been delayed.
4 The **cabin** is a little cold.   (2009-2)

1 その便が遅れて到着する。
2 映画が上映されない。
3 食事のサービスが遅れている。
4 客室が少し寒い。

少しわかりにくいかもしれないが、flight, movie, meal service, cabinなどの語が、場面は国際線などの長距離航空便の機内であることを示唆している。
(※ナレーションの英文、質問および解答はp.211〜212参照)

> **トレーニング1**

次の**1**～**4**の選択肢を見て，キーワードと思われる部分に下線を引きなさい。また，ほかに注目すべき点があればそれも答えなさい。

1 Get information of the job fair schedule.
2 Talk about career development.
3 Learn business manners.
4 Talk to people from companies.

> **訳・解答**

1 就職説明会の予定の情報を得る。　**2** キャリア開発について話をする。
3 ビジネスマナーを学ぶ。　**4** 会社から来た人たちと話す。

●解答 job fair, career development, business manners, companies
●解答 すべて動詞で始まっている。

2 文章のパターンを把握する

　文章の内容とその構成のパターンをあらかじめ知っていれば，概要の予測と把握に役立つ。大まかに分けると，①ある人物のエピソード，②社会的・科学的なレポート，③アナウンスに大別できる。

❶ ある人物のエピソード

　まず冒頭で主人公についての描写がある（起）。そしてその主人公に何かが起こり（転），何らかの結末に至る（結）。前文の内容を受けさらに描写する「承」のセンテンスは，起の後や転の後，その両方に来る場合がある。すなわち「起（承）転結」，「起転（承）結」，「起（承）転（承）結」などのパターンがある。以下の例を見てみよう。

> Madeline works for a marketing company in New York. Last week, she flew to London on business. After she arrived at her hotel, she realized that she had forgotten to bring an important document. Madeline quickly called her office in New York and asked a co-worker to fax the document to her hotel. The fax arrived a few minutes later, and the rest of her trip went smoothly.
>
> **Question:** Why did Madeline have to call her office in New York?
>
> (2009-1)

1 She could not find her hotel.
2 She had forgotten a document.
3 Her fax machine was broken.
4 Her flight had been delayed.

　マデリンはニューヨークのマーケティング会社で働いている。先週，彼女は飛行機でロンドンに出張した。ホテルに到着後，彼女は重要な書類を持って来るのを忘れたことに気付いた。マデリンはすぐにニューヨークの事務所に電話し，同僚にその書類をホテルまでファックスするように頼んだ。ファックスは数分後に届き，以降，彼女の出張はスムーズに進んだ。
質問：なぜマデリンはニューヨークの事務所に電話しなければならなかったのか。

　冒頭（「起」）で主人公のMadelineを紹介している。「転」に当たるのが第3文で，彼女にトラブルが起こったことが述べられている。そのトラブルに対し彼女がどう対応し，最終的にどうなったかが第4文で，これが「結」に当たる。

(解答：**2**)

❷ 社会的・科学的なレポート

　2級の社会的・科学的な事象を取り扱うレポートでは起承転結の展開を述べるものが頻出である。中には時を表す表現を交じえながら，時系列で展開していくものもある。そのほかに，「トピックセンテンス（話題の導入）」→「詳細」→「まとめ」という，新聞記事や論文などでよくある構成を取ることもある。以下の例を見てみよう。

The cactus is a plant found in the deserts of Mexico and the southwestern United States. There are many different types of cactus plants, and many people collect them. One problem is that some people take rare cactus plants from the desert to sell them. Now, environmentalists want governments to do more to make sure these rare plants survive in the world.

Question: What do environmentalists want governments to do?

(2009-2)

1 Search for new types of cactus plants.
2 Protect rare cactus plants in the desert.
3 Stop people from growing cactus plants.
4 Sell cactus plants more cheaply.

サボテンは，メキシコやアメリカ南西部の砂漠で見ることができる植物である。多くのさまざまなタイプのサボテンがあり，たくさんの人たちがサボテンを収集している。1つの問題は，一部の人々が販売目的で砂漠から珍しいサボテンを取っていってしまうということである。現在，環境保護派の人々は，これらの珍しい植物が地球に生き残ることを確実にするために，行政がもっと行動することを望んでいる。
質問：環境保護派の人たちは政府に何を望んでいるか。

前半のcactus plants「サボテン」についての説明が「起」と「承」になる。第3文でOne problem is thatと問題があることに言及し（「転」），次の文でenvironmentalists「環境保護主義者」の要望を紹介している（「結」）。

(解答：**2**)

❸ アナウンス

アナウンスでは一般的に，冒頭に聞いてほしい人への呼び掛けがある。ここでアナウンスがされている場所がわかることも多い。続いてアナウンスの趣旨が述べられ，その詳細の説明が続くのが一般的な流れだ。以下の例を見てみよう。

> Attention, passengers. This is your captain speaking. According to the latest weather reports, we will be flying into strong winds today. As a result, we will be landing in Paris about 30 minutes later than scheduled. I am sorry for any inconvenience this may cause. In a few minutes, the cabin attendants will start serving drinks, so please sit back and enjoy the flight.
>
> **Question:** Why does the captain apologize?
>
> (2009-2)
>
> **1** The flight will arrive late.
> **2** The movie will not be shown.
> **3** The meal service has been delayed.
> **4** The cabin is a little cold.

お客さまにお知らせいたします。こちらは当機の機長です。最新の天気予報によりますと，本日は強風の中を飛行することになります。そのため，パリ到着は予定より30分程度遅れる見込みです。ご迷惑をお掛けしますことを，おわび申し上げます。あと数分で客室乗務員がお飲み物をお持ちいたしますので，おくつろぎになって空の旅をお楽しみください。
質問：なぜ機長は謝罪しているのか。

あいさつと自己紹介から始まっている。ここからアナウンスであることと，その場所，話者，対象がわかる。次にこのアナウンスの趣旨である天候による遅延の情報が語られ，それに関するおわびの言葉が続く。最後により重要性の低い飲み物の情報が述べられている。

(解答：**1**)

トレーニング2　CD 17

(1) 放送文を聞いて，以下の3つのうちどれに当てはまるか考えなさい。
　　1 ある人物のエピソード
　　2 社会的・科学的事象のレポート
　　3 アナウンス

(2) 再度放送文を聞き，質問に対して正しいものを，以下の **1** から **4** の選択肢の中から一つ選びなさい。
　　1 Get information of the job fair schedule.
　　2 Talk about career development.
　　3 Learn business manners.
　　4 Talk to people from companies.

英文

Good morning, students. I am going to inform you of the schedule of today's job fair. From 9:30, in Room 101, Mr. Thompson will give a talk about how to develop your career. From 11:00, Ms. Cooper will give you a lecture about business manners. In the afternoon, people from many companies will have set up booths. You can talk to them about the jobs you are interested in.

Question: What can the students do in the afternoon?

訳・解答

　学生のみなさん，おはようございます。本日の就職説明会のスケジュールについてご連絡します。9時30分から101号室でトンプソン氏による，どうキャリアを向上させるかについての講演があります。11時からはクーパー氏によるビジネスマナーについての講演があります。午後は，多くの会社がブースを開設いたします。興味のある仕事についてその会社の方と話をすることができます。
質問：午後，学生は何をすることができるか。

●解答　(1) **3**　(2) **4**

3 チャンキングで直線的に意味を取る

　受け身の技能という意味では，リスニングとリーディングは同じである。ただ，「聞く」と「読む」という違いのほかに，リスニングがリーディングと大きく異なる点として，リスニングでは自分でスピードの調節ができないということと，後戻りができないということが挙げられる。英語の文章を日本語の語順に直しながら理解するようなリーディングのやり方は，リスニングでは通用しない。

　こうした和訳による理解から脱却する方法として，「チャンキング」という方法がある。「チャンキング」とは，文を「意味のまとまり」（チャンク）ごとに区切って，後戻りをしないで理解していく方法である。

　p.209の英文から抜粋した，次の文とその日本語訳を対照させてみよう。

①Madeline quickly / ④called / ③her office / ②in New York and / ⑨asked / ⑤a co-worker / ⑧to fax / ⑥the document / ⑦to her hotel.
①マデリンはすぐに / ②ニューヨークの / ③事務所に / ④電話し / ⑤同僚に / ⑥その書類を / ⑦ホテルまで / ⑧ファックスするように / ⑨頼んだ。

　英文と自然な日本語訳の意味のまとまりごとの対応関係を見てみると，順番が全く異なっていることがわかるだろう。リスニングでは日本語訳に合わせた番号順に意味を取っていくことは困難である。そこで英語の語順に合わせた，以下の訳を見てみよう。

Madeline / quickly called / her office / in New York / and asked / a co-worker / to fax the document / to her hotel.
マデリンは / すぐに電話した / 事務所に / ニューヨークにある / そして頼んだ / 同僚に / 書類をファックスするよう / ホテルまで

　このように英語の語順に合わせて少しずつ意味を取っていった方が，より素早く理解できる。そして慣れてくると，「日本語に訳す」過程を経ずに理解できるようになるだろう。なお，スラッシュで区切る単位は，基本的に「句」のまとまりだが，リスニングが上達すれば，区切る長さを伸ばしてよい。

第7章　一般文のリスニング（第2部）

4 強く発音される内容語から大意をつかむ

　聞こえてくる英文のすべての単語を聞き取り，即座に理解して記憶にとどめておくのは困難であろう。しかし，文章の中の重要語を聞き取ることができれば，文章の大意を把握することは可能だ。
　次の語の列を見てみよう。

> Last year, Makoto ... Ireland ... working holiday ... studied ... language school ... first three months.

　これは放送文の一部のうち，強く，はっきりと発音された語だけを抜き出したものである。文章の意味がだいたい予想できないだろうか。

　それでは次に，以下の文を見てみよう。「内容語」と呼ばれる，物事の名称，性質，動作などを表す語（名詞・形容詞・動詞・副詞など）をすべて書き出したもので，太字の語が上の文に新たに加わった部分である。

> Last year, Makoto **went** ... Ireland ... working holiday. **He** studied ... language school ... first three months.

　最後に全文と訳を見てみよう。

> Last year, Makoto went **to** Ireland **on a** working holiday. He studied **at a** language school **for the** first three months.
> 「昨年，マコトはワーキングホリデーでアイルランドに行った。最初の3カ月間，彼は語学学校で勉強した」

　一番最初の強調された語のみから予測した内容は，最後の全文から理解できる内容と比べてそれほど違わなかったのではないだろうか。最後の完全な文で新たに加わった太字の語は，文法構造上の関係を表す「機能語」（前置詞・接続詞・冠詞・助動詞など）で，実際に発音されるときには弱音化したり，音が変化してわかりにくい場合も多い。微妙な意味の違いが生じる恐れはあるが，機能語は聞き取れなくても，大意の理解に支障はないと言える。

　リスニングがまだ苦手な人は，聞こえてくる単語を1語1語すべて聞き取

ろうとするのではなく，重要な語を拾っていって全体の意味を推測するというように，聞き取り方を転換するとよいだろう。

トレーニング 3　CD 18

(1) CD の英文を聞いて，重要と思われる語のみをメモしなさい。
(2) メモした語を元に，欠けていると思われる語を付け足して，放送文を再構成しなさい。終わったら下記の文と比較しなさい。

Jenny planned a party and sent invitations to her friends by e-mail, but one of her friends, Richard, didn't reply. His computer was being repaired and he couldn't check his e-mail.

(3) 上記の文を意味のまとまりごとにスラッシュ（斜線）を入れて区切りなさい。
(4) 文を見ずにもう1度 CD の英文を聞いて，意味を考えなさい。

解答例・訳

Jenny planned a party / and sent invitations / to her friends / by e-mail, / but one of her friends, / Richard, / didn't reply. / His computer / was being repaired / and he couldn't check / his e-mail.

ジェニーはパーティーを計画し，Eメールで友人たちに招待状を送ったが，友人の一人のリチャードからは返事がなかった。彼のコンピューターは修理中で，Eメールのチェックができなかったのだ。

UNIT 2 一般文の内容を把握する力を付ける

　ここでは，聞き取った情報を上手に整理して放送文の内容を把握し，正解に結び付ける方法について解説する。

1 情報を整理しながら聞く

　リスニングでは「語を聞き取る」ということに意識が行きがちだが，最も大事なことは，「文章全体の流れ・意図を把握する」ことである。そのために確認すべきポイントは次のとおり。

❶代名詞の指す内容を把握する

　代名詞を含む文のみの理解だけではなく，文と文のつながりをつかむ上で重要である。

❷接続表現・文修飾副詞（句）に注意する

　接続表現（接続詞〈句〉・副詞〈句〉）は文章の論理展開を把握するために重要である。また，fortunately「幸いにも」，naturally「当然」など，文修飾副詞のうち論理展開を表すものも同様に重要だ。こうした語句の直後の情報が正解につながることも多い。

❸時間表現・動詞の時制に注目する

　時間表現は，文章の内容の時の流れを正確に把握するのに重要である。質問でも「〜（時間表現）の時，何が起きたか」と聞かれることがあり，正解に直結するポイントとなる。

　では，211ページで1度紹介したアナウンスの例と，さらにもう一つの例を使って具体的に見てみよう。

[例1]

Attention, passengers. This is your captain speaking. According to the latest weather reports, we will be flying into strong winds today. As a result , **we** will be landing in Paris about 30 minutes later than scheduled. I am sorry for any inconvenience **this** may cause. In a few minutes, the cabin attendants will start serving drinks, so please sit back and enjoy the flight.

Question: Why does the captain apologize?

As a result「その結果」が天候と延着の因果関係を示している。同文の主語 we がアナウンスが行われている飛行機に乗っている人たちのことである点も重要。さらに次文のthisが前文で述べられている延着を指していることが理解できれば，機長がなぜ謝罪をしているのかは明確になる。

[例2]

The country of Canada was created **in 1867**. **Over the next 100 years**, Canada had several different flags, but Britain's flag was always part of the design. However , many Canadians wanted a completely new flag. A contest was held, and a new design was chosen **in 1964**. Small changes were made **in 1965**, and this became the red-and-white maple-leaf flag we know today.

Question: What happened in Canada **in 1964**? (2009-2)

　カナダは1867年に建国された。その後100年間，カナダはいくつかの異なる国旗を持ったが，デザインの一部に常に英国旗が含まれていた。しかし，多くのカナダ国民が完全に新しい国旗を望んだ。コンテストが開催され，新しいデザインが1964年に選ばれた。1965年に小さな変更が加えられ，これで今日われわれが知るところの紅白のカエデの葉の国旗になった。
質問：1964年にカナダで何が起こったか。

　出来事を時系列に沿って述べた文なので，時間表現と出来事を正確に結び付けることが，正解を得る上で重要となる。英文中の太字が示すように，4個所に時間表現が出てくるので，それぞれ何が起こった年なのかを混同しないようにしよう。また，この文章ではHoweverが話の展開を把握する上でポイントとなっている。

2 「言い換え」に強くなる

　2級レベルになると，放送文の表現がそのまま正解の選択肢で用いられることはほとんどなく，別の表現に言い換えられている。言い換えには，下のような種類がある。

❶ 異なる視点からの言い換え

　放送文での表現を，選択肢では別の同義語で単純に言い換える場合もあるが，別の視点から見た表現で言い換えることが多い。

> Peter usually spends his free time playing the piano. But last week, he had an accident while he was riding his bicycle home from work. He fell off his bike and hurt his wrist. <u>Peter is upset about the accident because it has kept him from playing the piano.</u> Peter's girlfriend, Stacy, will take him to a concert this evening to try to cheer him up.
> **Question:** Why is Peter upset?
> 正解：He cannot play the piano.　　　　　　　　　　　　(2009-2)
> ピーターは暇な時はたいてい，ピアノを弾いて過ごす。しかし先週，自転車で仕事から家へ帰る途中，彼は事故に遭った。彼は自転車から落ちて手首を傷めた。<u>そのせいでピアノを弾くことができなくなってしまったので，ピーターはその事故のことで落胆している。</u>ピーターのガールフレンドのステイシーは，彼を元気づけるために，今晩彼をコンサートへ連れて行くつもりだ。
> **質問：**なぜピーターは落胆しているのか。
> 正解：彼はピアノを弾くことができない。

　放送文では it(= the accident) has kept him from playing the piano「事故が彼をピアノを弾くことから遠ざけた」という表現だが，正解では He cannot play the piano. と he を主語にしたストレートな表現に言い換えている。

❷ 具体的な表現から大まかな表現への言い換え

　放送文での具体的な表現を，正解ではより大まかな表現で言い換えていることも多い。

> <u>Why not come watch a movie at the Mayfield Plaza Cinema this weekend?</u> If you invite three friends or more, you can take advantage of a great offer. <u>Groups of four or more can get 50 percent off all snacks and drinks.</u> Call us at 555-3829 to check movie times.

Question: What can groups of four or more people do at the Mayfield Plaza Cinema?
正解：Get discounts on food and drinks. (2009-1)
今週末はメイフィールド・プラザ・シネマで映画をご覧になってはいかがでしょうか。もし3人かそれ以上のお友達もご一緒でしたら，大きな特典が受けられます。4人以上のグループはスナックと飲み物が半額です。上映時間のご確認は電話番号555-3829までお電話ください。
質問：メイフィールド・プラザ・シネマでは4人以上のグループは何ができるか。
正解：食べ物と飲み物の割引を受ける。

放送文の50 percent offが正解ではdiscountsという漠然とした表現になっている。また，snacksはfoodと同義語に言い換えられている。

❸ いくつかの情報を1つにまとめる言い換え

放送文での複数の情報がいくつかの文にわたって説明されているのを，正解文では短くまとめていることもある。

Good morning, students. In today's lecture, I was planning to talk about wind power. However, after last week's lecture on global warming, a lot of students came to me with questions. So I think it will be helpful for everyone if I give you some more information on the same topic. The lecture on wind power will be next week instead.
Question: What will the professor do in today's lecture?
正解：Talk more about global warming. (2008-3)
学生の皆さん，おはようございます。本日の講義では，風力についてお話しする予定でした。しかし，先週の地球温暖化についての講義の後，多くの学生が質問をしに来ました。そこで，同じ話題についてさらに情報を提供すれば皆さんのお役に立つだろうと考えました。風力についての講義は代わりに来週行います。
質問：教授は今日の講義で何をするだろうか。
正解：地球温暖化についてさらに話す。

正解の内容は，放送文では3つの文にわたって，教授が今日の講義で地球温暖化についてさらに話すことに至った経緯が説明されている。

> **トレーニング**　　　　　　　　　　　　　　　　　　　**CD 19**

(**1**) 下記の文章中で，接続表現，文修飾副詞（句），時間表現に下線を引きなさい。

Yesterday, John drove to the airport. When he arrived there, he realized that he had left the ticket at home. Fortunately, there was enough time for him to go get the ticket and come back before the flight, so he decided to try to get it.

(**2**) CDの英文と質問（質問は印刷されていません）を聞き，その答えを6語以内の英語にまとめなさい。

> **質問・訳**

Question: What did John probably do after that?
昨日，ジョンは車を運転して空港へ行った。到着した時，家に航空券を置いてきたのに気付いた。幸い，便が発つ前に航空券を取りに行くだけの時間があったので，彼はそれを取りに行こうと決めた。
質問：ジョンはおそらく次に何をしたか。

> **解答例**

(**1**) Yesterday, when he arrived there, Fortunately, before the flight
(**2**) He went home. / He went to get the ticket.

実戦問題

英文を聞き，その質問に対して最も適切なものを **1**, **2**, **3**, **4**の中から一つ選びなさい。
★英文はすべて一度しか読まれません。

CD 20〜24

No. 1
1. He wants to see different apartments.
2. He has few job options for the summer.
3. He is good at cleaning bathrooms.
4. He enjoys doing housework.

No. 2
1. Moving to Japan with his family.
2. Starting his own karate class.
3. Practicing karate in Japan.
4. Teaching his Aunt Linda karate.

No. 3
1. Find people to buy cakes from her.
2. Take more cake-decorating classes.
3. Move to a new shop with more space.
4. Open a new account at her bank.

No. 4
1. Passengers to York must check in now.
2. The flight to Bristol will definitely be delayed.
3. Someone found a lost ticket and ID.
4. Boarding has ended for Flight 880.

No. 5
1. If they will meet a man on Christmas.
2. If they will ever get married.
3. If they will have a big wedding.
4. If they will remain single that year.

No. 1　解答 **2**

Marcus is a college student, and he is trying to find a summer job near campus to help pay for school. Although he doesn't like housework, he recently found a job cleaning apartments after college students move out for the summer. If he takes the job, he will have to clean things like ovens, bathrooms, and floors. Marcus doesn't have many other choices, so he is seriously considering taking the job.

Question: Why is Marcus considering taking the cleaning job?

　マーカスは大学生で，学費の足しにするためにキャンパスの近くでの夏のアルバイトを探している。彼は家事が好きではないが，夏の間大学生が退去していったアパートを掃除する仕事を最近見つけた。この仕事を引き受ければ，彼はオーブンや浴室，床といったものをきれいにしなければならなくなる。ほかに多くの選択肢があるというわけではないので，マーカスはこの仕事を受けることを真剣に検討している。

質問：なぜマーカスは掃除の仕事を受けることを検討しているのか。
- **1** 彼はいろいろなアパートを見てみたい。
- **2** 彼には夏のアルバイトの選択肢があまりない。
- **3** 彼は浴室の掃除が得意だ。
- **4** 彼は家事をするのが楽しい。

No. 2　解答 **3**

Jack has been in a karate club since he was a little boy. He has always wanted to visit Japan and train in a Japanese karate class. Now, he finally has a chance to fulfill his dream. Jack's Aunt Linda just moved to Japan, and she recently started learning karate there. She invited Jack to visit her and come to her class, so he is checking dates and flights.

Question: What dream will finally come true for Jack?

　ジャックは小さなころから，空手クラブに所属している。彼はずっと日本へ行って日本の空手教室で鍛えたいと思っていた。今，彼はついに自分の夢をかなえる機会を得た。ジャックのおばのリンダがちょうど日本に転居し，最近空手を習い始めたのだ。彼女がジャックに彼女の家を訪ねて彼女のクラスにも来るように誘ってくれたので，彼は日取りや飛行機の便を調べているところだ。

質問：ジャックのどんな夢がついに実現するのか。
- **1** 家族とともに日本に移住する。
- **2** 自分の空手教室を始める。
- **3** 日本で空手の練習をする。
- **4** リンダおばさんに空手を教える。

No. 3　解答 **3**

Hilary owns a successful flower shop, and she wants to expand her services. Lately, she has been taking cake-decorating classes, and soon she would like to start selling her own cakes in her shop. In order to do this, Hilary needs to buy a bigger shop. She will go to her bank today to talk to someone about getting a loan.

Question: What does Hilary have to do to start selling cakes?

　ヒラリーの所有する生花店は繁盛しており，彼女は業務を拡張したいと考えている。最近，彼女はケーキのデコレーションのクラスを受講しており，間もなく自分の店で自分が作ったケーキを売り始めたいと思っている。そうするためには，ヒラリーはより大きな店舗を購入する必要がある。彼女は今日，取引している銀行へ行き，借り入れの話をするつもりだ。

質問：ヒラリーはケーキを売り始めるために，何をしなければならないか。
　1　彼女からケーキを買う人々を見つける。
　2　もっとケーキのデコレーションのクラスを受講する。
　3　もっとスペースのある新しい店舗に移転する。
　4　取引している銀行で新しい口座を開設する。

No. 4　解答 **1**

May I have your attention, please. Flight 880 to York will be boarding shortly. Therefore, we need all passengers on this flight who have not checked in yet to step forward. Please have your tickets and IDs ready when you come to the check-in counter. We apologize to those of you waiting to check in for Flight 926 to Bristol. This should not delay your check-in process. Thank you.

Question: What does the woman say in the announcement?

　皆さまにお知らせいたします。ヨーク行き880便は間もなく搭乗を開始いたします。ご搭乗手続きがお済みではないお客さまは前にお進みください。チェックイン・カウンターへお越しの際は，航空券と身分証明書をご用意ください。ブリストル行き926便のご搭乗手続きをお待ちの方に，おわび申し上げます。これによるご搭乗手続きの遅れは，それほど長くはならない予定です。ありがとうございました。

質問：女性は放送の中で何と言っているか。
　1　ヨーク行きの乗客は今，搭乗手続きをしなければならない。
　2　ブリストル行きの便は間違いなく遅れるだろう。
　3　誰かが落とし物の航空券と身分証明書を見つけた。
　4　880便の搭乗は終了した。

No. 5　解答 **4**

On Christmas Eve in the Czech Republic, single women go outside and stand with their backs facing the door of their house. Then, they throw a shoe over their shoulder and look at how it lands on the ground. If the back of the shoe faces the door, the woman will not get married the next year. But if the toe faces the door, she should start to make preparations for her wedding.

Question: What do the women throw their shoe to see?

　チェコ共和国では，クリスマスイブに独身女性は外へ出て自宅のドアを背にして立つ。それから，彼女たちは肩越しに靴を投げ，どのように地面に落ちたかを見る。もしかかと側がドアに向いていたら，その翌1年は結婚できない。しかし，もしもつま先がドアに向いていたら，彼女は結婚式の準備を始めるべきだろう。

質問：その女性たちは自分の靴を投げて何を占うのか。

　　　1 クリスマスに男性と出会うかどうか。
　　　2 いつか結婚するかどうか。
　　　3 大きな結婚式をするかどうか。
　　　4 その1年を独身のままでいるかどうか。

第8章

面接（二次試験）

面接(二次試験)の流れ

　一次試験に合格すると,二次試験の面接があります。以下の流れをしっかり頭に入れて,準備しておきましょう!

★…面接委員　☆…受験者

❶ 入室とあいさつ
係員の指示に従い,面接室に入ります。あいさつをしてから,面接委員に面接カード(試験の前に受験番号や名前などを記入するカード)を手渡し,指示に従って,着席しましょう。

☆:Hello.
★:Hello. May I have your card, please?
☆:Here you are.(面接カードを手渡す)
★:Please have a seat.
☆:Thank you.(着席)

❷ 名前と受験級の確認
面接委員があなたの氏名と受験する級の確認をします。その後,簡単なあいさつをしてから試験開始です。

★:May I have your name, please?
☆:My name is Obun Hanako.
★:This is the grade 2 test. OK?
☆:OK.
★:How are you today?
☆:I'm fine, thank you.

❸ 問題カードの黙読
英文とイラストが印刷された問題カードを手渡されます。まず,英文を20秒で黙読するよう指示されます。英文の量は60語程度です。

★:Now, let's begin the test. Here's your card.
☆:Thank you.
★:First, please read the passage silently for 20 seconds.
☆:All right.(黙読開始)

❹ 問題カードの音読

問題カードの音読をするよう指示されるので，英語のタイトルから読みましょう。時間制限はないので，意味のまとまりごとにポーズをとり，焦らずにゆっくりと読みましょう。

★：Now, please read the passage aloud.
☆：OK.（タイトルから音読開始）

❺ 4つの質問

音読の後，面接委員の4つの質問に答えます。No. 1・2は問題カードの英文とイラストについての質問です。No. 3・4は受験者自身の意見を問う質問です。No. 2の質問の後，カードを裏返すよう指示されるので，No. 3・4は面接委員を見ながら話をしましょう。

★：Now, I'm going to ask you 4 questions.
☆：Yes.

❻ カードの返却と退室

試験が終了したら，問題カードを面接委員に返却し，あいさつをして退室しましょう。

★：Well, that's all, Could I have the card back, please?
☆：Here you are.
★：Thank you. You may leave now.
☆：Thank you. Goodbye.
★：Goodbye.

面接（二次試験）　出題形式・出題傾向

問題例　(2009-2)

E-Learning

Today, e-learning in higher education is attracting more attention. Many colleges are planning to offer lectures in various fields online. E-learning allows people to watch these at any time. As a result, it is regarded as a convenient way for busy people to study. As more people become interested in life-long learning, e-learning will probably play an important role in the future.

Your story should begin with this sentence: **One day, Mr. and Mrs. Tanaka were talking about e-learning.**

(イラスト：
- We should get a new computer for e-learning.
- The next day at a computer shop
- Later that day)

Questions

No. 1 According to the passage, why is e-learning regarded as a convenient way for busy people to study?

No. 2 Now, please look at the picture and describe the situation. You have 20 seconds to prepare. Your story should begin with the sentence on the card. <20 seconds> Please begin.

Now, Mr. / Ms. ──, please turn over the card and put it down.

No. 3 Some people say that parents should limit children's use of the Internet. What do you think about that?

No. 4 Many people like to go jogging for exercise after work or school. Do you think the number of people who jog will increase in the future?

■ 出題形式

面接委員から渡される「問題カード」を使用する。問題カードの内容は，次の3つである。

　1. 60語程度の英文／2. 英文のテーマに関連したイラスト
　3. イラストの内容を描写する際，解答の最初に使用する文
試験は，［英文の黙読］→［英文の音読］→［4つの質問］の順番に進む。

■ 過去に出題されたパッセージのテーマ

2009-3：地元産の食べ物／ブログを書く
2009-2：Eラーニング／電子マネー
2009-1：飲料水の質／電気の使用量を抑える
2008-3：ペットのストレス／プライベートブランド商品
2008-2：日本の食糧供給／燃料のための植物
2008-1：環境にやさしい建物／異文化の中での生活
2007-3：世界遺産／たばこのない環境
2007-2：外国から来たペット／野菜を育てる新しい方法
2007-1：雨水の利用／至る所にある広告

面接（二次試験）

　面接試験は面接委員の質問に口頭で答える試験だが，単なる「会話力」のみの試験ではない。質問をしっかり聞き取り，その質問に対する答えを正確に伝えられるか，また，自分の考えをきちんとまとめて，発信することができるかどうかも問われている。このような総合的な情報処理能力と発信能力を高めることが重要になる。

UNIT 1　アティチュードのポイント
- ❶入退室時
- ❷アイコンタクト
- ❸大きな声で答える
- ❹沈黙は避ける
- ❺聞き返すとき

UNIT 2　黙読のポイント
1. 英文の大意を把握する
2. 出題されそうなポイントを見つける

UNIT 3　音読のポイント
1. 慌てずに落ち着いて読む
2. 意味の区切れでリズムを取る

UNIT 4　質問を聞き取り，答える力を付ける
1. 質問を正確に聞き取る
2. 代名詞・指示語が指すものを正確に把握する
3. 適切な形の解答文を作る

UNIT 5　描写力を付ける
1. 描写のポイント
2. 表現を工夫する

UNIT 6　自分の考えを説明する力を付ける
1. 意見の組み立て方
   - ❶2つ理由を述べる
   - ❷理由の根拠を説明する
   - ❸提案・代案を出す
2. 個人的な行動・感情を一般論にする

UNIT 1 アティチュードのポイント

　面接試験ではアティチュード（態度）という採点項目がある。質問に正しく答えるだけではなく，積極的にコミュニケーションを図ろうとする意欲や態度も評価の対象ということだ。また，正しいアティチュードで試験に臨むことで，面接委員への印象が良くなり，考えが伝わりやすくなるという効果もある。アティチュードを向上させるためには，以下の点に注意したい。

❶ 入退室時
　p.226〜227で説明した面接の流れをしっかり頭に入れ，面接委員の指示に従おう。入室と退室の際のあいさつは，定型どおりでよいが，元気よくはきはきと行いたい。

❷ アイコンタクト
　英語を話す際に重要なのが，アイコンタクト（相手の目を見ること）である。日本人はこの点をあまり意識しないことが多いが，英語圏では相手の目を見ずに話すと，不信感を持たれかねない。日ごろから相手の目を見て話すように習慣付けて，面接委員の目を見ながら話せるようにしよう。

❸ 大きな声で答える
　答えに自信がないと，ついうつむきがちで声も小さくなりがちだが，そうすることのメリットは何もない。面接委員も受験者の声が聞き取れないと，採点のしようがなく，悪い点をつけざるを得ないのだ。はきはきと大きな声で話すことを心掛けよう。

❹ 沈黙は避ける
　アティチュードの項目で一番重要なのが，「積極的にコミュニケーションを取ろうとする姿勢」である。完ぺきに答えられない場合でも，自分がわかる範囲で言葉をつなぎ，いくらかでも評価をしてもらえるように努力する姿勢を示そう。沈黙したままだと最低の評価しかもらえない。

> **注意！　沈黙をつなぐ表現**
>
> Well「ええと」，Let me see.「そうですねえ」と言いながら，考える時間を稼ぐ方法があるが，日ごろから使い慣れていないと，不自然で聞きづらいものとなる可能性もある。

❺ 聞き返すとき

質問がよく聞き取れなかったり，わからなかった場合は，I beg your pardon? / Pardon me? などと面接委員に聞き返しても全く問題ない。ただし，不自然に長過ぎる間を空けてしまったり，何度も繰り返して聞き返すと，理解できていないと判断されることもあるので注意。

UNIT 2 黙読のポイント

ひととおりのあいさつが済むと，いよいよ試験の開始だ。まず問題カードを手渡され，20秒間黙読するよう指示を受ける。続く質問にうまく対応するために，この短い時間を有効に活用して準備をしよう。

問題カードの英文には，基本的に難解な語は出題されない。ただ，もし発音のわからない語がある場合には，スペリングから見当を付けよう。

1 英文の大意を把握する

短い時間なので，わからない語句があっても考え過ぎずに，文章をすべて読んで大意を把握することに重点を置こう。英文の基本的な構成は，(1)導入，(2)展開，(3)結論の3つの部分から成っている。実際の問題例を見てみよう。

[例1]

> **E-Learning**
> 〈導入〉Today, e-learning in higher education is attracting more attention. / 〈展開〉Many colleges are planning to offer lectures in various fields online. E-learning allows people to watch these at any time. **As a result**, it is regarded as a convenient way for busy people to study. / 〈結論〉As more people become interested in life-long learning, e-learning will probably play an important role in the future.
> (2009-2)

Eラーニング
〈導入〉今日，高等教育におけるEラーニングがますます注目を集めている。〈展開〉多くの大学がさまざまな分野の講義をオンラインで提供することを計画している。Eラーニングのお陰で，人々はこれらの講義をいつでも見られるようになる。**その結果**，Eラーニングは忙しい人々が学習をするための便利な方法であると考えられているのだ。〈結論〉より多くの人々が生涯学習に関心を抱くようになるにつれ，おそらくEラーニングは将来，重要な役割を果たすことになるだろう。

〈導入〉で高等教育におけるEラーニングが主題であることを示し，〈展開〉でその現状を説明している。〈結論〉では将来のEラーニングの見込みを示して，結びとしている。

[例2]

> **Electronic Money**
>
> 〈導入〉Nowadays, various kinds of electronic money are available. /〈展開〉One example is prepaid shopping cards, which can be used in stores instead of cash. Many stores give special discounts to people who pay with these cards. **By doing so**, they try to attract more customers. /〈結論〉However, some people avoid using electronic money because it is easy to forget how much they have spent.
>
> (2009-2)

電子マネー
〈導入〉今日では，さまざまな種類の電子マネーが利用できる。〈展開〉1つの例はプリペイド式の買い物カードで，店で現金の代わりに使うことができる。多くの店では，こうしたカードで支払う人々に対して特別割引をしている。そうすることによって，店ではより多くの客を引き付けようとしているのだ。〈結論〉しかし，自分が使った金額を簡単に忘れてしまうため，電子マネーの利用を避けている人々もいる。

〈導入〉で電子マネーが主題であることを示し，〈展開〉ではその一例としてプリペイドカードについて説明している。〈結論〉では電子マネーを避けている人もいることを紹介して，文章を締めている。

2 質問されそうなポイントを見つける

質問のポイントは「展開」部分にあることが多い。質問はWhy …?「どうして」またはHow …?「どのようにして」といった形を取ることがほとんどなので，因果関係や方法を表す以下のような表現が文章中にあれば注目しよう。こうした表現の前後の文の内容が，質問に絡んでくることが多い。

- 因果関係を表す表現の例

    as a result「その結果」, so「それで」, because / as / since「～なので」

- 方法を表す表現の例

    by doing so「そうすることによって」, in this way「このようにして」, to do「～するために」（不定詞の副詞的用法）

UNIT 3 音読のポイント

黙読の後，文章を音読するように指示され，ここから本格的な採点評価が始まる。音読の際に気を付ける点を学ぼう。

1 慌てずに落ち着いて読む

流ちょうに読もうとするあまり，速過ぎるスピードで読んで舌がもつれたり，区切るべき場所を区切らなかったりということにならないようにしよう。速く読むということはあまり意識せずに，落ち着いて意味を考えながら読む方がよい。

上手に音読するためには，次の2点に注意しよう。

・**強弱のメリハリを付けて読む**
文脈上重要なメッセージを含む語は強くはっきりと，そうでない語は弱めに読む。

・**連結して発音する**
an appleのように，語尾の子音と次の語頭の母音はつなげて発音するようにする。発音については「リスニングの基礎知識」(p.176〜179) も参照のこと。

2 意味の区切れでリズムを取る

相手に内容が伝わるようにうまく読むには，まとまった意味の固まり（チャンク）の「区切れ」で，一瞬の「間」を置くとよい。意味の区切れを見つける目印として，次のような区切れのポイントを覚えておくとよいだろう。

・句読点（カンマとピリオドなど）の後
・長い主語の後
・接続詞（and, but, that, if, when, before, afterなど）の前
・前置詞（to, in, on, by, from, under, along, before, afterなど）の前
 ＊ofは区切らない方がよい
・疑問詞や関係詞の前
・不定詞の前
・場所や時を表す副詞（句）(there, tomorrow, last nightなど) の前後

以下，[例1]を使って，上記の目印の部分にスラッシュを入れて区切ったので，これを参考にして読んでみよう。

E-Learning

Today, / e-learning in higher education / is attracting more attention. / Many colleges are planning / to offer lectures / in various fields / online. / E-learning allows people / to watch these / at any time. / As a result, / it is regarded / as a convenient way / for busy people / to study. / As more people become interested / in life-long learning, / e-learning will probably play an important role / in the future.

(2009-2)

息をつぐときも，上記の区切れの位置で入れるとよいだろう。慣れてくると，あまり間を置かずに読み進めてもいいポイント（1行目のe-learningの後ろ）や，しっかり間を置いた方がいいポイント（句読点など）もわかってくるはずだ。CDの音声を参考に，音読の練習をしておこう。

トレーニング

(1) 以下の英文を「導入」「展開」「結論」の3つのパーツに分けなさい。
(2) 質問で問われそうな部分に下線を引きなさい。
(3) 意味の区切れにスラッシュを入れなさい。それからCDを聞いて音読のリズムを確認し，実際に音読の練習をしなさい。

Smoke-Free Area

These days, more and more people have come to know how bad smoking is for health. In some cities, smoking on the street has been prohibited. In this way, the local governments are trying to protect people's health. Now the places where smokers can enjoy cigarettes are very limited.

解答例・訳

〈導入〉These days, / more and more people / have come to know / how bad smoking is / for human health. / 〈展開〉In some cities, / smoking on the street / has been prohibited. / In this way, / the local governments are trying / to protect people's health. / 〈結論〉Now / the places / where smokers can enjoy cigarettes / are very limited.

禁煙スペース

〈導入〉近ごろ，ますます多くの人々が，喫煙がいかに人の健康に悪いかを知るようになってきた。〈展開〉いくつかの都市では，路上喫煙が禁止されている。こうすることで，自治体は人々の健康を守ろうとしているのである。〈結論〉現在，喫煙者がたばこを楽しめる場所は，大変限られている。

UNIT 4 質問を聞き取り, 答える力を付ける

音読の後, 4つの質問が出題される。No.1の問題は問題カードに印刷されている文章に関する質問である。面接委員の質問をしっかり聞き取ることと, 解答のカギになる個所を文章の中に見つけることが大切だ。

1 質問を正確に聞き取る

次の3つの点に注意して, 質問を正確に聞き取ろう。

①疑問詞は何か

通常 According to the passage「文章によると」という前置きがあり, 続いてほとんどの場合 Why ...?「なぜ」あるいは How ...?「どのようにして」で始まる文で尋ねられる。

②主語と動詞は何か

主語と動詞は解答文で最も重要なパーツである。面接委員がどのような主語と動詞を使うか, これを正確に聞き取ろう。

③動詞以降の表現が文章中にないか

通常, 質問文は動詞以降に文章中の表現をそのまま使うことが多い。解答のカギはこの周辺にあるので, 文章中からこの表現を探し出すことが重要だ。

では, 前出の［例1］と［例2］の質問を見てみよう。

［例1］

E-Learning

Today, e-learning in higher education is attracting more attention. Many colleges are planning to offer lectures in various fields online. E-learning allows people to watch these at any time. As a result, it **is regarded as a convenient way for busy people to study**. As more people become interested in life-long learning, e-learning will probably play an important role in the future.

（**質問**）According to the passage, why is e-learning regarded as a convenient way for busy people to study?

質問文の疑問詞はwhyで始まっている。主語はe-learning, 動詞はis regardedと受け身になっている。regarded以降の表現は文章中でそのまま第4文に見つけられる。

[例2]

Electronic Money

Nowadays, various kinds of electronic money are available. One example is prepaid shopping cards, which can be used in stores instead of cash. Many stores give special discounts to people who pay with these cards. By doing so, they **try to attract more customers**. However, some people avoid using electronic money because it is easy to forget how much they have spent.

(質問) According to the passage, how do many stores **try to attract more customers**?

質問文の疑問詞はhowで始まっている。主語はmany storesと複数形、動詞はtryである。try以降の表現はそのまま第4文に見つけられる。

2 代名詞・指示語が指すものを正確に把握する

質問文と共通の表現を文章中に見つけても、解答につながるキーフレーズは同じ文中ではなく、その前後の文にあることが大半である。こうした表現を把握するためには、UNIT 2-2 で紹介した因果関係や方法を表す表現と、解答のカギになる個所を指し示す代名詞や指示語を正確に理解する必要がある。

では、先ほどの [例1] で見てみよう。

[例1]

... Many colleges are planning to offer lectures in various fields online. E-learning allows people to watch these at any time. As a result, it **is regarded as a convenient way for busy people to study** ...

(質問) According to the passage, why **is** e-learning **regarded as a convenient way for busy people to study**?

質問文はwhy「なぜ」と理由を聞いている。文章中にAs a result「その結果」と因果関係を表す表現があるので、その前文に解答につながる情報、つまり「理由」があると考えよう。As a resultの後のitという主語は前文の主語のe-learningを指す。また、二重下線部分のtheseは、その前文のlectures in various fieldsを指している。

同様に [例2] で見てみよう。

[例2]

... One example is prepaid shopping cards, which can be used in stores instead of cash. <u>Many stores</u> give special discounts to people who pay with <u>these cards</u>. <u>By doing so</u>, <u>they</u> **try to attract more customers** ...

（質問）According to the passage, <u>how do many stores</u> **try to attract more customers**?

質問はHow「どのようにして」で始まる疑問文，つまり「方法」を聞いている。質問文と動詞以降が共通する文の冒頭にBy doing so「そうすることによって」とあり，これは直前の文のgive special discounts to people who pay with these cardsを指していると判断できる。By doing so, で始まる文の主語theyは，前文の主語である複数形のmany storesを指している。二重下線部分のthese cardsは，具体的にはその前文のprepaid shopping cards, which can be used in stores instead of cashを示している。

3 適切な形の解答文を作る

解答につながるキーフレーズを文章中に発見したら，次にそれを解答として適切な形に変えて返答しよう。高得点を得るには，質問文中に使用された名詞は代名詞に置き換えて答えるのが鉄則だ。

[例1]

（質問）According to the passage, why is e-learning regarded as a convenient way for busy people to study?

（キーフレーズ）E-learning allows people to watch these at any time.

E-learningは質問文の主語でもあるので，Itに置き換える。逆にtheseはこれだけだと何を指すのかわからないので，それが指す具体的な表現に置き換える。理由を示すBecauseは使わなくてもよい。

（解答）(Because) it allows people[them] to watch lectures (in various fields online) at any time.

[例2]

（質問）According to the passage, how do many stores try to attract more customers?

（キーフレーズ）Many stores give special discounts to people who pay with these cards.

質問がHow ...?「どのようにして」なので、解答はBy doing ...「〜することによって」の形にしよう。these cardsは具体的な表現に置き換える。

解答 By giving special discounts to people who pay with prepaid shopping cards(, which can be used in stores instead of cash).

トレーニング　CD 27

(1) 以下の英文で、赤い太字部分が指している内容に下線を引きなさい。
(2) CDで質問を聞き、声に出してそれに解答しなさい。

Smoke-Free Area

These days, more and more people have come to know how bad smoking is for human health. In some cities, smoking on the street has been prohibited. **In this way**, the local governments are trying to protect people's health. Now the places where smokers can enjoy cigarettes are very limited.

解答・訳

(1) smoking on the street has been prohibited

(2) **質問** According to the passage, how are the local governments trying to protect people's health?
「文章によれば、どのようにして自治体は人々の健康を守ろうとしているのですか」
解答例 By prohibiting smoking on the street.「路上喫煙を禁止することによって」

UNIT 5　描写力を付ける

No. 2の問題の課題は、文章の話題と関連のある3コマのイラストを描写することである。ここではうまく描写するためのポイントを解説する。

1 描写のポイント

イラストを描写する際は、以下の点に留意しよう。

①動詞は過去形

印刷されている最初の文は、通常One dayなどから始まり、動詞も過去形である。過去の出来事であることが前提なので、描写のときは動詞を過去形にするように気を付けよう。

②進行中の動作は過去進行形

進行中の動作を描写するときは、過去進行形を使おう。

③ 1コマ目の描写

1コマ目の描写について。最初の文は印刷されている文をそのまま読み上げ，2文目は A said to B, "…" と直接話法を使って，イラスト中の吹き出しのせりふをそのまま引用しよう。

④ 2コマ目，3コマ目の描写

2コマ目，3コマ目の第1文は，必ず矢印の中の時間表現（ときに場所の表現も含まれる）から始めよう。

⑤ 各コマ2文ずつで描写

各コマ2文ずつで描写するのが基本である。2コマ目，3コマ目は第1文を人物の状況描写，第2文を吹き出しの中の提案・心理状態の描写に当てる。コマに吹き出しがない場合は，状況描写にもう1文を当てる。

吹き出しの描写には次のような表現が使える。

- *A* suggested that *B* (should) *do* ...　「AはBが〜するよう提案した」
- *A* thought of *doing* ...　「Aは〜することを考えた」
- *A* was looking forward to *doing* ...　「Aは〜することを楽しみにしていた」
- *A* wanted to *do*　「Aは〜したいと思った」
- *A* thought that *B* could *do*　「AはBが〜できると思った」
- *A* hoped that ... would 〜　「Aは〜になったらと願った」
- *A* was worried that ... would 〜　「Aは〜になるのではないかと心配した」
- *A* told *B* that 〜　「AはBに〜と伝えた」

では，下記の解答例で上記5つのポイントを確認しよう。前出の［例2］Electronic Money の文章とセットになったイラストである。

Your story should begin with this sentence: **One day, Mr. and Mrs. Yamada got a prepaid shopping card at a supermarket.**

(2009-2)

解答例 One day, Mr. and Mrs. Yamada got a prepaid shopping card at a supermarket. 〈1コマ目〉The store clerk said to them, "You can have a discount when you use this card." 〈2コマ目〉One week later, Mrs. Yamada noticed that their refrigerator was almost empty. Mr. Yamada **suggested that** they **should go** shopping. 〈3コマ目〉One hour later at the store, Mr. Yamada was choosing bread. Mrs. Yamada was upset because she couldn't find her prepaid shopping card.

2コマ目のMr. Yamadaの提案は，A suggested that B should do ... の形で表現されている。3コマ目のMrs. Yamadaの気持ちは，1コマ目の店員のYou can have a discount ... から，カードを忘れてしまいがっかりしているのだと判断し，Mrs. Yamada was upset because ... とする。

2 表現を工夫する

ある事柄を説明するための表現は1つだけではない。さまざまな表現で説明することが可能である。言いたいことを先に日本語で思いついてしまい，それを英語でどう言ってよいのかわからないこともあるだろう。そのようなときは，見方を変えて別の表現で描写できるよう工夫したい。

例えば上記の解答例，2コマ目の描写の下線部分を見てみよう。

Mrs. Yamada noticed that their refrigerator was almost empty.

「冷蔵庫に食べ物がない」と説明するときに，empty「空っぽ」という表現が思い浮かばなくても，例えば以下のように説明できる。

→Mrs. Yamada found that there was little food in the refrigerator.

また，refrigerator「冷蔵庫」という単語を思いつかない場合は，以下のように言うこともできる。

→Mrs. Yamada realized that they didn't have much food at home.

同様に，3コマ目のMrs. Yamadaの心理描写もさまざまな表現が可能だ。Mrs. Yamada was upset because she couldn't find her prepaid shopping card.

→Mrs. Yamada realized that she forgot the prepaid card.

→Mrs. Yamada was sorry because she couldn't get a discount without

the prepaid card.
→Mrs. Yamada was shocked because she couldn't buy food cheaper.
→Mrs. Yamada couldn't find the prepaid card in her wallet. She was disappointed.

　以上の例のように，言いたいことをどう表現してよいかを思いつかなくても，違う見方や言葉遣いで言い表すことができないかを考えてみよう。ポイントを押さえていれば，満点は取れないとしても多少の点数は確保できる。アティチュードの点からも，黙ってしまわずに，少しでも言葉を発するようにしよう。

トレーニング　CD 28

次のイラストを描写した文を参考に，それとは別の表現でイラストを描写しなさい。

(1) She baked a cake.

(2) The man suggested that they should go to the restaurant.

解答例

(1) ・She made some sweets.
　　・She took a cake out of the oven.
　　・She was cooking.
　　・She was preparing food.
　　・She was cooking in the kitchen.
(2) ・The man invited her to have lunch together.
　　・The man asked the woman to go to lunch with him.
　　・The man wanted to go to a restaurant with the woman.

UNIT 6 自分の考えを説明する力を付ける

　No. 3 と No. 4 の質問では，受験者自身の意見を求められる。No. 3 のテーマは問題カードの話題と関連性のある内容で，No. 4 のテーマは，カードの話題とは全く関係のない内容であることが多い。両方とも，自分の意見を簡潔にわかりやすくまとめるという点では共通である。

1 意見の組み立て方

　No. 3, No. 4 では，まず出題されたテーマに同意するかしないかを述べる。No. 3 では I agree. / I disagree. とまず同意・不同意を答える。No. 4 では質問に対して Yes. / No. と答えると，さらに Why? / Why not? または Please explain. と問い掛けられる。その後，その理由を2文程度で説明するというのが，標準的な解答方法だ。

　最初の文ではテーマに同意する，またはしない理由を述べるが，次の文で何を述べるかが難しい。ここでは2つの文を構成する方法と，使える表現について説明する。使える表現は例文中で太字で示している。

❶ 2つ理由を並べる

　同意あるいは不同意の理由を2つ続けて述べる方法がある。

（質問）Some people say that, because of electronic money, people will not carry cash in the future. What do you think about that? 　(2009-2)
「電子マネーのおかげで，将来人々は現金を持ち歩かなくなるという人もいます。あなたはそのことについてどう思いますか」

（解答）I disagree. People won't be able to use electronic money at small stores. **Also, some people** won't feel comfortable using it.
「私はそうは思いません。小さい店では電子マネーは使えるようにならないと思います。また，それを安心して使えるとは思わない人々もいるでしょう」

　この解答では，「小さな店では使えるようにならない」，「安心して使えるとは思わない人もいる」と2つの理由を挙げている。2番目の文を Also「また」で始めると，理由が2つあるということがわかりやすい。

（質問）In Japan, there are many shops selling secondhand goods. Do you think these shops will become more popular in the future? (2008-2)
「日本には，中古品を売る店が数多くあります。こうした店は将来もっと人気が出ると，あなたは思いますか」
Yes.「はい」→ **Why?**「なぜですか」

> **解答** **More people will** want to buy things cheaply. **Also**, these shops **will** have more choices for shoppers **in the future**.
> 「より多くの人々が安価で品物を買いたいと思うようになるでしょう。また将来こうした店では，買い物客に対してより広い選択肢を提供するようになるでしょう」

将来の見通しを述べる場合は，More people will ...「より多くの人々が〜になる」のように，比較級とwillを組み合わせる表現が使いやすい。

❷ 理由の根拠を説明する

同意あるいは不同意の理由を述べた後，その理由の根拠となる具体例や考え方を説明する方法もある。または，根拠を先に述べて，「だからこう思う」と理由を述べてもよい。

> **質問** Some people say that pet owners spend too much money on their pets. What do you think about that? (2008-3)
> 「ペットの飼い主は自分たちのペットにお金を使い過ぎだという人もいます。あなたはそのことについてどう思いますか」

> **解答** I agree. **I think** they buy unnecessary things for their pets. **For example**, some dog owners buy expensive clothes for their dogs.
> 「私もそう思います。彼らはペットに不要なものを買っていると思います。例えば，自分たちの犬のために高価な服を買う飼い主もいます」

「お金の使い過ぎ」に同意する理由として，「不要なものを買っている」ことを挙げている。そして，不要なものを買っている例を，For example「例えば」を使って導いている。

> **質問** These days, club activities at some schools have become less popular. Do you think club activities are necessary for school education? (2008-1)
> 「近ごろ，学校によってはクラブ活動が以前より人気がなくなってきています。あなたは学校教育にとってクラブ活動は必要だと思いますか」
> **Yes.**「はい」→**Why?**「なぜですか」

> **解答** Students **should** learn how to work with others. Club activities **give them a good chance to do** this.
> 「生徒はほかの人たちとどのように一緒にやっていくかを学ぶべきです。クラブ活動はこれを行うためのよい機会になります」

まず「生徒に必要なこと」をshouldを使って先に述べ，次に「クラブ活動はそのよい機会である」とクラブ活動の必要性を主張している。

❸ 提案・代案を出す

テーマに同意する場合は，理由を述べた後，テーマの内容を促進するための提案を行う。テーマに同意しない場合は，理由を述べ，代案を出す。

質問 Today, many schools give students time to do volunteer activities. Do you think schools should have time for students to do volunteer activities? (2008-3)
「今日，多くの学校で生徒のボランティア活動の時間があります。学校は生徒がボランティア活動を行う時間を作るべきだとあなたは思いますか」

Yes.「はい」→ **Why?**「なぜですか」

解答 It's important for students to do volunteer activities. I think these activities should be encouraged more in education.
「生徒がボランティア活動をするのは大切なことです。こうした活動は教育の中でもっと奨励されるべきです」

No.「いいえ」→ **Why not?**「なぜですか」

解答 Schools shouldn't tell students to do volunteer activities. Students should decide whether they do these activities or not.
「学校は生徒にボランティア活動をするよう命じるべきではありません。こうした活動をするかどうかは生徒が決めるべきです」

提案をするには，should「～すべき」，shouldn't「～すべきではない」といった表現を使うとよい。It is important for A to do ...「Aが～することは重要（大切）だ」は，理由を付けるときに便利な表現。

質問 Some people say that the best way to learn a foreign language is to live in a country where the language is spoken. What do you think about that? (2008-1)
「外国語を学ぶのに一番良い方法は，その言語が話されている国に住むことだという人もいます。あなたはそのことについてどう思いますか」

解答 I disagree. Living in another country costs too much money. People can learn a foreign language in other ways even in their home country.
「私はそうは思いません。他国で暮らすのはお金が掛かり過ぎます。人々は自分

の国にいても，ほかの方法で外国語を学ぶことができます」

can「〜できる」を使って，「〜することもできます」，「〜すればよいのです」というニュアンスの提案をすることも可能だ。

2 個人的な行動・感情を一般論にする

意見を求められて，すぐそれに整然と答えるのはなかなか難しいことだ。問題カードと関連性のない話題を尋ねられるNo. 4では特にそうである。日ごろから意見を持っているテーマであればよいが，そうでなければ自分ならどうするか，どう思うかをもとに意見を考えるのがやりやすい方法だ。

(質問) Today, most towns and cities have libraries. Do you think more people will use libraries in the future? (2009-1)
「今日，ほとんどの市町村に図書館があります。図書館を利用する人は将来増えると，あなたは思いますか」

自分が図書館をよく利用するかどうか，それはなぜかを考え，自分のことをpeopleなどを主語にして一般論として表現する。

よく利用する場合は，例えば「多くの図書館が無料でインターネットを使えるサービスを提供している」といった展開にできる。あまり利用しない場合は「自分はあまり本を読まない。本を読んでいる時間があまりない」といったように展開させることができる。

Yes.「はい」→ **Why?**「なぜですか」
(解答) Many libraries are offering various services. For example, they give people the chance to use the Internet for free.
「多くの図書館がさまざまなサービスを提供しています。例えば，無料でインターネットを使う機会を人々に与えています」

No.「いいえ」→ **Why not?**「なぜですか」
(解答) I think fewer people will read books in the future. Also, many people don't have time to visit libraries.
「将来本を読む人は減ると私は思います。また，多くの人々は図書館に足を運ぶ時間がありません」

よほど変わった意見でない限り，自分の個人的な行動や考えや理由を一般論として構わない。意見とは結局個人的な判断であるし，意見の内容ではなく，それが理路整然としているかどうかが大切なのである。

> トレーニング　　　　　　　　　　　　　　　　　CD 29

　次の質問 (Q) とそれに対する解答 (A) を CD で聞き，解答にもう1文を付け加えなさい。また，それとは別に自分独自の解答も考えなさい。

(1) Q: Some people say that convenience stores shouldn't stay open 24 hours a day. What do you think about that?
　　A: I agree. I think convenience stores are using too much electricity ...

(2) Q: Today, more and more people are buying books through the Internet. Do you think bookstores will disappear in the future?
　　A: No.
　　Q: Why not?
　　A: Many people like shopping at a bookstore ...

> 訳・解答例

(1) Q「コンビニエンスストアは24時間営業をするべきではないという人もいます。あなたはそれについてどう思いますか」
　　A「私もそう思います。コンビニエンスストアは電気を使い過ぎています…」

It will save a lot of energy if they don't stay open all the time.
「店を24時間営業にしなければ，大きなエネルギーの節約になります」

People should do their shopping in the daytime.
「人々は昼間に買い物を済ますべきです」

Also, going to bed early is good for people's health.
「また，早寝は人々の健康にも良いです」

(2) Q「今日，ますます多くの人々がインターネットで本を買っています。あなたは将来書店はなくなってしまうと，思いますか」
　　A「いいえ」
　　Q「なぜですか」
　　A「多くの人々は書店で買い物をするのが好きです…」

They want to open books and check the contents.
「彼らは本を開いて中身を確認したいのです」

Looking at many books in a large bookstore is fun.
「大きな書店でたくさんの本を見るのは楽しいことです」

Sometimes you can find interesting books that you didn't know about before.
「それまで知らなかった面白い本を見つけることもあります」

実戦問題

E-books

Nowadays electronic books, or e-books, are getting more and more popular. You can buy and download an e-book from an Internet bookstore, and take it out in a portable e-book reader. As they do not need to be printed on paper and stored on shelves, e-books save publishers' money and book readers' space. However, some people prefer paper books. They say they like the feeling of turning the pages.

Your story should begin with this sentence: **One day, Mr. and Mrs. Murai were talking about an e-book reader.**

Questions

No. 1 According to the passage, why do e-books save publishers' money?

No. 2 Now please look at the picture and describe the situation. You have 20 seconds to prepare. Your story should begin with the sentence on the card. < *20 seconds* > Please begin.

Now, Mr. / Ms. ——, please turn over the card and put it down.

No. 3 Some people say young people don't read enough books. What do you think about that?

No. 4 Today, many stores sell clothes for very low prices. Do you think it is a good idea to buy those cheap clothes?
　　　　 Yes. → Why?
　　　　 No. → Why not?

> **Eブック**
>
> 　今日，Eブックとも呼ばれる電子書籍の人気がますます高まっている。Eブックはインターネット書店から購入してダウンロードすることができ，そしてポータブルEブックリーダーで持ち出すことができる。紙に印刷し，本棚に保管する必要がないので，出版社のお金と読者のスペースの節約になる。しかし，紙の本を好む人々もいる。ページをめくる感触が好きなのだと，彼らは言う。

質問

No. 1 文章によれば，なぜEブックは出版社のお金の節約になるのですか。

No. 2 では，イラストを見て状況を説明してください。20秒の準備時間があります。カードに書かれている文で話を始めてください。＜20秒後＞始めてください。

　さて，〜さん，カードを裏返しにして置いてください。

No. 3 若い人たちは本を十分に読んでいないと言う人もいます。あなたはそれについてどう思いますか。

No. 4 今日，多くの店で服がとても安い値段で売られています。そうした安い衣服を買うことはよい考えだと，あなたは思いますか。

　　Yes. → なぜですか。　　No. → なぜですか。

■ **音読の攻略**

　CDを参考に，ポーズを取る場所や抑揚に注意して，実際に音読してみよう。下記のスラッシュの部分はポーズを入れる個所の例である。

E-books

Nowadays / electronic books, / or e-books, / are getting more and more popular. / You can buy and download an e-book / from an Internet bookstore, / and take it out / in a portable e-book reader. / As they do not need / to be printed / on paper / and stored / on shelves, / e-books save publishers' money / and book readers' space. / However, / some people prefer paper books. / They say / they like the feeling / of turning the pages.

■ 質疑応答のポイントと解答例

No. 1

解答例 (Because) they do not need to be printed on paper.
「(なぜなら) それらは紙に印刷する必要がないからです」

解説 第3文の後半の節の目的語の片方 book readers' space が、質問文には含まれていないので、注意が必要。第3文冒頭の As は「〜なので」と理由を表している。

No. 2

解答例 One day, Mr. and Mrs. Murai were talking about an e-book reader. Mr. Murai said to his wife, "I can read with one hand with an e-book reader." That night, Mr. Murai ordered an e-book reader on the Internet. Mrs. Murai brought a drink to him. A few days later, the e-book reader arrived. He thought of reading an e-book on the train.
「ある日、ムライ夫妻はEブックリーダーについて話していました。ムライさん(夫)は妻に、『Eブックリーダーがあれば片手で本を読むことができる』と言いました。その夜、ムライさんはインターネットでEブックリーダーを注文しました。ムライさんの妻は彼に飲み物を持ってきました。数日後、Eブックリーダーが届きました。彼はEブックを電車で読もうと思いました」

解説 1コマ目の第2文は、吹き出しのせりふを直接話法でそのまま引用すればよい。2コマ目は、「ムライさんがインターネットでEブックリーダーを注文した」「ムライさん(妻)が夫に飲み物を持ってきた」の2点がポイント。3コマ目は、「Eブックリーダーが届いた」「ムライさんは電車の中でEブックリーダーで読もうと思っている(吹き出し)」がポイント。2コマ目・3コマ目は矢印内の時間表現から始めること。

No. 3

解答例 I agree. They should read more books. They can learn new ways of thinking by reading books.
「私もそう思います。彼らはもっと本を読むべきです。本を読むことで新しい考え方を学ぶことができます」

解答例 I disagree. In fact, they read more books than older people think. Also, there are other ways to get information like from the Internet.
「私はそうは思いません。実際、年配の人が考えているより、彼らは本を読んでいます。また、インターネットのように、ほかに情報を得るための手段もあります」

解説 No. 3ではSome people say ... と，ある人々の意見を紹介し，それについてどう思うか尋ねるのが定番のパターンだが，まずこの意見が正しいと思うかどうかが最初のポイントになる。この問題では，若い人たちは本当に本を読んでいないのかどうかが，解答文の1つになるだろう。それから，同意する人は，なぜ本を読むべきか，本を読むことのメリットは何かについて述べるとよい。不同意の人は，本を読まなくても済む理由，本の代わりになるものを挙げるなどすればよいだろう。

No. 4

解答例 （Yes. と答えた場合→Why?）

(Yes.) You can buy more clothes if they are cheap. Young people especially do not have that much money.
「値段が安ければ，より多く衣服を買うことができます。特に，若い人たちはそれほどお金を持っていません」

解答例 （No. と答えた場合→Why not?）

(No.) Cheap clothes are often low in quality. It is better to buy good clothes and wear them longer.
「安い衣服は品質が劣ることが多いです。良い衣服を買って，より長い間着る方が賢明です」

解説 No. 4では質問の最初の文の聞き取りが重要である。最近話題になっている身近な事柄が取り上げられることが多いので，自分に照らし合わせてみると解答を考えやすい。この問題を例に取ると，「自分は安い服を買っているか，買っていないか」→「その理由は何か」のように考えて，解答を構成していく。

模擬試験

問題	254
解答一覧	274
解答・解説	275

一次試験

筆記

1 次の(**1**)から(**20**)までの( )に入れるのに最も適切なものを**1**, **2**, **3**, **4**の中から一つ選び、その番号を解答用紙の所定欄にマークしなさい。

(1) A: Tom, did you get your money back when the airline canceled your flight to Rome?
B: Yes, they ( ) my money, but I was really disappointed about missing the trip.
1 exported **2** refunded **3** published **4** disturbed

(2) A: Alex, I was thinking of taking the kids to the zoo tomorrow. The ( ) to enter is $4 for kids and $8 for adults.
B: That's not so expensive, especially if you spend the whole day there.
1 skill **2** crop **3** fee **4** effect

(3) Edith wanted to buy the game Talkers for her 4-year-old son, but the box said it was ( ) for ages 6 to 10. She decided to look for a game for younger children instead.
1 unusual **2** ancient **3** suitable **4** mysterious

(4) The town where Paul lives has been growing rapidly over the last few years. There are ( ) about 8,100 people living in the town, but that number is likely to increase in the future.
1 efficiently **2** similarly
3 automatically **4** currently

(5) One of the oldest houses in Keiko's town was destroyed by an earthquake last week. Luckily, nobody was inside when the house ( ).
1 struggled **2** disagreed **3** interrupted **4** collapsed

(6) After Roger got injured in a football game, he had to go to the hospital to have an ( ) on his knee. It was several weeks before he could walk properly again.
1 advantage **2** operation **3** instinct **4** excuse

(7) The city government wanted to close down one of the libraries in the city because few people used it. However, many local residents (　　) the idea, saying that the library was an important part of their community.
1 opposed　　**2** arranged　　**3** detected　　**4** translated

(8) Jenny was upset when her boss scheduled a meeting for Thursday night. It (　　) with her plans to celebrate her husband's birthday.
1 occupied　　**2** cultivated　　**3** interfered　　**4** vanished

(9) *A:* Brett, my photograph of a lion received first place in the national photography contest! It's going to be on the cover of *Photography Magazine*.
B: That's a great (　　), and I'm sure it will help you succeed as a photographer.
1 ingredient　　**2** achievement　　**3** extinction　　**4** objection

(10) The volcano in the center of Bevel Island is no longer active. Its last (　　), which was 200 years ago, caused the destruction of many villages and sent large clouds of smoke into the air.
1 allergy　　**2** income　　**3** eruption　　**4** outline

(11) The group did not have much time to write their proposal, so they got right down to (　　) as soon as they started their meeting. They worked very hard and finished it at 10 p.m.
1 business　　**2** talent　　**3** purpose　　**4** season

(12) *A:* Jordan, you know (　　) than to hide your sister's doll. Go and give it back, and tell her that you're sorry.
B: Oh, all right. I'll do it now.
1 wider　　**2** false　　**3** higher　　**4** better

(13) Abe invited Beth to watch a horror movie on Saturday, but Beth said she did not like scary movies. She talked him (　　) of seeing the horror movie, and, they went to see a comedy instead.
1 around　　**2** down　　**3** out　　**4** through

(14) *A:* Do you still want to attend the lecture on small businesses tonight?
B: You know, on second (   ), let's just go out for a nice dinner. I'm too tired to pay attention to a lecture.
1 mind **2** thought **3** weight **4** idea

(15) *A:* I've only had these running shoes for a year, but they're (   ) already.
B: Well, you do run in them every morning. I guess you'll have to buy a new pair soon.
1 crossed out **2** worn out **3** grown up **4** dressed up

(16) Andrea heard some people talking in the room next door, but they were talking so quietly that she couldn't make (   ) what they were saying.
1 with **2** in **3** out **4** about

(17) Nick had such a terrible experience flying to Jamaica last month that he is (   ) air travel. The next time he goes on vacation, he'll drive or take a train.
1 through with **2** just under **3** next to **4** from behind

(18) *A:* Bob said he paid $250 to take the class on European history, but I only paid $150.
B: Right. If he had paid before November 15, he (   ) the same discount.
1 would have gotten **2** got
3 had gotten **4** has gotten

(19) *A:* I don't understand Greg. Every time I ask him to have lunch with me, he says he has to practice the violin.
B: Well, (   ) a professional violinist, he has to practice many hours every day.
1 is **2** been **3** be **4** being

(20) Since Lisa's uncle is a clothes designer, she (   ) him design a dress for her wedding last year. He did a great job, and Lisa loved the dress.
1 has **2** had **3** have **4** having

2

次の英文がそれぞれ完成した文章になるように，その文意にそって **(21)** から **(25)** までの **1** から **5** を並べ替えなさい。そして **2番目** と **4番目** にくる最も適切なものを一つずつ選び，その番号を解答用紙の所定欄にマークしなさい。ただし，（　）の中では文頭にくる語も小文字で示してあります。

(21) A: I just got a great job offer, but I really want to do a working holiday in New Zealand after I graduate.
B: (　　) position, I'd go to New Zealand. You might not get that kind of opportunity again.

1 in	**2** if	**3** were
4 I	**5** your	

(22) Bobby was scared to visit the dentist because he thought it would hurt. When his mother (　　), he screamed and kicked. But in the end, the checkup didn't hurt at all.

1 will	**2** him	**3** his
4 took	**5** there against	

(23) A: Jeremy is so happy to be working at Franklin Corporation. He gets to have lunch with his girlfriend every day because she works in another department.
B: His girlfriend works there, too? (　　) to get a job there.

1 that	**2** it's	**3** he wanted
4 wonder	**5** no	

(24) Lisa's grandfather lives near the gym where Lisa works out. Whenever she goes to the gym, (　　) afterward. He's always happy to see her.

1 a point	**2** him	**3** makes
4 of visiting	**5** she	

(25) Carta's husband does not like celery. When Carta was cooking vegetable soup yesterday (　　) the recipe.

1 asparagus	**2** celery in	**3** she
4 substituted	**5** for the	

3 次の英文[A], [B]を読み，その文意にそって(**26**)から(**33**)までの(　　)に入れるのに最も適切なものを**1**, **2**, **3**, **4**の中から一つ選び，その番号を解答用紙の所定欄にマークしなさい。

[A]

Healthy Choices

Typical school lunches in the United States consist of hot dogs, hamburgers, and other high-fat foods. They offer few healthy options that include fiber, fresh fruits, vegetables, and whole grains. Not surprisingly, the number of overweight children has risen greatly in the last few decades. (**26**), there are more and more children developing serious health problems that result from overeating. A non-profit organization called the Physicians Committee for Responsible Medicine (PCRM) believes that, without (**27**) changes in the school lunch system, the number of overweight children could double over the next 20 years.

According to the PCRM, the National School Lunch Program (NSLP) and the United States Department of Agriculture (USDA) that runs it helped cause the problem. In 1946, to support America's farmers, the USDA agreed to buy hundreds of thousands of dollars worth of agricultural products every year, most of which was animal products. When the USDA gave these food items to the NSLP for free, the NSLP made high-fat foods from them and gave them to school children. Although this helped both farmers and schools (**28**), the USDA did not realize that it was putting the health of school children at risk.

Now, the PCRM is attempting to make children a priority and help prevent disease through healthy nutrition in schools. While they work with the USDA to change their policies, the PCRM has created some guidelines for school cafeterias to help them choose healthier foods for lunches. For example, the PCRM advises schools to provide one vegetarian dish daily as well as fresh fruit and a non-dairy drink. Research shows that these food choices have low fat content, fewer calories, and greater amounts of fiber and nutrients. They also (**29**) good behavior and better concentration. Schools that eagerly adopted the PCRM guidelines experienced positive changes in children's attitudes and plan to continue with these healthy choices. Hopefully, with the help of the PCRM, the new guidelines will spread rapidly throughout the United States.

(26) **1** As usual **2** By mistake
 3 Even then **4** In addition

(27) **1** major **2** brief
 3 casual **4** equal

(28) **1** economically **2** accidentally
 3 occasionally **4** globally

(29) **1** modify **2** dismiss
 3 promote **4** evaluate

[B]

Supporting the Bees

People in the United States have been keeping honeybees commercially since the early 1600s. These days, however, the numbers of hobby beekeepers are rising quickly, and in some places, they have increased 50 percent. Regular people such as teachers, café owners, doctors and lawyers, are not making beekeeping a priority for the honey. (30), they are doing their part to guarantee that local farmers can grow their fruits and vegetables successfully.

This new trend has been necessary ever since the sudden and (31) decline in the population of bees throughout the United States. So far, thousands of commercial colonies have been lost across as many as 24 states. Although scientists suspect that farm chemicals and tiny insects may be the reason for the losses, they are unsure of this and unable to find any solutions. About one-third of the country's crops (32) on bees for pollination, including fruits and vegetables for humans, alfalfa* for cows, and crops used for biofuel. With this serious decline, fewer of these products are available, and prices may begin to increase. And this is why it is so important that regular people are stepping up to participate.

Unfortunately, it is not always easy for regular people to keep bees because of city rules. Andrew Coté, a professor of Japanese literature in New York City, has bee hives* on the roof of a building in the middle of the city. He had to keep the hives a secret for years because the city did not (33) them. It considered bees as dangerous as poisonous snakes and tarantulas.* Coté and other beekeeper friends had to work very hard to convince the city to change its rules about bees, and since the change, more and more people are getting involved.

*alfalfa：ムラサキウマゴヤシ（植物の名前）
*hive：ミツバチの巣箱
*tarantula：タランチュラ（毒を持つクモ）

(30) **1** Besides   **2** Instead
      3 Moreover   **4** Therefore

(31) **1** mysterious   **2** standard
      3 attractive   **4** familiar

(32) **1** agree   **2** comment
      3 depend   **4** report

(33) **1** spread   **2** divide
      3 publish   **4** allow

4

次の英文[A], [B], [C]の内容に関して，(**34**)から(**45**)までの質問に対して最も適切なもの，または文を完成させるのに最も適切なものを **1**, **2**, **3**, **4** の中から一つ選び，その番号を解答用紙の所定欄にマークしなさい。

[A]

From: Wayne Bryant <w-bryant@bryantpublishing.com>
To: Betty McFarland <b-mcfarland@bryantpublishing.com>
Date: June 1, 2010
Subject: Employee of the Year Award

Dear Betty,

Thank you for taking the time to send me your suggestion for this year's Employee of the Year Award. I believe the award is very important to our company because it encourages employees to work together and do their best. These are the things that make our company one of the finest in the publishing industry.

I'm sure Edward will be honored to know that you believe his work is good enough for this award. In your recommendation, you mentioned his leadership skills during department meetings and his dedication to producing the highest quality work. Is it possible for you to send me some more detailed examples of these activities by Friday? Although we do look at each applicant's and nominee's accomplishments as well as the projects they are working on, the awards committee and I will consider examples of excellent everyday performance most seriously during our meeting. If Edward is chosen for the award, the committee will contact you immediately with the news. The awards ceremony will be held on September 3. During the ceremony I would like you to introduce Edward and explain why he is such a valuable member of your department. Then, I will tell everyone our reasons for choosing him, and he will get a chance to say a few words. Thanks.

Wayne Bryant
Vice president, Bryant Publishing

(34) Wayne believes the award is important to the company because it

   1 makes it the finest in the industry.
   2 encourages people to suggest ideas.
   3 promotes hard work and teamwork.
   4 helps it hire the best employees.

(35) What does Wayne ask Betty to do by Friday?

   1 Tell him about Edward's everyday performance.
   2 Send him a list of Edward's schedule.
   3 Write which projects Edward would like to take part in.
   4 Find out which department meetings Edward leads.

(36) What is one thing that will happen if Edward is chosen for the award?

   1 The committee will explain the value of his department.
   2 Wayne will contact Betty about the reasons for choosing him.
   3 He will be introduced to the committee immediately.
   4 Betty will say a few words at the awards ceremony.

[B]

A New Sight in Dubai

In 1961, a hotel in Hawaii opened the world's first rotating restaurant. It was a great achievement at the time, and the architects overcame many difficulties to make it work. After it was completed, customers were able to enjoy 360 degrees of Hawaiian scenery. Now, modern architect David Fisher exercises higher ambitions by promising a similar experience to people in their everyday lives.

Fisher is currently constructing an 80-story building in Dubai called the "Dynamic Tower". It will change shape constantly due to its individually rotating stories. Residents will be in charge of setting the speed at which their story rotates. This can be from revolution per hour to one every 24 hours. Residents will be able to watch the sunrise in the morning, the city at midday, and the sunset at dinnertime, all from the same location in their residence. They will also have access to an oversized elevator to carry them and their cars to the appropriate floor so they can park outside the front door. This will add both convenience and extra security.

But Fisher's ambitions extend even further. By placing wind turbines between each story, his building will generate a great deal of electricity, making it "green." At the same time, Fisher plans to have the roofs of each story painted with a special ink that soaks up the sun's rays and converts the energy into electricity. These environmentally friendly devices will provide enough electricity for all the building needs. As for construction, the building will be completed much faster than normal. Instead of constructing everything on site, each story will be constructed in pieces in a factory in Italy. This includes installing bathrooms, lighting, and even furniture. After the pieces are shipped to Dubai, they will be linked together easily and quickly. This process benefits people living in the surrounding area because it creates much less noise, dust, and waste.

However, the new building has not been welcomed by everybody. Some critics have even called the design ugly. They dislike architects using Dubai as only a playground for their new ideas. Fisher, however, sees his Dynamic Tower as the first of many such buildings in cities across the world. He is sure it will change architecture forever.

(37) The Hawaiian hotel with the rotating restaurant

　1 was designed in 1961 by the architect David fisher.
　2 was a unique architectural accomplishment.
　3 made customers sick from the rotation.
　4 did not work correctly in the end.

(38) How will residents of the Dynamic Tower be able to watch multiple locations from the same place?

　1 By parking directly outside the front door of the appropriate floor.
　2 By riding the oversized elevator in any direction around their residence.
　3 By controlling the speed at which their story turns.
　4 By changing the shape of their individual residence every 24 hours.

(39) What is one thing we learn about the Dynamic Tower?

　1 Wind turbines will be installed to supply the building with a lot of environmentally friendly electricity.
　2 Special ink will be painted in the bathrooms, on lighting, and on the furniture to soak up the sun's rays.
　3 The construction of the pieces of each story will be powered by solar energy.
　4 Construction will be completed more quickly than normal due to the help of surrounding residents.

(40) Some critics say that the Dynamic Tower

　1 will most certainly change the face of architecture forever.
　2 should be ignored until other, similar buildings have been completed.
　3 should be built in a children's playground rather than in Dubai.
　4 is too unattractive to be built in a city like Dubai.

[C]

Making Connections

　The bridge called Sebara Dildi in Ethiopia was built over the Blue Nile River 360 years ago. It served the area by connecting two trading regions until 1936. In this year, to prevent the Italian army from marching deep into Ethiopia, the bridge was destroyed and never rebuilt. Since then, the communities have been divided and the economy has struggled. But with the help of a new organization called Bridges to Prosperity, the people in this area can now move forward.

　In 2001, Ken Frantz, a construction-company executive from the United States, saw a picture in a magazine of the broken Sebara Dildi bridge. Looking closer, he noticed a group of men pulling someone across the river with a rope. Apart from walking to another bridge 75 kilometers away, this was the only way to reach the other side of the river. Frantz decided to make use of his experience in the building industry to try to help the lives of the people in villages nearby.

　Along with Frantz's main plan to repair the bridge, he also felt it was important to teach the villagers everything he could about bridge building, including planning, finances, transportation of materials, and construction. By doing this, he hoped the villagers would be able to maintain the bridge and build new ones when necessary. He also believed that the project would give them good experience in general.

　After months of preparation, construction began. Over a period of 10 days, Frantz, his team, and 300 Ethiopians repaired the Sebara Dildi bridge. The result was a big change for everyone living in the area. One businessman named Muhammed took advantage of the new bridge to expand his business. He uses his mules* to transport things, and now he can travel longer distances and trade goods with more people. Similarly, some workers who learned leadership skills during the bridge project were able to become leaders in their villages. And everyone can easily reach the medical clinic on the other side, now that they have a bridge for crossing the river. Although Frantz is satisfied with this outcome, he realizes that there are thousands of communities around the world still in need of similar assistance. Bridges to Prosperity hopes to reach them all one day.

*mules：ラバ

(41) What happened in 1936?
1. Ethiopians marched deep into struggling communities.
2. The Italian army connected two trading regions.
3. The Sebara Dildi bridge was rebuilt in a different location.
4. The Blue Nile River became unable to be crossed.

(42) Before the Sebara Dildi bridge was rebuilt, one way to cross the river was to
1. constantly build new bridges inch by inch.
2. be pulled across slowly from the other side.
3. borrow a rope bridge from a nearby village.
4. climb over a bridge made of a group of men.

(43) How did Ken Frantz hope to help people in the village?
1. By teaching them to transport materials anywhere in the country.
2. By making sure they could build bridges by themselves in the future.
3. By promising to maintain the bridge for them whenever necessary.
4. By showing them they were capable of getting money for projects.

(44) How was Muhammed able to take advantage of the new bridge?
1. He was able to increase his number of clients by transporting things further away from his village.
2. He was able to gain a leadership position in his village due to his involvement in the bridge project.
3. He was able to travel longer distances to construct new bridges with 300 other Ethiopians.
4. He was able to start a business with his mules carrying sick people to the medical clinic.

(45) Which of the following statements is true?
1. The Ethiopians are now building villages closer to bridges in thousands of communities.
2. Frantz sent a picture of a broken bridge in Ethiopia to a magazine for publishing.
3. Bridges to Prosperity hopes to spread their assistance to all communities that require it.
4. Frantz expected the villagers to build their own bridge over the Blue Nile River.

一次試験

リスニング

2級リスニングテストについて

① このリスニングテストには，**第1部**と**第2部**があります。
　★英文はすべて一度しか読まれません。
　第1部：対話を聞き，その質問に対して最も適切なものを**1**, **2**, **3**, **4**の中から一つ選びなさい。
　第2部：英文を聞き，その質問に対して最も適切なものを**1**, **2**, **3**, **4**の中から一つ選びなさい。
② **No. 30**のあと，10秒すると試験終了の合図がありますので，筆記用具を置いてください。

第1部　CD 33～48

No. 1
1　Their project is over in two days.
2　Their boss will be on vacation.
3　The staff will go on a cruise.
4　They will get more time off.

No. 2
1　Look for the problem themselves.
2　Take it to the man's uncle.
3　Have a car shop fix it.
4　Ignore the strange sound for now.

No. 3
1　A new baseball glove.
2　A player's autograph.
3　A picture of Darren Wright.
4　A homerun baseball.

No. 4
1　He joined the university recently.
2　He returned to the Nile River.
3　He speaks Egyptian.
4　He works for a television station.

No. 5
1. He will meet a new customer.
2. He will work on a presentation.
3. He will make a new schedule.
4. He will eat dinner there.

No. 6
1. Discuss her test results.
2. Take today's last class.
3. Do a test.
4. Attend a class meeting.

No. 7
1. It had a broken leg.
2. It was not the right color.
3. It did not match her walls.
4. It was too big for her door.

No. 8
1. It is hard to talk there.
2. It is too far away.
3. It has a vegetarian menu.
4. It serves too much meat.

No. 9
1. She'll find a different book to buy.
2. She'll buy the two books with a credit card.
3. She'll purchase only one book.
4. She'll withdraw money from a nearby ATM.

No. 10
1. The window is too small.
2. He does not want to watch the chefs.
3. There is no view of the sunset.
4. It is too cold there.

No. 11
1. Jenny never answers the phone.
2. Jenny complains too much.
3. Jenny is very lazy.
4. Jenny canceled the project.

No. 12
1. By using coupons.
2. By applying for a Benny's card.
3. By buying a gift card.
4. By bringing their own bags.

No. 13
1. Call Mr. Nelson.
2. Finish his report.
3. Take his son to the doctor.
4. Send his work to the boss.

No. 14
1. She dialed the wrong number.
2. She mixed up 3 digits.
3. Tim is talking on another line.
4. Tim is not home now.

No. 15
1. She needs to find a pet shop.
2. People sell dogs on the Internet.
3. People keep their dogs outside.
4. She should buy a small dog.

第2部 CD 49〜64

No. 16
1 They picked up leaves.
2 They planted a tree.
3 They decorated the front yard.
4 They climbed a tree.

No. 17
1 He left them in his apartment.
2 He gave them away online.
3 He sold them on the Internet.
4 He put them into boxes.

No. 18
1 A ride must be repaired.
2 The theme park is closing.
3 Food-stand lines are long.
4 All popcorn is free today.

No. 19
1 She traveled to many countries.
2 She learned about them in school.
3 She worked for a foreign company.
4 She got a globe from her parents.

No. 20
1 There were few people there.
2 The environment is like Mars.
3 The equipment was made there.
4 Antarctica is covered by ice.

No. 21
1 Ask her friends for some pictures.
2 Make presents for her friends.
3 Take her friends to her university.
4 Spend extra time with her friends.

No. 22
1. Drinks will be served soon.
2. Seat belts can be unfastened now.
3. They were able to leave early.
4. The meal will be provided now.

No. 23
1. It lives for only two weeks.
2. It is dying out.
3. It is rarely above ground.
4. It is much smaller than a chicken's egg.

No. 24
1. A free $30 gift card.
2. A warm jacket at half price.
3. A pair of winter boots.
4. A 10-percent off everything.

No. 25
1. Watch a dance show.
2. Perform dances for her friends.
3. Join a local dance company.
4. Open a private dance school.

No. 26
1. Buy some more cookbooks.
2. Eat healthier food.
3. Start going to the gym.
4. Stop working so hard.

No. 27
1. They are enjoying a festival.
2. They are angry at officials.
3. They have too many tomatoes.
4. They have to make sauce.

No. 28
1. He made cooking videos.
2. He created his own recipes.
3. He studied American cooking.
4. He sent food home to Japan.

No. 29
1. It is heavier than water.
2. It is less popular now.
3. Its price is dropping.
4. Its value is fake.

No. 30
1. Put an advertisement in the newspaper.
2. Teach people about inventions.
3. Advise business students.
4. Take classes at a local school.

模擬試験 解答・解説

解答一覧

筆記

1

問題	(1)	(2)	(3)	(4)	(5)	(6)	(7)	(8)	(9)	(10)
解答	2	3	3	4	4	2	1	3	2	3
問題	(11)	(12)	(13)	(14)	(15)	(16)	(17)	(18)	(19)	(20)
解答	1	4	3	2	2	3	1	1	4	2

2

問題	(21)	(22)	(23)	(24)	(25)
解答	4-1	2-3	5-1	3-4	4-5

3A

問題	(26)	(27)	(28)	(29)
解答	4	1	1	3

3B

問題	(30)	(31)	(32)	(33)
解答	2	1	3	4

4A

問題	(34)	(35)	(36)
解答	3	1	4

4B

問題	(37)	(38)	(39)	(40)
解答	2	3	1	4

4C

問題	(41)	(42)	(43)	(44)	(45)
解答	4	2	2	1	3

リスニング

第1部

問題	No. 1	No. 2	No. 3	No. 4	No. 5	No. 6	No. 7	No. 8	No. 9	No. 10
解答	4	3	2	1	2	1	4	4	3	3

問題	No. 11	No. 12	No. 13	No. 14	No. 15
解答	3	4	2	1	2

第2部

問題	No. 16	No. 17	No. 18	No. 19	No. 20	No. 21	No. 22	No. 23	No. 24	No. 25
解答	2	3	1	4	2	2	1	3	4	2

問題	No. 26	No. 27	No. 28	No. 29	No. 30
解答	3	1	3	1	4

筆記 1 問題 p.254〜256

(1) **解答 2**

A: トム，航空会社があなたのローマ便の運航を中止した時，お金は戻ってきたの？

B: うん，お金は払い戻してくれたよ。でも，旅行に行けなくて本当にがっかりだったよ。

解説 Aの発言中にある get your money back に着目し，それと同等の表現が入ると判断する。正解は refunded「（お金を）払い戻した」。export「輸出する」，publish「出版する」，disturb「邪魔をする」

(2) **解答 3**

A: アレックス，明日，子どもたちを動物園に連れて行こうと考えていたんだけど，入場料が子ども4ドル，大人8ドルなのよ。

B: それはそれほど高くないよ。特にそこで丸一日過ごすならね。

解説 fee は「料金，手数料」「（医師・弁護士への）報酬」である。the fee to enter は「入場料（entrance fee）」のこと。skill「技術」，crop「作物」，effect「効果」

(3) **解答 3**

エディスは4歳の息子にトーカーズというゲームを買ってあげたかったが，その箱にはそれは6歳から10歳向きと書かれていた。彼女は，代わりにもっと小さい子向けのゲームを探すことにした。

解説 エディスが別のゲームを探すことにしたのはトーカーズが息子の年齢よりも上の子向けのゲームだったからである。suitable は be suitable for 〜の形で用いられて「〜にふさわしい，適切である」という意味。unusual「珍しい」，ancient「古代の」，mysterious「神秘的な」

(4) **解答 4**

ポールが暮らしている町は，この数年間で急速に大きくなってきた。現在，その町には約8,100人が暮らしているが，その数は将来増加しそうだ。

解説 current は「今の，最新の，目下の」という意味の形容詞だが，これに -ly を付けた副詞 currently は「現在，目下のところ」という意味。efficiently「効率的に」，similarly「同様に」，automatically「自動的に」

(5) **解答 4**

先週，ケイコの町で最も古い家屋の1つが地震で壊されてしまった。幸運にも，その家屋が倒壊した時，中に人は誰もいなかった。

解説 前半の文にある was destroyed「破壊された」と類似の意味の動詞を考える。正解は collapsed「倒壊した，崩壊した」。struggle「奮闘する」，disagree「一致しない」，interrupt「妨げる」

(6) **解答 2**

ロジャーは，フットボールの試合でけがをした後，ひざの手術を受けるために病院に行かねばならなかった。再び普通に歩けるようになるまでに数週間掛かった。

解説 けがをした結果，病院に行って何をしたかを考える。正解はoperation「手術」。ちなみにこの名詞の動詞形はoperate「手術する」である。advantage「有利な点」，instinct「本能」，excuse「言い訳」

(7) **解答 1**
市当局は，市内の図書館の1つを，利用者がほとんどいないという理由で閉鎖したかった。しかし，多くの地元住民はその案に反対し，その図書館は地域の重要な場所だと言った。

解説 opposeは他動詞で「～に反対する」という意味である。be opposed to ～「～に反対している(= be against ～)」という表現もあるので注意したい。arrange「配置する」，detect「検知する」，translate「翻訳する」

(8) **解答 3**
ジェニーは，上司が会議を木曜日の夜に予定した時，動揺した。それは夫の誕生日を祝う彼女の計画とぶつかったのだ。

解説 A interfere with Bの形で「AがBの利害に抵触する」という意味になる。occupy「占領する」，cultivate「耕す」，vanish「消失する」

(9) **解答 2**
A: ブレット，私のライオンの写真が全国写真コンテストで一等賞を取ったのよ。それは『フォトグラフィーマガジン』の表紙に載るの。
B: それはよくやったなあ。きっとそれは君が写真家として成功する助けになると思うよ。

解説 写真コンテストで優勝したことはどう評価されるかを考える。正解はachievement「達成，偉業」。ingredient「成分」，extinction「消滅，絶滅」，objection「異議，反対」

(10) **解答 3**
ベベル島の中心部にある火山はもはや活動していない。その最後の噴火は200年前で，多くの村の破壊を引き起こし，ものすごい噴煙を空中に巻き上げたのである。

解説 文章の中心的な話題volcano「火山」に関係する語を考える。正解はeruption「噴火」。動詞形はerupt「噴火する」である。allergy「アレルギー」，income「収入」，outline「概略」

(11) **解答 1**
そのグループは提案書を書く時間があまりなかったので，会議を始めるとすぐに本題に入った。彼らは懸命に作業をし，午後10時にそれを終えた。

解説 get down to businessで「本題に取り組む」。get down to ～には「(仕事・問題など)に本気で取り掛かる」という意味がある。talent「才能」，purpose「目的」，season「季節」

(12) **解答 4**
A: ジョーダン，妹の人形を隠すほど愚かではないわよね。返しに行って，妹に謝りなさい。
B: うん，わかった。すぐにそうするよ。

解説 know better than to *do* は，「～するよりもよくわかっている」ということから，「～するほど愚かではない，分別がある」という意味。

(13) 解答 3

エイブは土曜日にホラー映画を見ようとベスを誘ったが，ベスは怖い映画が好きではないと言った。彼女はそのホラー映画を見ないように彼を説得し，彼らは代わりにコメディーを見に行った。

解説 ＜talk＋人＋out of *doing*＞で，「～しないように（人）を説得する」。ホラー映画が嫌いなベスは，別の映画にしようとエイブを説得したのである。

(14) 解答 2

A: あなたは今夜の小企業についての講演にまだ参加したいと思っているの？
B: うーん，考え直して，すぐにでもおいしい夕食に出掛けようよ。疲れてしまって，とても講演に集中できないから。

解説 Aの「今夜の講演にまだ参加したいと思っているか」の問い掛けに対して，Bは発言の後半部分で「疲れてとても集中できない」と言っていることから，空所は「考え直して」(on second thought) が適切。

(15) 解答 2

A: 1年間このランニングシューズだけでやってきたけど，もうすり切れてしまっているんだ。
B: そうねえ，あなたは毎朝それを履いて走っているものねえ。すぐに新しいものを買うべきじゃないかしら。

解説 be worn out は「（身に付ける物などが）すり切れる」という意味。また，人を主語にして「疲れ果てる」という意味もある。cross out「消去する」，grow up「大人になる」，dress up「正装する」

(16) 解答 3

アンドレアは何人かの人が隣家の部屋で話しているのが聞こえたが，彼らはとても静かに話していたので，何と言っているのかわからなかった。

解説 so quietly that ... が so ～ that ... 構文「とても～なので…」であることに注意。make out は「理解する (= understand)」という意味。

(17) 解答 1

ニックは先月ジャマイカへの飛行機の旅でひどい経験をしたので，空の旅はもうこりごりだ。次に休暇で出掛けるときには，車か電車で行くつもりだ。

解説 前半の文が，such ～ that ... の文「とても～なので…」であることに注意。be through (with ～)「（～に関して）終わりである」。この問題では，ニックは飛行機の旅でひどい経験をしたので，空の旅はもう「終わりだ」と判断したのである。next to ～「～の隣に」，from behind ～「～の後ろから」

(18) 解答 1

A: ボブはヨーロッパ史の授業を取るのに250ドル払ったと言っていたけど，僕は150ドルしか払わなかったよ。
B: そうなんだ。もし彼が11月15日以前に支払っていれば，同じ割引を受けたんだろうに。

解説 空所を含む文は仮定法過去完了の文。仮定法過去完了の文の主節は＜would + have + 過去分詞＞。ボブは11月15日以降に支払いをしたため割引が受けられなかったのである。

(19) **解答 4**

A: グレッグのことは理解できないわ。私が彼に一緒に昼食を食べようと誘うといつでも，バイオリンの練習があるからって言うのよ。

B: 彼はプロのバイオリニストだから，毎日何時間も練習しなければならないんだよ。

解説 分詞構文の問題。Since he is a professional violinist, he has to practice ... の文を分詞構文にすることを考える。接続詞 since と主語 he を取り，is を現在分詞 being に替える。

(20) **解答 2**

リサの叔父は服のデザイナーなので，昨年，彼女は彼に結婚式のドレスをデザインしてもらった。彼の仕事は素晴らしく，リサはそのドレスがすごく気に入った。

解説 ＜have + 目的語 + 原形不定詞＞で「(目的語)に〜させる，してもらう」という意味を表す。last year とあるので，過去形 had を選ぶ。

筆記 2　問題 p.257

(21) **解答 4-1** If I were in your

A: ありがたい就職の内定をもらったんだけど，卒業したら本当はニュージーランドにワーキングホリデーで行きたいんだ。

B: もし僕が君だったら，ニュージーランドに行くよ。そんなチャンスは二度と来ないかもしれないしね。

解説 就職か，それともワーキングホリデーかと悩んでいるAに対し，Bがアドバイスを与えている。空所後の I'd ... , You might ... などから空所内は仮定法の条件節の一部であることがわかる。文脈から If I were in your position「もし私があなたの立場だったら」という内容になることが推察できる。

(22) **解答 2-3** took him there against his will

ボビーは，痛そうだったので歯医者に行くのを怖がった。母親が彼の意志に反して歯医者に連れて行った時，ボビーはわめき，足をばたつかせた。しかし結局検査は，少しも痛くなかった。

解説 1 will が名詞，「意志」の意味で使われていることに気付くかどうかがポイント。空所後にある節の動詞の時制から，主語 his mother の後ろには過去形の動詞 took が来る。目的語と併せて took him と続ける。その後に「彼の意志に反して」against one's will を続ける。

(23) **解答 5-1** It's no wonder that he wanted

A: ジェレミーは，フランクリン社で働くのが楽しくてたまらないみたい。彼のガールフレンドも同じ会社の別の部で働いているから，毎日昼食を

一緒に取ることができるのよ。
B: 彼のガールフレンドもそこで働いているって？ どうりでそこへ就職したがったわけだよ。

解説 It is no wonder that ～「～なのは無理はない」を知っていれば簡単。that の後にhe wantedを続ければ，空所後のto get a job thereにつながる。

(24) **解答 3-4** she makes a point of visiting him
リサの祖父はリサが通っているスポーツジムの近くに住んでいる。彼女はジムに行くたびに，後で必ず祖父を訪ねる。祖父もまた彼女と会うのをいつも楽しみにしている。

解説 Whenever「～するときはいつでも」は接続詞なので，空所内は「主語＋動詞」の語順となる節が入る。make a point of doing「必ず～する」。

(25) **解答 4-5** she substituted asparagus for the celery in
カータの夫はセロリが苦手である。昨日，野菜スープを作っていた時，カータはレシピにあったセロリの代わりにアスパラガスを使った。

解説 空所前の部分はSVOの節が完成しており，接続詞whenがあるので，空所とその後の部分でSVを含む節になることがわかる。substitute A for B「Bの代わりにAを用いる」という意味の熟語を用いて完成させる。

筆記 3A 問題 p.258～259

健康に良い選択

アメリカの典型的な学校給食といえば，ホットドッグやハンバーガー，さらにほかの高脂肪の食べ物である。繊維の多い食べ物や新鮮な果物，野菜，全粒穀物などの健康に良い食べ物はほとんど出されない。従って，ここ20～30年の間に肥満児童の数が急増したことは驚くに値しない。さらに過食が原因の深刻な健康問題を抱えた子どもも増えている。「信頼できる医療を目指す医師会（PCRM）」と呼ばれる非営利団体は，学校給食制度を大幅に変更しなければ，向こう20年間に肥満の子どもの数は倍増するとみている。

PCRMは，全国学校給食プログラム（NSLP）とそれを運営する農務省（USDA）がこのような問題を引き起こす原因を作ったと考えている。1946年，国内の農家を支援する目的で，米国農務省は毎年，数十万ドル相当の農産物を購入することに合意したが，その大部分は畜産物であった。そして農務省がこれらの農産物をNSLPに無償で提供した結果，NSLPはそれらから高脂肪の食事を作って就学児に提供することになったのである。このような施策は農家と学校にとって経済的支援にはなったが，農務省は就学児たちの健康を危険にさらすことになろうとは認識していなかった。

現在，PCRMは子どもの健康を優先し，健康的な栄養補給を介して病気の予防に力を入れようとしている。PCRMは農務省と協力して政策を変更する一方，学校の食堂が昼食に健康によい献立が選べるようにガイドラインを策定した。例えば毎日，新鮮な果物と非乳製品ドリンク，そして野菜中心の料理を一品加えるよう，

PCRMは指導している。調査の結果，これらの献立は低脂肪で低カロリー，さらにより多くの植物繊維と高い栄養価を含むことがわかっている。新しい献立によって，子どもたちの行動や集中力も改善される。PCRMのガイドラインを積極的に導入した学校では，実際に子どもたちの態度が改善したこともあって，今後も継続してこれらの健康的な給食を提供する予定である。PCRMの協力のもとに，新しいガイドラインが米国全土に急速に普及してほしいものである。

(26) **解答 4**
1 いつものように　**2** 間違って　**3** 当時でさえ　**4** さらに

解説 空所を含む文の前文では，ここ20～30年で the number of overweight children has risen greatly「肥満児童の数が急増した」と述べている。空所後には「過食が原因の深刻な健康問題を抱えた子どもが増えている」とあるので，この部分は追加情報と考えればよい。正解は In addition「さらに」。

(27) **解答 1**
1 主な，大きな　**2** 簡潔な　**3** 不用意な　**4** 等しい

解説 「学校給食の制度を（　　）に変更しなければ，肥満の子どもの数は倍増する」とある。第1段落前半の，肥満児童や健康問題を抱えた児童が増えているという流れを踏まえると，「大幅な」(major) 変更が必要なはず。

(28) **解答 1**
1 経済的に　**2** 偶然に　**3** 時々　**4** 地球規模で

解説 空所を含む文の前文に「米国農務省が（農家から買い上げた）農産物を NSLPに無償で提供した」といった内容があるので，農家と NSLP を「経済的に」(economically) 支援したことがわかる。

(29) **解答 3**
1 修正する　**2** 却下する　**3** 促進する　**4** 評価する

解説 空所を含む文の前文までは，PCRMの指導により，より健康的で栄養のある献立になることが書かれている。空所を含む文に also が使われていることから，学校給食はさらに子どもたちの行動や集中力を「促進する」(promote) となる。

筆記　3B

ミツバチをサポート

　アメリカの人々は1600年代初頭からミツバチを商業目的で飼っている。しかし最近では，趣味でミツバチを飼う人の数が急増しており，地域によっては50パーセント増えたところもある。教員やカフェのオーナー，医師，弁護士といった一般の人々がミツバチを飼うのは，はちみつを採ることが主たる目的ではない。そうではなく，地元の農家の人たちが果物や野菜を確実に栽培できるようにする役割を担っている。

　このような最近の風潮は，アメリカ中のミツバチの数が突然，しかも不可解な減少を示し始めて以来，重要性を帯びてきた。これまでに全国24州で数千個の商業

目的のミツバチの巣が失われている。ミツバチの巣が減った原因は農薬や小さな昆虫ではないかと疑う科学者もいるが，確かなことはわかっていない。従って解決策も全く見つかっていないのである。人間が食べる果物や野菜，牛の餌としてのムラサキウマゴヤシ，そしてバイオ燃料用の作物を含む全国のおよそ3分の1の作物の受粉を，ミツバチに依存している。ミツバチの数が減少すれば，市場に出回るこれらの作物の量が減り，価格が上昇する可能性もある。それゆえに，一般の人々がミツバチを飼ってくれるようになることが重要なのである。

　しかし残念なことに，都市の条例のせいで，一般の人がミツバチを飼うことは必ずしも簡単ではない。ニューヨーク市に住む日本文学教授のアンドリュー・コーテは，街の中心にあるビルの屋根にミツバチの巣を設置している。ニューヨーク市が養蜂を許可していなかったため，彼はミツバチの巣のことを何年間も秘密にしておかなければならなかった。ニューヨーク市はミツバチを，猛毒を持っているヘビやタランチュラと同様に危険であると見なしていたのである。コーテやミツバチを飼っている彼の友人たちは，ミツバチに関する条例を変更するように市に熱心に働きかけなくてはならなかった。そして条例が変更になってからは，趣味でミツバチを飼う人が急増しているのだ。

(30) 解答 **2**
　　　1 さらに　　**2** そうではなく　　**3** さらに　　**4** 従って

解説 空所前文の内容は，「一般人でミツバチを飼っている人は，はちみつを採ることが主たる目的ではない」とある。論理展開を考えれば，「そうではなくて」(Instead)とした上で，ミツバチを飼う別の目的を述べる文を続けるのが適切。

(31) 解答 **1**
　　　1 不思議な　　**2** 平均的な　　**3** 魅力的な　　**4** 馴染みのある

解説 空所を含む第2段落第1文はトピックセンテンス。これに続く第2文を読むと，大量のミツバチの巣が失われ，科学者たちにもその原因がわかっていないとある。従って，「不思議な」(mysterious)減少とする。

(32) 解答 **3**
　　　1 同意する　　**2** コメントする　　**3** 頼る　　**4** 報告する

解説 空所後の文には「ミツバチの数が減少すれば，市場に出回るこれらの作物の量が減る」とあるので，アメリカの作物の3分の1がその受粉を，ミツバチに「依存している」(depend on)となる。

(33) 解答 **4**
　　　1 広める　　**2** 分割する　　**3** 出版する　　**4** 許可する

解説 第3段落の第1文に「都市の条例のせいで，一般の人がミツバチを飼うことは必ずしも簡単ではない」とある。それを踏まえると… the city did not allow them「ニューヨーク市が養蜂を許可していなかった」となる。

筆記 4A　問題 p.262〜263

発信人：ウェイン・ブライアント <w-bryant@bryantpublishing.com>
宛先：ベティー・マックファーランド <b-mcfarland@bryantpublishing.com>
日付：2010年6月1日
件名：年間最優秀社員賞

ベティーさま，

　今年度の「年間最優秀社員賞」に関するご提案をわざわざ送っていただき，ありがとうございます。この賞はわが社にとってとても重要だと思います。と申しますのも，この賞があるおかげで，社員たちは協調して働き，最善を尽くすからです。そしてチームワークと勤勉こそがわが社を出版業界で最も素晴らしい会社の1つにするのです。

　エドワードの業績がこの賞に値するとあなたが思っていることを彼が知ったら，きっと光栄に思うことでしょう。あなたの推薦状の中に，所属する部署での会議における彼の指導力と，クオリティーの非常に高い仕事を生み出す彼の貢献度について述べてありました。これらの活動に関するさらに詳細な例を金曜日までに送っていただくことは可能でしょうか。応募者と推薦された方々が携わっているプロジェクトや，彼らのこれまでの業績はもちろん検討します。しかし，審査会と私が最も重視するのは，彼らが通常業務において，どのような素晴らしい成果を出しているかという具体例です。

　エドワードが受賞することが決定した場合，審査会が直ちにあなたにご連絡いたします。授賞式は9月3日に行われます。授賞式の際，あなたがエドワードを紹介し，彼があなたの部署において，なぜそれほど貴重な人材であるかを語ってください。その後，私が彼を選んだ理由を述べます。最後に彼に簡単なあいさつをしてもらいます。以上です。

ウェイン・ブライアント
ブライアント出版　副社長

(34) 解答 **3**
ウェインがこの賞は会社にとって重要だと信じている理由は
1　その賞が会社を業界で最も優秀にするから。
2　賞があることで，社員がアイデアを提案するから。
3　賞は勤勉さとチームワークを促進するから。
4　賞は会社が最優秀の人材を確保するのに役立つから。

解説　第1段落の第2文後半に，... because it encourages employees to work together and do their best. とある。**3**とこの部分の内容が一致する。〔本文〕encourage→〔選択肢〕promote，〔本文〕work together→〔選択肢〕teamwork という言い換えに注意。

(35) 解答 **1**
ウェインはベティーに対して，金曜日までに何をするように頼んでいるか。
1　エドワードの日々の仕事ぶりについて報告する。

2 エドワードのスケジュール表を送る。
   3 エドワードがどのプロジェクトに参加したがっているかを書く。
   4 エドワードがどの部署の会議を担当しているかを見つける。

解説 第2段落の第2〜3文に，エドワードの指導力とクオリティーの非常に高い仕事を生み出す貢献度に関する具体例を，金曜日までに報告するようにと書いてあるので，正解は**1**。

(36) 解答 **4**

エドワードが受賞者として選ばれた場合，起こることの1つは何か。
   1 審査会が彼の部署の重要性を説明する。
   2 彼を選んだ理由を伝えるためにウェインがベティーに連絡する。
   3 彼は直ちに審査会に紹介される。
   4 ベティーが授賞式で簡単なスピーチをする。

解説 第3段落で，エドワードが受賞した場合，ウェインがベティーに対して，授賞式の時にエドワードを紹介し，さらになぜ彼が貴重な人材であるかをスピーチするよう依頼している。正解は**4**。

筆記 4B 問題 p.264〜265

ドバイの新しい風景

　1961年，ハワイのあるホテルが世界初の回転するレストランをオープンした。当時としては偉業であり，建築家たちはそれを動かすために多くの難題を乗り越えた。回転レストランが完成して，レストランの客はハワイの景色の全方位を楽しめるようになった。そして今，現代建築家デービッド・フィッシャーは，人々に同様な体験を日常生活の中で提供することを約束し，自分のさらに高い目標へと乗り出そうとしている。

　フィッシャーは現在，ドバイに「ダイナミックタワー」と呼ばれる80階建てのビルを建築中である。このビルは，各階が個別に回転して建物の形が絶えず変化する。各階の回転速度は住んでいる人が決めることになっている。回転速度は，1時間に1回転するようにも，24時間で1回転するようにも調節できる。ビルの住民は自分の部屋の同じ位置から，朝は日の出，昼間は街の景色，そして夕食時には夕日が眺められる。また，巨大なエレベーターが人を車ごと，自分が住んでいるフロアまで運んでくれる。従って，車は部屋の正面玄関の前に駐車でき，利便性と安全性は大いに高まる。

　しかしフィッシャーの野望は，そこでとどまることはない。各階の間に設置した風力タービンが大量の電気を発電するので，ダイナミックタワーは「環境に優しい」。さらにフィッシャーの計画では各階の屋根に塗った特殊インクが太陽光線を吸収し，太陽エネルギーを電気に変換する。これらの環境に優しい装置によって，ビル全体の需用電力をすべて賄うことができる。ビル工事にしても，通常に比べてはるかに工期を短縮できる。現場ですべてを組み立てるのではなく，イタリアの工場で部分ごとに完成する。その中にはバスルーム，照明器具，家具の取り付けも含まれ

る。そして各階の部分をドバイに運んで，簡単に，しかも短期間で組み立てるのである。この工法は工事現場周辺の住民にとってもメリットがある。というのも工事中に生じる騒音やホコリ，ゴミを大幅に減らすことができるからである。

しかし，この新しいビルをすべての人が歓迎しているわけではない。中には，デザインが醜いと酷評する人もいる。新しいアイデアを試すための遊び場としてのみドバイを利用する建築家を，彼らは嫌っているのである。しかしフィッシャーは，「ダイナミックタワー」を世界中の都市にある多くのビルの最先端ととらえている。彼はそれがビル建築そのものの概念を永遠に変えるはずだと確信している。

(37) 解答 **2**

回転式レストランのあるハワイのホテルは
1 1961年に建築家のデービッド・フィッシャーによって設計された。
2 ほかに類を見ない建築の偉業であった。
3 回転するため，客が気持ち悪くなった。
4 結局うまく機能しなかった。

解説 第1段落の第1文に，1961年にハワイのあるホテルが「世界初の」(the world's first)回転レストランをオープンしたとあり，続く第2文に，当時「それは偉業であった」(It was a great achievement ...) と書かれている。それを was a unique architectural accomplishment と言い換えた**2**が正解。

(38) 解答 **3**

ダイナミックタワーの住民は，どのようにして同じ場所から多様な眺望を得ることができるのか。
1 それぞれの階の正面玄関の前に，直接車を駐車することによって。
2 住居の周りのあらゆる方向にある大きなエレベーターに乗ることによって。
3 自分の住んでいる階の回転速度を調節することによって。
4 24時間おきにそれぞれの住居の形を変えることによって。

解説 第2段落第3文に Residents will be in charge of setting the speed at which their story rotates. 「各階の回転速度は住人が設定を任されている」とあり，それ以降もその具体的な説明が続く。その内容を言い換えた**3**が正解。

(39) 解答 **1**

ダイナミックタワーについて私たちがわかる1つのことは何か。
1 環境に優しい電気をビルに大量に供給するため，風力タービンが設置される。
2 太陽光線を吸収するためにバスルームや照明器具，そのほかの家具に特殊なインクが塗られる。
3 それぞれの階の部分の工事に太陽エネルギーを利用する。
4 周りの住民が手伝ってくれるので，ビル工事が通常より早く終わる。

解説 第3段落第2文に，階と階の間に風力タービンを備え付け，大量の電気を発電するので，このビルは「環境に優しい」(green)，とある。green を environmentally friendly という表現を用いて言い換えた**1**が正解。

(40) **解答 4**

ある批評家によれば，ダイナミックタワーは
1 建築の全体像をかなり確実に永遠に変えてしまうだろう。
2 ほかに同じようなビルが完成するまでは無視すべきである。
3 ドバイよりもむしろ子どもの遊び場に建てるべきである。
4 ドバイのような都市に建てるにはあまりにも魅力に欠ける。

解説 第4段落第2文に Some critics have even called the design ugly. とあり，これが **4** と一致する。正解肢の unattractive は本文中の ugly を言い換えたもの。

筆記 4C 問題 p.266～267

架け橋

　エチオピアのセバラ・ディルディという名の橋は，青ナイル川に360年前に架けられた。その橋は1936年まで，2つの商業地区を結び付けることによってその地域で重要な役割を果たしていた。同年，イタリア軍がエチオピアの内陸部まで侵攻するのを防ぐために，橋は破壊され，橋は再び架けられることはなかった。それ以来，この地域は分断され，経済は困窮した。しかし「繁栄への架け橋」という新しい組織の支援を得て，この地域で生活する人々は今や未来へ向かって歩み出すことが可能になった。

　2001年，アメリカの建設会社重役だったケン・フランツは，雑誌に掲載された，破壊されたセバラ・ディルディ橋の写真を目にした。目を凝らしてよく見ると，数人の男たちが誰かをロープで引っ張って，川を渡らせていた。川の向こう岸に渡るには，75キロ離れた別の橋まで歩いていく以外はこれが唯一の方法だったのである。フランツは，自分が建設業界で得た経験を生かして，この村の近くに住む人々を支援しようと決心した。

　橋の修復という主たる計画のほかに，フランツは橋の建設についてのすべて，すなわち計画立案，資金繰り，資材の運搬，そして建設工事などを村の住民たちに教えることも重要だと思った。そうすれば橋を維持し，必要になれば，新しい橋を架けることもできるだろうと考えたのである。またこうしたプロジェクト全般が，村の人々にとって，よい経験を積む機会にもなると信じていた。

　数カ月の準備期間を経て工事は始まった。フランツと彼のチーム，そして300人のエチオピア人たちは，10日間をかけてセバラ・ディルディ橋を修復したのだった。その結果，地域に住む人々に大きな変化が現れた。ムハンマドという名のビジネスマンは，新しい橋を利用してビジネスを広げた。ラバを使って商品を運搬するのだが，今では以前より遠くまで運んで多くの人を相手に商売ができるようになった。同様に，橋の修復プロジェクト中に指導力を身に付けて，村の指導者になった人もいる。川を渡るための橋が完成した今，人々は反対側の診療所に簡単に行けるようになった。こうした結果にフランツは満足しているものの，世界には同じような支援を必要とする地域がまだ何千も存在することも認識している。「繁栄への架け橋」は，こうしたすべての地域に，いつしか支援の手を差し伸べたいと願っている。

(41) 解答 **4**

1936年に何が起きたか。
1 エチオピア人たちが紛争地域の奥深くに進攻した。
2 イタリア軍が2つの商業地区を結んだ。
3 セバラ・ディルディ橋が異なる場所に再建された。
4 青ナイル川が渡れなくなった。

解説 第1段落第2文に "1936" という年号が出てくるので，読み進めると，In this year(=1936年)で始まる第3文に … the bridge was destroyed and never rebuilt. とあり，青ナイル川を渡れなくなったことがわかるので正解は **4**。

(42) 解答 **2**

セバラ・ディルディ橋が再び架けられる前，川を渡る1つの方法は
1 常に新しい橋を少しずつ架けることであった。
2 川の反対側からゆっくり引っ張ってもらうことであった。
3 近くの村からロープで作った橋を借りることであった。
4 人が集団で作った橋を乗り越えることであった。

解説 第2段落の第2文に … pulling someone across the river with a rope.「人をロープで引っ張って川を渡らせている」，さらに第3文に … this was the only way to reach the other side of the river.「これが川の向こう岸に渡る唯一の方法であった」という内容の記述がある。従って正解は **2**。

(43) 解答 **2**

ケン・フランツは，どのようにして村の人々を支援したいと思ったか。
1 国のどこへでも物資を運ぶ方法を教えることによって。
2 将来，彼らが自分たちで橋が架けられるように手はずを整えることによって。
3 必要なときはいつでも橋の維持管理をすると約束することによって。
4 そのプロジェクトに必要な資金を彼らが調達できることを示すことによって。

解説 第3段落の第1文に, … teach the villagers everything he could about bridge building「村人たちに橋の建設についてすべて教える」とあり，第2文に, そうすれば … the villagers would be able to maintain the bridge and build new ones …「村人たちが橋を維持し，新しい橋を架けることもできる」という記述があるので正解は **2**。

(44) 解答 **1**

ムハンマドは新しい橋をどのように活用できたか。
1 自分の村からさらに離れた遠くまで商品を運んで，客の数を増やすことができた。
2 橋のプロジェクトに参加したことで，村で指導者的な地位を得ることができた。
3 ほかの300人のエチオピア人たちと新しい橋を架けるために，さらに遠くまで旅することができた。

4 ラバで病人を診療所まで運ぶビジネスをスタートすることができた。

解説 第4段落第4文にムハンマドが，... took advantage of the new bridge to expand his business.「新しい橋を利用してビジネスを広げた」，さらに続く第5文に... uses his mules to transport things, and now he can travel longer distances and trade goods with more people.「ラバを使って，今ではより遠くまで品物を運んで多くの人を相手に商売ができる」とあるので正解は **1**。

(45) 解答 **3**

以下の記述のうち正しいものはどれか。
1 エチオピア人は現在，数千もの地域で橋の近くに村を建設している。
2 フランツはエチオピアにある壊れた橋の写真を出版してもらうために雑誌社に送った。
3 「繁栄への架け橋」は，彼らの支援を必要とするすべての地域に援助の手を差し伸べたいと思っている。
4 フランツは，村人たちが青ナイル川に自分たちの橋を架けることを期待していた。

解説 第4段落最後の2つの文の内容が **3** と一致する。最後の文 Bridges to Prosperity hopes to reach them all one day. の them は前文の thousands of communities around the world still in need of similar assistance を指す。

リスニング 第1部　問題 p.268〜270　CD 33〜48

No. 1　解答 **4**

★：How did you like the staff meeting this morning?
☆：It was great! I can't believe the boss is giving us two extra days of vacation this year!
★：I know. I can't wait to tell my wife. Where are you planning to go?
☆：I want to take my family to Florida.
Question: What did the man and woman learn at their meeting?

★：今朝のスタッフ会議をどう思った？
☆：よかったわよ！今年は上司が2日余分に休暇をくれるなんて，信じられないわ。
★：本当だよね。妻に伝えるのが待ちきれないよ。君はどこへ行く予定なの？
☆：フロリダに家族を連れて行きたいと思っているの。
質問：男性と女性は会議で何を知ったのか。
1 彼らのプロジェクトがあと2日で終わる。
2 彼らの上司が休暇を取る。
3 職員が遊覧の船旅に出る。
4 彼らはより多くの休暇を得る。

解説 冒頭で男性が How did you like ...? と感想を尋ね，それに対し女性が It was great! と答えてから，続けて I can't believe ... とその理由を述べている。この理由の部分に会議で知った内容がある。〔放送文〕extra days of vacation →

〔正解肢〕more time off の言い換えに注意。

No. 2　解答 **3**

☆： The car has been making a strange sound lately. Do you think you can fix it?
★： I don't think so. I took a look at it the other day, but I couldn't find the problem.
☆： Shall I ask your uncle about it?
★： Let's take it to Car Right tomorrow. They're very good and also the cheapest car shop I know.

Question: What will the man and woman do with their car?

☆：最近車から変な音が出るの。あなたに直してもらえるかしら？
★：だめだと思うな。この間見てみたんだけど、どこが悪いかわからなかったんだ。
☆：あなたのおじさんに聞いてみましょうか。
★：明日カー・ライトに持って行こう。とてもいい所だし、僕の知っている一番安い自動車修理工場だ。

質問：男性と女性は自分たちの車をどうするつもりか。
　1　自分たちで悪いところを探す。
　2　それを男性のおじのところへ持って行く。
　3　自動車修理工場で修理してもらう。
　4　変な音については取りあえず放っておく。

解説 冒頭の女性の発言から、車が故障していることを理解し、それについて2人がどうするつもりかに焦点を当てて聞き進める。Do you think you can fix it?, Shall I ask your uncle about it? という女性の問い掛けに対して、男性がそれぞれどう反応するかに注目。

No. 3　解答 **2**

☆： I took my family to a baseball game yesterday. It was the first time that we were able to sit right up front!
★： That's great. Did you see Darren Wright?
☆： Yes. He hit a great homerun. And he signed my daughter's baseball glove! He's my daughter's favorite player.
★： Wow! I'm sure she'll remember that game forever.

Question: What did the woman's daughter get at the baseball game?

☆：昨日は家族を野球の試合に連れて行ったの。最前列に座ることができたのは初めてだったのよ！
★：それはすごい。ダレン・ライトは見たかい？
☆：ええ。彼は大きなホームランを打ったのよ。それに、娘のグローブにサインしてくれたわ。彼は娘のお気に入りの選手なの。
★：へえ！きっと娘さんはその試合のことをずっと忘れないだろうね。

質問：女性の娘は野球の試合で何を手に入れたか。
　1　新しい野球のグローブ。　　**2　選手のサイン。**
　3　ダレン・ライトの写真。　　4　ホームランボール。

解説 選択肢のbaseball, glove, player, homerunといった語から、野球が話題だと推測できる。女性の2番目の発言のAnd he signed my daughter's baseball glove! から正解がわかる。autograph「(有名人の)サイン」。

No. 4　解答 **1**

★: You'll never guess who I saw on the news last night. Professor Northrup!
☆: Really? Did he say that he's happy to be the new professor at our university?
★: No. He was talking about the research he'd done in Egypt. He said that he'd made a discovery near the Nile River.
☆: That's amazing. I hope he tells us about that in class.
Question: What do we learn about Professor Northrup?

★: 昨夜のニュースで思いもよらない人を見たよ。ノースラップ教授だよ。
☆: 本当？私たちの大学の新しい教授になってうれしいって言っていた？
★: いや。エジプトでやった調査について話していたよ。ナイル川の近くで何かを発見したと言ってた。
☆: それはすごいわ。授業でもそれについて話してくれるといいわね。
質問: ノースラップ教授について何がわかるか。

　1 彼は最近大学に加わった。　　**2** 彼はナイル川に戻った。
　3 彼は古代エジプト語を話す。　**4** 彼はテレビ局で働いている。

解説 選択肢の主語はすべてHeで始まっていることに注目。会話の前半でその男性がProfessor Northrupかもしれないと予測できる。女性の最初の発言から、彼が話し手の在籍する大学に新しく加わった教授であることがわかる。

No. 5　解答 **2**

☆: Hello?
★: Hi, honey. I'm still at the office. My boss just told me that we're going to have an important meeting at six o'clock.
☆: Really? That wasn't on your schedule.
★: I know. But our presentation isn't quite ready to give to our new customers tomorrow. So we're going to stay a little late, and finish it.
☆: All right. I'll save you some dinner, then.
Question: Why will the man stay late at the office?

☆: もしもし？
★: やあ。まだ職場にいるんだ。6時に重要な会議があると、ちょうど上司から聞いたところなんだ。
☆: 本当？それはあなたの予定にはなかったことでしょう。
★: わかってるよ。でも、新しい顧客に対する明日のプレゼンテーションの準備がちゃんとできていないんだ。だから、みんな少し遅くまで残って終わらせるつもりなんだ。
☆: わかったわ。じゃあ、夕食に何か残しておくわね。
質問: なぜ男性は職場に遅くまで残るのか。

 1 彼は新しい顧客に会う。
 2 彼はプレゼンテーションの仕事をする。
 3 彼は新しいスケジュールを作る。
 4 彼はそこで夕食を食べる。

解説 選択肢の主語がすべてHeであることに注目。男性の最初の発言のI'm still at the office.から当初の予定より遅くまで残業することがわかる。さらに，男性の2番目の発言から，残業する理由がプレゼンテーションの準備のためであることがわかる。

No. 6　解答 1

☆：Professor Jones, I have some questions about my test results from two weeks ago.
★：All right. Why don't you come to my office after this class? I'll be done with all of my classes for today then, so we can talk as much as you like.
☆：Well, I have a meeting after this one, so is 5:30 OK?
★：Yes, of course. I'll see you then.
Question: What will the woman do at 5:30?

☆：ジョーンズ教授，2週間前に行われた試験の結果について質問があるのですが。
★：わかりました。この授業の後，私の研究室に来ませんか。今日の授業はこれですべて終わりになるので，あなたの好きなだけ話しができますよ。
☆：では，この授業の後，会合がありますので5時30分ではいかがですか。
★：もちろんいいですよ。ではその時に。
質問：女性は5時30分に何をするか。
 1 彼女の試験の結果について話をする。 **2** 今日の最後の授業を受ける。
 3 試験を行う。 **4** クラスの会合に出席する。

解説 冒頭の女性の発言から，彼女が学生で相手の男性が教授であること，試験の結果について話をしたいことが把握できる。また，時間表現，物事が起きる順番を正確にとらえることも重要だ。

No. 7　解答 4

★：Hi, Amanda. Did the people from Arnold's Furniture deliver your new sofa yesterday?
☆：Yes, they did. But you'll never believe the problem we had.
★：Did they bring the wrong one? Or was it broken?
☆：No. The door was too small for the sofa! They had to take it back, so now I have to go choose a different one that I can get inside my house.
Question: What was the problem with the new sofa?

★：やあ，アマンダ。昨日はアーノルド家具店の人が新しいソファを配達に来たのかい？
☆：ええ，来たわ。でもとんでもない問題があったのよ。
★：違うソファを持って来たの？それとも壊れていたとか？
☆：いいえ。ドアが小さ過ぎてソファが入らなかったのよ。彼らはソファを持っ

て帰って，それで私は家に入れられる別の家具を選びに行かなければならなくなったの。

質問：新しいソファの問題は何だったのか。
　　1　それは脚が壊れていた。
　　2　それは正しい色ではなかった。
　　3　それは彼女の家の壁に似合わなかった。
　　4　それは彼女の家のドアには大き過ぎた。

解説 選択肢から，共通の主語Itに何か問題が生じていることが，リスニングのポイントだと推測できる。会話の前半でソファに何か問題があるとわかる。〔放送文〕The door was too small ... → 〔正解肢〕It (The sofa) was too big ... と逆の視点からの言い換えがなされていることに注意。

No. 8　解答 4

☆：Where did you take your client for dinner last night?
★：To Gourmet Lakeshore. He said that he's a vegetarian, so I couldn't take him to Bellamy Grill.
☆：Yeah. Almost everything on the menu there has meat in it.
★：That's right. The food at Gourmet Lakeshore was delicious, and we were able to talk a lot. So I think it was a good night for both of us.
Question: Why didn't the man take his client to Bellamy Grill?

☆：昨日の夜はどこにお客さんを夕食に連れて行ったの？
★：グルメ・レイクショアだよ。彼が自分は菜食主義者だと言うから，ベラミー・グリルには連れて行けなかったんだ。
☆：そうよね。あそこのメニューにあるのは，ほとんど全部肉が入っているから。
★：そのとおりさ。グルメ・レイクショアの食べ物はおいしかったし，たくさん話もできたよ。だから，僕たち両方にとっていい夜だったと思うね。

質問：なぜ男性は彼の顧客をベラミー・グリルに連れて行かなかったのか。
　　1　そこでは話をしづらい。　　　　　　2　そこは遠過ぎる。
　　3　そこには菜食主義者向けのメニューがある。　4　そこは肉を出し過ぎる。

解説 選択肢から共通の主語Itは飲食店を指しているのではないかと推測できる。冒頭の女性の質問をしっかり聞き取りたい。それに対する男性の答えから正解がわかる。放送文に出てくる2つのレストランの特徴を聞き分けよう。

No. 9　解答 3

☆：Hi. I'd like to buy these two books. Do you take credit cards?
★：No, I'm sorry. We only take cash at this store.
☆：I see. Then I'll have to find an ATM machine to get some. If I can't find one, I'll just buy one of the books.
★：I'm sorry, There isn't an ATM or a bank around here.
Question: What will the woman probably do?

☆：こんにちは。この2冊の本を買いたいのですが。クレジットカードは使えますか。

★：いいえ，申し訳ございません。当店は現金のみとなっております。
☆：わかりました。では，お金を下ろすのにATM機を見つけなければなりません。もし見つからなければ，このうち1冊だけを買います。
★：申し訳ございません。この辺りにATM機や銀行はないんです。
質問：女性はおそらく何をするか。
 1 彼女は別に買う本を見つける。
 2 彼女はクレジットカードでその2冊の本を買う。
 3 彼女は1冊だけ本を購入する。
 4 彼女は近くのATMでお金を下ろす。

解説 選択肢はすべて She'll で始まっているので，女性がこれからどうすることになるのかに注意しながら聞き進めよう。選択肢の中には会話で使われている語や表現があるので，混乱しないように情報を整理しながら聞こう。

No. 10　解答 **3**

☆：Here's your table. You can see the chefs working in the kitchen. Please enjoy your dinner.
★：Excuse me, but would it be possible to sit by the window?
☆：Of course. Some people don't want to sit over there because it's a little cold. But the sunset is always beautiful.
★：Great. We really wanted to see it. We heard that this restaurant has the best view in the area.

Question: Why doesn't the man want to sit by the kitchen?

☆：こちらがお客様のテーブルです。厨房で仕事をしているシェフをご覧いただけます。ご夕食をお楽しみください。
★：すみませんが，窓際に座ることはできますか。
☆：もちろんです。少し寒いので，そちらに座るのを嫌がる方もいらっしゃるのですが，沈む夕日はいつも美しいですよ。
★：素晴らしい。私たちはそれがとても見たかったのです。このレストランはこの辺で眺めが一番いいと聞いていましたから。
質問：なぜ男性は厨房のそばに座りたくないのか。
 1 窓が小さ過ぎるから。　　**2** シェフを見たくないから。
 3 夕日が眺められないから。　**4** そこは寒過ぎるから。

解説 女性の最初の発言から，彼女がレストランのウェイトレスで，客を案内しているという状況を把握したい。男性の最後の発言の We really want to see it. の it は，その前の女性の発言の the sunset を指す。

No. 11　解答 **3**

☆：Did you see the boss's e-mail today? He said that Jenny is going to join our project.
★：I know. She never does any work. She just surfs the Internet and talks on the phone all day.
☆：So what do we do? We can't complain to the boss because I'm sure he

won't change his mind.
★: Right. Once he's made a decision, he doesn't like to change it.
Question: Why are the man and woman upset?
☆: 今日の上司のEメールを見た？ジェニーが私たちのプロジェクトに加わるってあったわ。
★: 知っているよ。彼女は何も仕事をしてないんだろう。ただ一日中インターネットを見て回って，電話で話をするだけだよ。
☆: それで，どうする？上司に文句を言っても，きっと考えを変えないだろうから。
★: そうだね。彼は一度決心したら，それを変えることを好まないからね。
質問：なぜ男性と女性は腹を立てているのか。
 1 ジェニーは電話に出ることがない。
 2 ジェニーは不平を言い過ぎる。
 3 ジェニーはとても怠け者である。
 4 ジェニーはプロジェクトを中止した。
解説 選択肢の主語がすべてJennyなので，彼女に関する情報に注目する。女性の最初の発言でJennyが仲間に加わること，続く男性の発言でJennyは「仕事をしない」すなわち「怠け者である」(lazy) ことがわかる。

No. 12 解答 **4**

☆: I saved some money when I went to Benny's Supermarket today.
★: Did you use coupons or your Benny's gift card?
☆: I didn't have to use either. Benny's Supermarket is trying to help protect the environment by giving a discount to anyone who brings their own bags.
★: Then it's better to bring bags to carry your food in.
Question: How could people get a discount at Benny's Supermarket today?
☆: 今日ベニーズ・スーパーマーケットに行った時，お金を節約したのよ。
★: クーポンか，ベニーズ・ギフトカードを使ったの？
☆: どちらも使う必要はなかったわ。ベニーズ・スーパーマーケットは買い物袋を持って来た人に割引をすることで，環境保護を支援しようとしているの。
★: それじゃあ，自分の食料品を入れる袋を持って行った方がいいわけだ。
質問：ベニーズ・スーパーマーケットでは今日はどのようにして割引を得られたか。
 1 クーポンを使用することによって。
 2 ベニーズカードに申し込むことによって。
 3 ギフトカードを買うことによって。
 4 自分の買い物袋を持って来ることによって。
解説 女性の2番目の発言から正解がわかる。男性のDid you use coupons or your Benny's gift card?の問いに対して，女性がI didn't have to use either. と両方否定していることに注目し，続く彼女の発言内容に集中する。

No. 13 解答 **2**

★: Melanie, my son just called. He's sick, so I have to leave work early and take him to the doctor.

☆ : Oh, no. I hope he feels better soon.
★ : Me, too. But since I'm leaving early, I can't finish the report that Mr. Nelson asked me to do. Do you think you could help me out?
☆ : Sure. I have a light schedule today, so I'll do it for you.
Question: What does the man ask the woman to do?
★ : メラニー，うちの息子からたった今電話があったんだ。息子が具合が悪いんで，僕が早退して医者に連れて行かなければならないんだ。
☆ : あら，まあ。すぐに良くなるといいわね。
★ : 僕もそう願っているよ。でも，早退するからネルソンさんに頼まれているレポートを仕上げられないんだ。君に手伝ってもらえないだろうか。
☆ : いいわ。今日は予定が詰まっていないから，代わりにやってあげる。
質問：男性は女性に何をするよう頼んでいるか。
　　1 ネルソン氏に電話する。　　**2** 彼のレポートを仕上げる。
　　3 彼の息子を医者に連れて行く。　　**4** 彼の仕事を上司に送る。
(解説) 男性の冒頭の発言で状況をつかめば，正解のカギとなる男性の2番目の発言がわかりやすくなる。息子を連れて行くのは男性の方なので，**3**に引っ掛からないように。質問文のask O to do「Oに〜するよう頼む」も重要。

No. 14　解答 1

★ : Hello?
☆ : Hi. This is Amy. Can I speak to Tim, please?
★ : I'm sorry, but you must have the wrong number. There's no one here named Tim, and I don't know anyone named Amy.
☆ : I'm so sorry. Is this 555-6875?
★ : No. It's 555-6785. You mixed up the seven and the eight.
Question: What does the woman learn?
★ : もしもし？
☆ : こんにちは。エイミーです。ティムをお願いできますか。
★ : 申し訳ありませんが，番号をお間違えではないですか。こちらにはティムという者はいませんし，私もエイミーという方は知りません。
☆ : 大変申し訳ありません。そちらは555-6875ではありませんか。
★ : いいえ。こちらは555-6785です。7と8を取り違えたのですね。
質問：女性は何を知ったか。
　　1 彼女は間違った電話番号にかけた。
　　2 彼女は3つの数字を混同した。
　　3 ティムは別の電話に出ている。
　　4 ティムは今家にいない。
(解説) 正解のカギとなる，男性の発言中のyou must have the wrong numberは，定型表現として覚えておきたい。**2**は会話文中のmix upを使っているが，threeの根拠はないので，引っ掛からないように。

No. 15　解答 2

☆ : Lester, I need some advice on getting a dog.
★ : Well, first you have to decide if you want a big dog or a little dog.
☆ : I guess I'd prefer a little dog. Where should I look for one? At a pet shop?
★ : First, look on the Internet. There are many people selling them from their own homes.
Question: What advice does the man give the woman?

☆ : レスター，犬を手に入れるのにアドバイスが欲しいの。
★ : そうだね，まず大きい犬が欲しいのか小さい犬が欲しいのかを決める必要があるね。
☆ : 小さい犬がいいと思うわ。どこで探せばいいかしら？ペットショップ？
★ : まずインターネットを見てごらん。自宅から犬を売ろうとしている人がたくさんいるよ。
質問：男性は女性にどんなアドバイスを与えているか。
　　1 彼女はペットショップを見つける必要がある。
　　2 人々はインターネットで犬を売っている。
　　3 人々は屋外で犬を飼っている。
　　4 彼女は小さな犬を飼うべきである。
(解説) 選択肢に繰り返し使われているdog(s)がキーワード。冒頭の女性の発言を聞き取り，男性がどのようなアドバイスをするかに注目し，選択肢と照らし合わせながら聞き進めよう。

リスニング 第2部　問題 p.271〜273　CD 49〜64

No. 16　解答 **2**

Craig and Tina have four children. After each child was born, they planted a tree in their front yard. Over the years, Craig and Tina's children took care of their trees, climbed them, picked up their leaves in the fall, and decorated them at Christmas-time. They enjoyed their personal connection to nature.
Question: What did Craig and Tina do after each of their children was born?

クレイグとティナには4人の子どもがいる。子どもが産まれるたび，2人は前庭に木を1本ずつ植えた。長年にわたり，クレイグとティナの子どもたちは自分たちの木の面倒を見て，木に登り，秋になるとその葉を拾い，クリスマスの時季には飾り付けをした。彼らは自然との個人的なつながりを楽しんだ。
質問：クレイグとティナは子どもが産まれるたびに何をしたか。
　　1 彼らは葉を拾った。　　　　　　**2** 彼らは木を植えた。
　　3 彼らは前庭に飾り付けをした。　**4** 彼らは木に登った。
(解説) 選択肢中で2回使われているa treeが，放送文の話題を予測するヒントになる。選択肢共通の主語theyに当たるのが，Craig and Tinaとtheir childrenのどちらを指すのかは質問を聞くまでわからないので，どちらが何をしたのか混同しないように注意しよう。

No. 17　解答 3

After Alex graduated from college, he had to move into a new apartment. He spent a week cleaning up and putting things into boxes. But there were many books and CDs that Alex didn't want anymore. He decided to put them up for auction on the Internet. To his surprise, he was able to get rid of them quickly, and one of them even sold for more money than he had paid!

Question: What did Alex do with the books and CDs that he didn't want?

　アレックスは大学卒業後，新しいアパートへ引っ越さなければならなかった。彼は1週間かけて掃除をし，物を箱に詰めた。しかしアレックスがもういらなくなった本やCDがたくさんあった。彼はそれらをインターネット・オークションに出すことにした。驚いたことに，彼はそれらを素早く処分することができ，そのうちの1つの品は，彼が買った時よりも高い値段で売れさえしたのだった。

質問：アレックスは不要な本とCDをどうしたのか。
1　彼はそれらをアパートに置いてきた。
2　彼はそれらをインターネット上で譲った。
3　彼はそれらをインターネット上で売った。
4　彼はそれらを箱に入れた。

解説　選択肢はすべて男性（He）が「それら」(them)をどうにかしたというもの。第3文でbooks and CDsを指すのではないかと推測できる。続く第4文で正解がわかる。auctionということは，無料で与えた(gave away)わけではないので，**2**に引っ掛からないよう注意。

No. 18　解答 1

Attention, please. Unfortunately, we have had to close our Captain Dingle roller coaster to do some necessary repairs. We do not know when the ride will reopen. Those of you who are currently waiting in line will receive a coupon for a free bag of popcorn at any food stand in the theme park. We are sorry for this inconvenience, but we hope you enjoy the rest of your day.

Question: What is one thing the woman is saying?

　お知らせいたします。残念ながら，必要な修理をするため，キャプテン・ディングル・ローラーコースターは運転を休止せざるを得なくなっております。再開の見通しは立っておりません。現在並んでお待ちの皆さまには，当テーマパークのいずれのフードスタンドでもご利用いただける，ポップコーン1袋の無料引換券をお渡しいたします。ご迷惑をお掛けしておりますことをおわび申し上げます。この後もお楽しみいただけることを願っております。

質問：女性が言っていることの1つは何か。
1　乗り物を修理しなければならない。
2　テーマパークは閉園するところである。
3　フードスタンドには長い行列ができている。
4　本日ポップコーンはすべて無料である。

解説　選択肢のride, theme parkといった語から，遊園地という場所設定を予測し

たい。冒頭の Attention, please. が聞こえたら案内放送だとわかる。〔放送文〕roller coaster→〔正解肢〕ride の言い換えに注意。

No. 19　解答 **4**

Megan has been interested in foreign countries, ever since her parents gave her a globe for her tenth birthday. She loved it because by playing with it, she learned where all of the countries of the world were located. When Megan finished school, she got a job that allowed her to travel all over the world selling her company's products. She loves her overseas experiences.

Question: How did Megan first become interested in foreign countries?

　10歳の誕生日に両親から地球儀をもらって以来ずっと，ミーガンは外国に興味を持っている。それで遊ぶことで，世界の各国がどこにあるのかを学んだので，彼女はその地球儀が大好きだった。ミーガンは学校を卒業し，自社の商品を売りながら世界中を旅行できる職に就いた。彼女は海外での経験を大切に思っている。
質問：どのようにして最初にミーガンは外国に興味を持つようになったのか。
　　1　彼女は多くの国々を旅した。
　　2　彼女はそれらについて学校で学んだ。
　　3　彼女は外国企業で働いた。
　　4　彼女は両親から地球儀をもらった。

解説 第1文に正解に必要な情報がある。**2** と **3** は放送文の内容と一致しない。**1** の内容は放送文の終わりの方に述べてあるが解答にはならない。質問の内容をよく聞くことが大切である。

No. 20　解答 **2**

The continent of Antarctica is mostly covered by ice throughout the year. It is the coldest and driest desert on Earth. But there are some small areas where there is almost no ice at all. These areas are called dry valleys, and their environments are very similar to the environment on the planet Mars. In fact, space scientists visited the dry valleys to test their equipment before sending it to Mars.

Question: Why did space scientists test their equipment in Antarctica's dry valleys?

　南極大陸の大部分は一年中氷で覆われている。そこは地球上で最も寒くて乾燥した砂漠である。しかしほとんど氷のない小さな地域も何カ所かある。これらの地域はドライバレーと呼ばれており，その環境は火星の環境と非常によく似ている。実際，宇宙科学者が，火星に送る機器をテストするためにドライバレーを訪れた。
質問：なぜ宇宙科学者たちは南極のドライバレーで機器のテストを行ったのか。
　　1　そこには人がほとんどいなかった。　　**2**　その環境は火星に似ている。
　　3　その機器はそこで作られた。　　**4**　南極は氷で覆われている。

解説 Antarctica は覚えておきたい語だが，知らなくても第1文の内容からそれが「南極大陸」であることがわかる。同様に dry valleys がどのような場所かも，第3文の内容から理解できる。

No. 21 解答 **2**

Michiko studied at a university in England last year. Before she returned home, she decided to make her friends something to remember her by. She went through all of the pictures she had taken during the year and chose the best ones. Then Michiko made copies and put them into photo albums. When she gave them to her friends, they said they would never forget the time they spent together.

Question: What did Michiko decide to do before she returned home?

昨年ミチコはイングランドの大学で勉強した。帰国前に，彼女は友人たちに，自分のことを思い出してもらうための何かを作ろうと決めた。彼女はその1年間に撮った写真のすべてを見返して，よく撮れているものを選んだ。それからミチコはそのコピーを作り，それらを写真アルバムに収めた。彼女がそれを友人たちにあげると，友人たちは共に過ごした時のことは決して忘れないと言った。

質問：ミチコは帰国前に何をすることを決めたか。
　　　1 彼女の友人たちに写真を何枚か頼む。
　　　2 彼女の友人たちにプレゼントを作る。
　　　3 彼女の友人たちを自分の大学へ連れて行く。
　　　4 彼女の友人たちと特別な時間を過ごす。

（解説）選択肢すべてに含まれている her friends に注目。放送文では詳細に説明されている写真アルバムが，正解肢では presents と放送文にはない1語で言い換えられている。逆に放送文で使用されている pictures や university を含む **1** や **3** に引っ掛からないよう注意。

No. 22 解答 **1**

Welcome to Air Madison. We're glad to have you on board. Our flight to Winnipeg this morning will take us about three hours. In a few minutes, the captain will turn off the seat-belt sign. After that, we will be starting our drink service followed by our meal service. Your meal choices are written on a card in the seat pocket in front of you. Thank you.

Question: What is one thing the flight attendant says?

マディソン航空へようこそ。ご搭乗いただきうれしく思います。今朝のウィニペグ行きのこの便は，およそ3時間の飛行の予定です。あと数分で，機長がシートベルト・サインを消灯します。それからお飲み物のサービス，続いてお食事のサービスを始めます。お食事の選択肢は，皆さまの前のシートのポケットにあるカードに記載されています。ありがとうございました。

質問：客室乗務員の言っていることの1つは何か。
　　　1 飲み物が間もなく出される。　　**2** 今，シートベルトを外してもよい。
　　　3 彼らは早く出発できた。　　　　**4** 今，食事が提供される。

（解説）冒頭の文で航空便の機内放送だとわかる。続く第2文で We're glad to have you on board. と言っているので，離陸直後の機内放送だと推測できる。放送内容を整理しながら聞こう。

No. 23　解答 **3**

The Purple Frog has a round body and slender nose. It lives in India and makes a sound like a chicken. Although the frog was well known to the local people, scientists did not discover it until 2003. The reason for this is that the frog spends most of its time underground. During the rainy season, it comes to the surface for only two weeks.

Question: Why didn't scientists discover the Purple Frog before 2003?

　パープル・フロッグ(インドハナガエル)は体が丸く，鼻が細長い。インドに生息しており，ニワトリのような声で鳴く。このカエルは地元の人々にはよく知られていたものの，科学者たちは2003年になるまで発見できなかった。その理由は，このカエルは一生のほとんどを地中で過ごすからだ。雨期になると，このカエルは2週間だけ地表に出てくるのである。

質問：なぜ科学者は2003年以前にパープル・フロッグを発見しなかったのか。

　　1 それの寿命は2週間だけである。
　　2 それは絶滅しつつある。
　　3 それはめったに地上には出てこない。
　　4 それはニワトリの卵よりもずっと小さい。

（解説）第1文から，選択肢のItがカエルを指していることがわかる。〔放送文〕... the frog spends most of its time underground. → 〔正解肢〕It is rarely above ground. と，同じことを逆の視点から表現している。

No. 24　解答 **4**

Attention, shoppers. Take advantage of our great sale prices today and tomorrow. Buy one pair of winter boots and get a second pair at half price. Or purchase a warm winter jacket, and get a 30-dollar gift card for free! Also, if you sign up for a Malley's Card, you'll save another 10 percent on everything you buy. Go home with great savings, only at Malley's.

Question: What can shoppers get by signing up for a Malley's Card?

　お買い物中の皆さまにお知らせします。本日と明日の当店の大特価をお役立てください。冬物ブーツを1足お買い上げいただきますと，2足目は半額になります。そしてまた，暖かい冬物ジャケットをご購入いただければ，30ドル相当のギフトカードを無料で差し上げます。また，マリーズカードにお申し込みいただきますと，お買い上げの物すべてに10パーセントの割引がさらに加えられます。これだけ節約してお帰りいただけるのは，マリーズだけです。

質問：マリーズカードに申し込むことで買い物客は何を得ることができるか。

　　1 無料の30ドル相当のギフトカード。
　　2 半額の暖かいジャケット。
　　3 冬物ブーツ1足。
　　4 すべての物が10パーセント割引。

（解説）誤答選択肢も放送文で言及されている特典や商品を含んでいるので，どのような場合にどのような割引を受けられるのかを整理しながら聞こう。正解は

第5文からわかる。sign up for ...「～に申し込む」は覚えておきたい表現。

No. 25　解答 2

Erika is a dancer in her local dance company, and she enjoys creating her own dances in her free time. Next month, Erika is planning a private dance show where she will perform her newest dances. She will invite her friends to watch and then join her for snacks afterward. If the show is a success, she wants to start her own dance school by the time she's 30.

Question: What will Erika do next month?

　エリカは地元の舞踏団のダンサーで，暇なときは独自のダンスの創作を楽しむ。来月，エリカは自分の最新のダンスを踊る個人的なダンスショーを予定している。彼女は友人を招待して見てもらった後，一緒に軽食を取るつもりだ。もしショーがうまくいけば，30歳になるまでに自分のダンス学校を始めたいと彼女は思っている。

質問：エリカは来月何をするか。

　　1　ダンスショーを見る。　　　2　友人たちにダンスを披露する。
　　3　地元の舞踏団に参加する。　4　私営のダンス学校を開校する。

解説　第2～3文から正解がわかる。第2文冒頭の Next month のような時間表現が聞こえたら，その時に何が起こるのかを集中して聞き取ろう。この問題のように，複数の時間表現や時の推移がある文章では，時間と出来事を正確に結び付けることがポイントだ。

No. 26　解答 3

Heather had been feeling tired for a long time. Her co-workers said she was working too hard every day and had too much stress. They suggested she join a gym and work out every other day. Heather did this, but she also bought some cookbooks to learn how to cook delicious and healthy food. After a few weeks, she had more energy and felt much better.

Question: What did Heather's co-workers suggest she do?

　ヘザーは長い間疲労を感じていた。毎日一生懸命働き過ぎて，ストレスがたまっているのではないかと，彼女の同僚たちは言った。同僚たちは，ジムに申し込んで1日おきに運動することを提案した。ヘザーはそうしたが，おいしくて健康的な食べ物の調理方法を学ぶための料理本も何冊か買った。数週間後，彼女のエネルギーは増し，体調もはるかに良くなった。

質問：ヘザーの同僚たちは，彼女に何をするよう提案したか。

　　1　何冊かもっと料理の本を買う。　2　より健康的な食べ物を食べる。
　　3　ジムに通い始める。　　　　　　4　それほど一生懸命働くのをやめる。

解説　問われている，ヘザーの同僚の提案内容は第3文にある。誰が何を言って，誰が何をしたのかを時間表現に注意しながら聞き進めよう。

No. 27　解答 1

On the last Wednesday of August, the town of Buñol, Spain hosts the world's largest food fight. The weapons are 150,000 tomatoes, and the result is tomato sauce. Although the origin of the festival is unknown, one of the most popular theories is that in the 1940s, in Buñol's main town square, a number of friends, for unknown reasons, started a tomato fight. They enjoyed it so much that they made it an annual festival.

Question: Why do people throw tomatoes in August every year?

　8月の最後の水曜日，スペインのブニョールという町は世界最大のフードファイトを主催する。武器は15万個のトマトで，戦果はトマトソースだ。このお祭りの由来は不明だが，1940年代にブニョールの中心部の広場で，数多くの友人たちがよくわからない理由でトマトによる戦いを始めたというのが，最も一般的な説の1つだ。彼らはそれを大いに楽しんだので，毎年恒例のお祭りにしたのである。
質問：なぜ人々は毎年8月にトマトを投げるのか。

1 彼らは祭りを楽しんでいる。
2 彼らは役人に対して怒っている。
3 彼らの持っているトマトは多過ぎる。
4 彼らはソースを作らなければならない。

(解説) 放送文の最後に，一般的な由来の説明の一部として，「楽しかったので毎年恒例の祭りにした」とある。また第3文から，トマトを投げることが祭りの一環だとわかる。第2文の tomato sauce はつぶれたトマトを表す比喩的な表現として使われているだけなので，**4**に引っ掛からないように。

No. 28　解答 **3**

While Tatsuo was doing a homestay in America, he wanted to learn how to cook American food. He asked his host mother to teach him how to make a new dish every week. Tatsuo wrote to his family and friends in Japan about how to make things like macaroni and cheese. Two of his friends even tried to make macaroni and cheese themselves. Next, Tatsuo wants to make videos that show how to make all the dishes he's learned.

Question: What did Tatsuo do while he lived in America?

　タツオはアメリカにホームステイしている間，アメリカ料理の作り方を学びたいと思っていた。彼はホストマザーに，毎週1つ新しい料理の作り方を教えてくれるように頼んだ。タツオは日本の家族や友人たちあてに，マカロニアンドチーズのような料理の作り方を書いて送った。彼の友人の2人が実際に自分たちでマカロニアンドチーズを作ろうとした。次に，タツオは学んだすべての料理の作り方を見せるビデオを作りたいと思っている。
質問：タツオはアメリカに住んでいる間，何をしたのか。

1 彼は料理のビデオを作った。　　**2** 彼は自分独自の調理法を作った。
3 彼はアメリカ料理を学んだ。　　**4** 彼は日本の自宅に食べ物を送った。

(解説) 放送文の第1～3文から正解がわかる。cooking「料理(法)」, recipe「調理法」, how to make a dish「料理の作り方」などの同義語や類似表現をきちんと把握して理解することが重要。

No. 29　解答 1

Most of the diamonds used in jewelry are very expensive, so before you buy a diamond it is important to make sure it is real. One of the ways to tell the difference between a real and a fake diamond is to put the diamond into some water. If the diamond sinks it is real, but if it floats it is fake.
Question: How can you tell a diamond is real?

　宝飾品に使用されているダイヤモンドの大部分は，大変高価である。なので，ダイヤモンドを買う前にそれが本物であるかを確かめることが大切だ。本物と偽物のダイヤモンドの違いを見つける1つの方法は，ダイヤモンドを水の中に入れることである。もしダイヤモンドが沈めば本物だが，もし浮くならそれは偽物である。
質問：どのようにしてダイヤモンドが本物であるかを見分けることができるか。
　　1 それは水よりも重い。　　　　**2** それは今や以前より人気がない。
　　3 その価格は下落傾向にある。　**4** その価値はまやかしである。

解説　第2〜3文から，正解がわかる。第2文のtell「〜を見分ける，識別する」は覚えておきたい。第3文のIf the diamond sinks it is real ... は，本物のダイヤモンドは水よりも重いということである。

No. 30　解答 4

Jacob loves making things. His wife often encourages him to sell his inventions, but Jacob needs to learn how to start a business first. This morning, while reading the newspaper, he saw an advertisement for a local business school. It said the school can teach people about business, manufacturing, and marketing, and students can get help from a personal advisor. Jacob plans to apply right away.
Question: What does Jacob want to do?

　ジェイコブは物を作ることが大好きだ。彼の妻は彼の発明品を売るように勧めることがよくあるが，ジェイコブはまずどのようにしてビジネスを始めるかを学ぶ必要がある。今朝新聞を読んでいる時，彼は地元のビジネススクールの広告を見た。その広告には，その学校は人々にビジネス，製造，およびマーケティングについて教えること，そして学生は個人的なアドバイザーから支援を受けられることが書かれていた。ジェイコブはすぐに申し込むつもりである。
質問：ジェイコブは何がしたいか。
　　1 新聞に広告を載せる。
　　2 人々に発明品について教える。
　　3 ビジネスを学ぶ生徒にアドバイスする。
　　4 地元の学校で授業を受ける。

解説　「ジェイコブは物を作るのが好き」→「それを売りたい」→「まずビジネスについて学ばなければならない」→「学校の広告を見た」→「学校に申し込むつもりだ」という話の流れを押さえることが，正解を得るコツだ。

模擬試験　解答用紙

[注意事項]
① 解答にはHBの黒鉛筆（シャープペンシルも可）を使用し、解答を訂正する場合には消しゴムで完全に消してください。
② 解答用紙は絶対に汚したり折り曲げたり、所定以外のところへの記入はしないでください。
③ マーク例

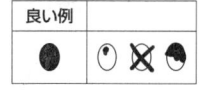

良い例			
●	◐	✕	◑

これ以下の濃さのマークは読めません。

旺文社の英検対策書

試験まで				
3ヶ月前なら	定番教材	出題傾向をしっかりつかめる英検対策の「王道」 **英検過去6回全問題集**	過去問集	1級～5級 ★別売CDあり
		一次試験から面接まで英検のすべてがわかる！ **英検総合対策教本**	参考書	1級～5級 ★CD付
1ヶ月前なら	効率型	手っ取り早く「出た」問題を知る！ 短期完成**英検3回過去問集**	過去問集	準1級～5級 ★CD付
		大問ごとに一次試験を短期集中攻略 **英検DAILY集中ゼミ**	問題集+参考書	1級～5級 ★CD付
		二次試験まで完全収録！頻度順だからムダなく学習できる **英検でる順合格問題集**	問題集	準1級～3級 ★CD付
7日前なら	速攻型	7日間でできる！一次試験対策のための模試タイプ問題集 7日間完成**英検予想問題ドリル**	模試	1級～5級 ★CD付

単熟語	でる順だから早い・確実・使いやすい！ **英検でる順パス単**	★無料音声ダウンロード付	1級～5級
単熟語	文章で／イラストで覚えるから記憶に残る！ **英検文で絵で覚える単熟語**		1級～5級 ★CD付
二次試験	DVDで面接のすべてをつかむ！ **英検二次試験・面接完全予想問題**		1級～3級 ★CD・DVD付

4級・5級は二次試験はありません。
このほかにも多数のラインナップを揃えております。

Obunsha 〒162-8680 東京都新宿区横寺町55 お客様相談窓口0120-326-615 旺文社
旺文社ホームページ http://www.obunsha.co.jp/

[英検2級 総合対策 教本]　　　　　　　　　　　　　　S4a026